2015年度
入試用

首都圏公立中高一貫校ガイド

目　次

首都圏公立中高一貫校19校プロフィール

首都圏公立中高一貫校

2014年度の結果から2015年度を予想する

安田 理
(安田教育研究所代表)

安田教育研究所代表。東京都生まれ。早稲田大学卒業後、(株)学習研究社入社。雑誌の編集長を務めた後、受験情報誌・教育書籍の企画・編集にあたる。2002年安田教育研究所を設立。講演・執筆・情報発信、セミナーの開催、コンサルティングなど幅広く活躍中。

首都圏公立中高一貫校の来年度入試について、２０１４年度入試の結果から見ていきます。東京以外の３県はすべて受検者が減り、東京も増加はわずか３校となりました。

東京以外の3県はすべての学校が受検者減

まず２０１２年度からの受検者数の推移を見てみましょう(左表)。

２０１３年度は都内の公立中高一貫校11校のうち**小石川中等教育**、**武蔵高校附属**、**九段中等教育**を除く8校で受検者が増えました。一方、神奈川、千葉、埼玉の公立中高一貫校7校では、増えたのは**平塚中等教育**1校だけで、他の6校はみな減りました。都内と近県では対照的な結果でした。

２０１４年度は都内でも増えたのは**小石川中等教育**、**両国高校附属**、**九段中等教育**の3校だけになり、ほかはすべて減。そして3県の公立中高一貫校はすべて減りました。

２０１３年度、２０１４年度と、東京で増えている学校があるのは、卒業生がでた5校の大学合格実績が良好なことが影響していると思われます。

ただ、ほかの3県でも、**横浜市立南高校附属**、**相模原中等教育**、**千葉県立千葉**は依然として１０００名を超える受検者がいるので、厳しい入試であったことには変わりがありません。

■2014年度公立中高一貫校　受検者数推移

学校名	募集人数	受検者数		
		2014年	2013年	2012年
■東京				
桜修館中等	男80女80	1404	**1410**	1025
大泉高附属	男60女60	934	**1101**	935
小石川中等	男80女80 男女計約5	**934**	911	1049
立川国際中等	男65女65 男女計30	836	**862**	847
白鷗高附属	男80女80 男女計約16	1154	**1295**	1210
富士高附属	男60女60	657	**749**	737
三鷹中等	男80女80	1135	**1181**	1063
南多摩中等	男80女80	994	**1161**	1154
武蔵高附属	男60女60	538	695	699
両国高附属	男60女60	**1047**	**942**	884
千代田区立九段中等	A男40 A女40 B男40 B女40	**1011**	813	850
■神奈川				
相模原中等	男80女80	1224	1444	1505
平塚中等	男80女80	856	**880**	869
横浜市立南高附属	男80女80	1265	1520	1696
川崎市立川崎高附属	男女計120	853		
■千葉				
県立千葉	男40女40	1007	1067	1148
千葉市立稲毛高附属	男40女40	717	797	800
■埼玉				
伊奈学園	男女計80	591	704	950
さいたま市立浦和	男40女40	518	575	714

＊2013年、2014年受検者数の欄の**太字**は前年より受検者増をしめす
＊小石川中等、立川国際中等、白鷗高附属の男女計は特別枠の人数

全体的な受検者の減は、難度があがり、塾などに通ってきちんと対策しなければ受からないということが浸透し、受検者がしぼられてきているからです。

その一方、適性検査当日の欠席者、合格後の辞退者が増えており、私立との併願者が増えていることがわかります。

新設の**川崎市立川崎高校附属**も男女合わせて853名の受検者にとどまりました。

むずかしい学校の受検者は男子が多い

公立中高一貫校の受検者は女子の方が多いことがふつうですが（**市立川崎高校附属**は男女別の数字は公表していません）、例年、むずかしいとされる**小石川中等教育**、**武蔵高校附属**、**県立千葉**の3校は男子の方が多くなっています（2014年度はスポーツが盛んな**三鷹中等教育**も男子の方が多くなりました）。

■3大模試における公立中高一貫校の位置づけ（男子）

偏差値	四谷大塚	日能研	首都圏模試
70			県立千葉
69			
68			
67	△県立千葉		
66			小石川
65		県立千葉	
64	小石川		
63		小石川	両国、△白鷗
62			武蔵
61	武蔵		桜修館、△区立九段
60		▼武蔵	市立南
59	桜修館、▼両国		市立浦和、富士
58	△相模原、市立南		市立稲毛、南多摩、立川国際、三鷹、相模原
57	▼市立浦和、白鷗、大泉、区立九段	△桜修館	大泉
56	富士、南多摩、三鷹	両国	伊奈学園
55	立川国際	市立南	市立川崎
54	平塚	▼市立浦和、△区立九段	平塚
53	市立稲毛	三鷹、相模原	
52		市立稲毛、▼大泉	
51		▼白鷗	
50			
49			
48		平塚	
47		伊奈学園	

■3大模試における公立中高一貫校の位置づけ（女子）

偏差値	四谷大塚	日能研	首都圏模試
70			県立千葉
69			
68			
67	県立千葉		
66			
65		県立千葉	小石川
64	小石川、武蔵		
63			両国
62	両国、桜修館		白鷗、武蔵
61		▼小石川	桜修館、△区立九段、市立南
60	△相模原、▼市立南		
59	白鷗、大泉、区立九段		市立浦和、市立稲毛、富士
58	市立浦和、富士、南多摩、三鷹	△桜修館	南多摩、立川国際、三鷹、相模原
57	立川国際		大泉
56		両国、▼南多摩	伊奈学園、市立川崎
55	市立稲毛	△大泉、市立南	
54	平塚	▼市立浦和、△区立九段、△相模原	平塚
53		△白鷗、三鷹	
52		市立稲毛	
51	△伊奈学園		
50			
49			
48			
47		伊奈学園	

概して女子の方が多い理由としては、

1．小学校の報告書の成績（5年と6年）を合否判定の資料に用いる（**九段中等教育**は4年も）

2．適性検査に読解や記述など女子の得意な内容が多い

ことがあげられます。ただここへきて、学校側が適性検査問題に理数系の要素を強めている傾向が見られますので、男子に有利になる可能性があります。

ただ一口に「適性検査」といっても、公立中高一貫校ごとに傾向がちがうので（神奈川の県立の2校は同一問題）、目標校に合わせてきちんとした対策を立てることが必要です。

模擬試験における公立中高一貫校の位置づけ

ではつぎに、各校のレベル、位置づけを、中学入試における3大模試の2014年度結果偏差値を手掛かりにして探っていきましょう（前ページ表）。

△は前年より偏差値が上昇していること、▼は下降していることを表しています。また、すべて一般枠についてのものです（**九段中等教育**は区外枠）。

各模試が19校すべての結果偏差値をだしているわけではありません。偏差値をだすだけの母数がないということです。

位置づけでは、たとえば男子では、**県立千葉**、**小石川中等教育**、**武蔵高校附属**が3模試とも高いことは共通していますが、あとは模試によりバラついています。**白鷗高校附属**などは日能研では低い方ですが、首都圏模試ではきわめて高くなっています。男女でもかなりちがいます。四谷大塚では男子は60以上は3校しかありませんが、女子では7校もあるといったぐあいです。

このように、模試によりまるっきりちがうことに注意してください。

今年度の偏差値表を作成していていちばんに気がついたことは、前年より偏差値が上昇した学校数が激減したことです。前年までは多くの公立中高一貫校が右肩上がりで上昇していました。ちなみに前年度は、3大模試合計で男子が34校、女子が29校も前前年度より上昇していました（下降した学校は0）。ところが今年度は、前年度より上昇した学校は男子が6校、女子が8校しかありません。それどころか、前年度には1校もなかった下降した学校が男子で6校、女子で4校もあります。

ずっと右肩上がりで来た公立中高一貫校の偏差値もここへきて高止まりの感があります。

また、公立中高一貫校は教科別の試験ではない適性検査問題ですから、私立の入試問題を意識して作問されている模擬試験とはストレートには比例しないと考えた方がいいでしょう。偏差値はあくまで参考程度に考えてください。偏差値以上に、各校によって適性検査問題にも個性があるので、東京のように学校が多数ある場合は、自分がどの学校の適性検査問題ならよくできるかといったことの方が、学校選択の目安になるでしょう。

過去との比較で見てみると

中学入試においては、年々公立中高一貫校の比重が大きくなってきています。そこで今年、**立川国際中等教育**、**武蔵高校附属**、**県立千葉**がはじめて中高一貫生が卒業したのを受けて、7年前の受検者数、偏差値がどんな状態であったかを調べてみましょう。

また、中高一貫の卒業生がでている学校については、首都圏の主要大学への合格者数も調べてみました。どんな傾向があるのでしょうか（左表）。

こうした表を作成してみると、改めて公立中高一貫校の入試状況の変化が読み取れます。

7年前に存在していた学校と比べてみると（**伊奈学園**は7年前の数字が不明）、

・10校中7校で受検者数が減っている

・偏差値は10校中8校が上昇している（このほか**市立稲毛高校附属**は女子のみ上昇）

ことがあげられます。一般に「公立中高一貫校は年々受検者数がしぼられてくるが、難度は上昇する傾向にある」と言われますが、まさにそのとおりの表になりました。

大学合格実績ですが、都立の中高一貫校の1期生、2期生の大学合格実績がきわめてよかったのでおおいに期待されましたが、今年初めて卒業生をだした学校の実績はそれほどでもなく、また当初めざましい実績だった学校もここへきて頭打ちの傾向にあります。昨年版のこの表と比べると数字が落ちている学校の方が多くなっています。

それでも公立中高一貫校はそもそも卒業生数が少ないですから、率で

■7年前との受検者数、偏差値比較

学校名	2008年 受検者数	2008年 結果偏差値	2014年 受検者数	2014年 結果偏差値	2014年 大学合格実績
■東京					
桜修館中等教育	1091	男 58 女 58	**1404**	男 **61** 女 **61**	東大3、東工大2、一橋大2、国公立計45、早大28、慶大10、上智大8、東京理科大10
大泉高校附属			934	男 57 女 57	
小石川中等教育	1228	男 62 女 62	934	男 **66** 女 **65**	東大6、東工大2、一橋大1、国公立計85、早大48、慶大23、上智大8、東京理科大48
立川国際中等教育	1822	男 59 女 59	773	男 58 女 58	東大2、東工大2、国公立計36、早大25、慶大5、上智大8、東京理科大6
白鷗高校附属	1239	男 57 女 57	1154	男 **62** 女 **62**	東大5、東工大1、一橋大1、国公立計46、早大38、慶大8、上智大8、東京理科大13
富士高校附属			657	男 59 女 59	
三鷹中等教育			1135	男 58 女 58	
南多摩中等教育			994	男 58 女 58	
武蔵高校附属	1873	男 60 女 61	538	男 **62** 女 **62**	東大3、東工大3、一橋大7、国公立計74、早大39、慶大26、上智大14、東京理科大30
両国高校附属	800	男 59 女 59	**1047**	男 **63** 女 **63**	東大3、東工大2、一橋大3、国公立計71、早大43、慶大18、上智大9、東京理科大26
区立九段中等教育	965	男 56 女 56	**1011**	男 **61** 女 **61**	東大1、一橋大1、国公立計29、早大19、慶大5、上智大11、東京理科大18
■神奈川					
相模原中等教育			1224	男 58 女 58	
平塚中等教育			856	男 54 女 54	
横浜市立南高校附属			1265	男 60 女 61	
川崎市立川崎高校附属			853	男 55 女 56	
■千葉					
県立千葉	2165	男 66 女 66	1007	男 **70** 女 **70**	東大21、東工大8、一橋大7、国公立計180、早大155、慶大76、上智大55、東京理科大93
千葉市立稲毛高校附属	1002	男 58 女 58	717	男 58 女 **59**	東大1、国公立計47、早大34、慶大8、上智大20、東京理科大22
■埼玉					
県立伊奈学園	不明	不明	591	男 56 女 56	国公立計37、早大13、慶大3、上智大7、東京理科大15
さいたま市立浦和	1191	男 57 女 57	518	男 **59** 女 **59**	東大3、一橋大3、国公立計99、早大44、慶大23、上智大23、東京理科大28

＊偏差値は首都圏模試による
＊2014年受検者数の欄の**太字**は2008年より受検者増をしめす　＊2014年結果偏差値の欄の**太字**は2008年よりアップをしめす
＊受検者数は、男女、特別枠の合計　＊大学合格実績は現・浪合計

見ると良好であることは事実です。

私立の「適性検査型入試」の人気は？

公立中高一貫校を受ける人にとって受験しやすい私立の「適性検査型入試」（公立中高一貫校対応入試、ＰＩＳＡ型入試など名称はさまざま）ですが、実際に各学校にどのくらいの受験生がいるのでしょうか。

「適性検査型入試」を実施する東京の私立中学校が、２０１４年度入試で26校に増加しました。新たに、**トキワ松学園**、**啓明学園**、**駒沢学園女子**、**神田女学園**、**千代田女学園**、**桜華女学院**、**武蔵野東**が「適性検査型入試」を実施し、**宝仙学園理数インター**、**日本橋女学館**、**目黒学院**では回数を増やしました。一方で、**明星学園**、**新渡戸文化**、**松蔭**の3校が「適性検査型入試」をとりやめ、**東京女子学院**は回数を減らしています。26校の内訳は、女子校が多く15校、共学校が10校、男子校は1校です。

受験者数で見ると、この5年間ずっと**宝仙学園理数インター**がトップを占めています。**宝仙学園理数インター**は、２日午前の入試が大幅に増え３５１人に増加したうえ、さらに今年から4日午前に公立一貫入試（特待）が増設され、合計で５０９名に受験者が急拡大しました。

共学化した**安田学園**も、前年の56名から３１３名に大幅に増加。また、**聖徳学園**が18名から１３９名に、**東京純心女子**が51名から１３０名に、**日本学園**が１０８名から１７８名に急増しています。前年比増加した学校数は12校にものぼります。

公立中高一貫校は２０１４年度入試では受検者が減少したところが多かったのですが（都内11校中８校が減少）、私学との併願は増えています。その併願先として「適性検査型入試」を選ぶケースが増えているということでしょう。一方で「適性検査型入試」でも受験者が減少した学校もあり、「適性検査型入試」にも二極化の傾向が見えてきました。

日程については、「適性検査型入試」全34入試回中、２月１日が圧倒的に多く、25入試回を占めています（午前が13、午後が12）。ほかでは、２日が４入試回、３日が１入試回、４日以降が４入試回です。２日は意外と少ないことがわかります。

２０１５年度入試でも、適性検査型入試の実施校がさらに増えます。

これまでは東京西部が多かったのですが、東京北部、千葉（２０１４年度入試では**東京学館浦安**が12月の推薦入試で実施）に広がってきています。

京華　２月２日午前に適性検査型入試を新設

郁文館　２月１日午前と２月２日午前に「適性検査」を実施

共栄学園　２月７日に２科か適性検査か選択で実施

桜丘　２月１日午前と２月２日午前に適性検査型「思考力テスト」を実施

多摩大学附属聖ヶ丘　２月２日午前に適性型を実施

聖徳大学附属女子　１月20日午後にＳ選抜クラス募集として適性検査型入試を新設

このように、ほとんどが、少なかった２日に実施します。

私立の難関校のなかには「思考力」「記述力」を要する問題を多数出題する学校もありますが、多くの私立は勉強してきた成果として知識量を見る問題が依然として多い傾向にあります。ですから、公立中高一貫校が第１志望で、それへの対策を主としてきた受験生は得点が取れないものです。そうした受験生用に「適性検査型入試」があるので、併願先の私立を探しているなら、こうした入試を行っている私立を選ぶといいでしょう。

「辞退」は意外に多い

公立中高一貫校は第１志望者が多く、合格したら辞退する人はいないと思われていますが、実際にはかなりの辞退者がいます。都立中高一貫校はその数を公表しているので、ここで紹介しておきましょう。

都立中高一貫校は募集人員ピッタリしか合格人員を発表しませんので、手続きしなかった人数ぶんを繰り上げることになります。その人数ですが（手続き締切日に手続きしなかった人数。前年→今年）、**小石川中等教育**31→20名（男子20→9名、女子11→11名）、**桜修館中等教育**17→20名（男子9→11名、女子8→9名）、**武蔵高校附属**16→16名（男子9→8名、女子7→8名）、**三鷹中等教育**10→13名（男子2→8名、女子8→5名）、**両国高校附属**7→11名（男子5→6名、女子2→5名）、**大泉高校附属**12→7名（男子6→5名、女子6→2名）、**南多摩中等教育**3→7名（男子2→3名、女子1→4名）、**立川国際中等教育**7→5名（男子5→3名、女

■2014年度「適性検査型入試」受験者数状況

学校名	名称	日程	男	女	合計
宝仙理数インター	公立一貫入試	2/2AM	190	161	509
	公立一貫入試(特待)	2/4AM	91	67	
安田学園	先進特待１回午前	2/1AM	179	134	313
●日本学園	ＳＳ特進適性検査	2/1AM	178		178
聖徳学園	適性検査型	2/1AM	80	59	139
○東京純心女子	適性検査型ＳＳＳ	2/1AM		130	130
駒込	2回Ｓアドバンス	2/1PM	65	56	121
○文化学園大杉並	Ａ型１回	2/1AM		83	116
	Ａ型２回	2/2AM		33	
○佼成学園女子	１回Ａ<ＰＩＳＡ型>	2/1AM		97	112
	１回Ｂ<ＰＩＳＡ型>	2/1PM		15	
○共立女子第二	適性検査型	2/1PM		58	58
帝京八王子	１回Ｂ	2/1PM	*26	*8	*45
	２回Ｂ	2/2PM	*5	*3	
	３回Ｂ	2/3PM	*3	*0	
○藤村女子	適性検査	2/1AM		40	40
○トキワ松学園	適性検査型	2/2AM		37	37
上野学園	Ｓ日程	2/1PM	13	18	31
○日本橋女学館	適性①	2/1AM		25	29
	適性②	2/1PM		4	
目黒学院	１回特別	2/1AM	*18	*11	*29
啓明学園	１回午後	2/1PM	14	14	28
○東京家政学院	１回午後Ｂ	2/1PM		*27	*27
武蔵野東	１回午後	2/1PM	*10	*7	*20
	４回(特別選考)	2/11AM	1	2	
○駒沢学園女子	Ａ適性検査型	2/1AM		17	17
○神田女学園	適性検査型	2/1PM		16	16
○淑徳ＳＣ	特選１回	2/1AM		15	16
	特選７回	2/10AM		1	
○千代田女学園	適性検査型	2/1AM		11	11
○文華女子	１回	2/1AM		*9	*9
東星学園	２回	2/1PM	2	3	5
○東京女子学院	１回午後	2/1PM		*4	*4
○桜華女学院	３回	2/4AM		1	1

太字の学校は2014年度に新規実施。名称欄の太字は2014年度に増設した適性検査型入試を示す。　●＝男子校、○＝女子校、無印＝共学校
帝京八王子は国語＋算数＋適性検査の受験者合計。目黒学院の１回特別は適性検査型＋英語＋数学の受験者合計。東京家政学院／武蔵野東(２回午後)／文華女子／東京女子学院は２科＋適性検査型の受験者合計。

子2→2名）、**白鴎高校附属**10→4名（男子5→0名、女子5→4名）、**富士高校附属**8→4名（男子3→2名、女子5→2名）、となっています（**九段中等教育**は公表していません）。

例年、**小石川中等教育、桜修館中等教育、武蔵高校附属**は辞退者が多いベスト3になっています。

10校合計の辞退者数は、前年→今年で121名→107名（男子66→55名、女子55→52名）と、前年3割以上も増加したものが減っています。前年は男子が11名も多かったのですが、今年は男女差は縮まっています。

来年、都立中高一貫校は大きく変化する

これまで都立の10校については、それぞれの学校が適性検査の問題をすべて自校で作成していました。これが、2015年度から「共同作成」方式に転換することになりました。

新しい方式では、都立10校すべてにおいて、与えられた文章をもとに的確でまとまりのある文章を書く力をみる「適性検査Ⅰ」（問題1からなる）と、与えられた資料をもとに課題を発見し解決する力をみる「適性検査Ⅱ」（問題1・2・3からなる）の2種類を実施します。また、各校の裁量で独自作成する「適性検査Ⅲ」を実施することも認められています。

適性検査ⅠおよびⅡは10校による共同作成ですが、全4問のうち2問まで、各校の特色に応じて各校で作成した独自問題に差し替えることができ、適性検査Ⅲを実施する場合にはⅠまたはⅡの差し替えは1問以内と定められています。

目の前の2015年度入試からなので、受検生にとっては大変です。適性検査問題といっても各校によりかなり特色があり、これまでは志望校1校の過去問を徹底的に練習すればよかったのですが、来年に向けては数校ぶんは手をつけて、いろいろな傾向に慣れておきたいものです。

学校によって、これまでしばしば出題されていたその地域特有の問題も、差し替え問題としてだされる可能性があるので捨てることはできません。一方、受検校の変更はむしろしやすくなるでしょう。

公立中高一貫校の新規開校予定は？

これからの公立中高一貫校の開校は、2016年度に**千葉県立東葛飾高校**が併設型の中学校を開校。2019年度に**さいたま市立大宮西高校**が中等教育学校に衣替えすることになっています。また、**横浜市立横浜サイエンスフロンティア**の中高一貫化が検討されています。決定ではありませんが、

・併設型の中高一貫校
・中学80名募集
・適性検査日　2月3日

となると思われます。

2015年度 首都圏公立中高一貫校 入試日程一覧

東京

（網掛け）の部分は未発表（7/3現在）のため昨年度の内容になります。九段中は8月発表予定。

校名	募集区分	募集人員	願書受付		検査日	発表日	手続期限	検査等の方法
			開始日	終了日				
都立桜修館中等教育学校	一般	男女各80	1/9	1/16	2/3	2/9	2/10	適性検査・作文
都立大泉高等学校附属中学校	一般	男女各60	1/9	1/16	2/3	2/9	2/10	適性検査Ⅰ・Ⅱ
千代田区立九段中等教育学校	区分A	男女各40	1/22	1/23	2/3	2/6	2/8	適性検査1・2・3
	区分B	男女各40	1/22	1/23	2/3	2/6	2/8	適性検査1・2・3
都立小石川中等教育学校	特別	男女各80 （含特別5以内）	1/9	1/16	2/1	2/2	2/2	作文・面接
	一般		1/9	1/16	2/3	2/9	2/10	適性検査Ⅰ・Ⅱ・Ⅲ
都立立川国際中等教育学校	海外帰国・ 在京外国人	30	1/12	1/13	1/25	2/1	2/1	面接・作文
	一般	男女各65	1/9	1/16	2/3	2/9	2/10	適性検査Ⅰ・Ⅱ
都立白鷗高等学校附属中学校	特別	男女各80 （内特別区分A10程 度・特別区分B6程度）	1/9	1/16	2/1	2/2	2/2	面接（区分Bは実技検査あり）
	一般		1/9	1/16	2/3	2/9	2/10	適性検査Ⅰ・Ⅱ
都立富士高等学校附属中学校	一般	男女各60	1/9	1/16	2/3	2/9	2/10	適性検査Ⅰ・Ⅱ
都立三鷹中等教育学校	一般	男女各80	1/9	1/16	2/3	2/9	2/10	適性検査Ⅰ・Ⅱ
都立南多摩中等教育学校	一般	男女各80	1/9	1/16	2/3	2/9	2/10	適性検査Ⅰ・Ⅱ
都立武蔵高等学校附属中学校	一般	男女各60	1/9	1/16	2/3	2/9	2/10	適性検査Ⅰ・Ⅱ・Ⅲ
都立両国高等学校附属中学校	一般	男女各60	1/9	1/16	2/3	2/9	2/10	適性検査Ⅰ・Ⅱ

神奈川

※募集区分はすべて一般枠

校名	募集人員	願書受付		検査日	発表日	手続期限	検査等の方法
		開始日	終了日				
県立相模原中等教育学校	男女各80	1/7	1/9	2/3	2/10	2/11	適性検査Ⅰ・Ⅱおよびグループ活動による検査
県立平塚中等教育学校	男女各80	1/7	1/9	2/3	2/10	2/11	適性検査Ⅰ・Ⅱおよびグループ活動による検査
横浜市立南高等学校附属中学校	男女 おおむね各80	1/7	1/9	2/3	2/10	2/11	適性検査Ⅰ・Ⅱ・Ⅲ
川崎市立川崎高等学校附属中学校	120	1/7	1/9	2/3	2/10	2/11	適性検査Ⅰ・Ⅱ・面接

千葉

※募集区分はすべて一般枠

校名	募集人員	願書受付		検査日	発表日	手続期限	検査等の方法
		開始日	終了日				
千葉市立稲毛高等学校 附属中学校	男女各40	12/11	12/12	1/24	1/30	2/3	面接・適性検査Ⅰ・Ⅱ
県立千葉中学校	男女各40	願書等 11/17 報告書・志願 理由書等 1/9	願書等 11/19 報告書・志願 理由書等 1/13	一次検査 12/6 二次検査 1/24	一次検査 12/18 二次検査 1/30	2/2	一次　適性検査 二次　適性検査・面接

埼玉

（網掛け）の部分は未発表（7/3現在）のため昨年度の内容になります。伊奈学園中は8月発表予定。※募集区分はすべて一般枠

校名	募集人員	願書受付		検査日	発表日	手続期限	検査等の方法
		開始日	終了日				
県立伊奈学園中学校	80	12/25	12/26	第一次選考 1/12 第二次選考 1/25	第一次選考 1/20 第二次選考 1/29	2/4	第一次選考　作文Ⅰ・Ⅱ 第二次選考　面接
さいたま市立浦和中学校	男女各40	12/25	12/26	第一次選抜 1/10 第二次選抜 1/17	第一次選抜 1/15 第二次選抜 1/21	2/3 （予定）	第一次　適性検査Ⅰ・Ⅱ 第二次　適性検査Ⅲ・面接

都立中高一貫校の適性検査問題が変わります！

都立中高一貫校の適性検査問題の出題システムが、来春の2015年度（平成27年度）から変更されます。新しい適性検査は、共同作成問題と各校独自問題を組み合わせた問題になります。

共同作成問題と各校独自問題で実施

全10校ある都立中高一貫校の適性検査（一般枠募集）は、従来、すべての学校で各校ごとに作成した独自問題で実施していました。しかし、２０１５年度（平成27年度）入試からは、各校から選ばれた教員で構成される共同作成委員が手がける「共同作成問題」と、各校が個別に作成する「各校独自問題」が組み合わされて出題されることになりました。

新しい適性検査は、適性検査Ⅰ・Ⅱ・Ⅲの構成になります。

「与えられた文章をもとに、的確でまとまりのある文章を書く力をみる」適性検査Ⅰは1問、「与えられた資料を基に、課題を発見し解決する力をみる」適性検査Ⅱは3問だされます。適性検査Ⅰ・Ⅱの合計は4問で、そのうち1～2問を各校が作成した独自問題に差し替えます。独自問題は各校の特色をふまえたものが出題される予定です。

この適性検査Ⅰ・Ⅱの実施は全校必須ですが、適性検査Ⅲを実施するかどうかの決定権は各校にあり、行う場合は各校独自問題を使用します（ただし、適性検査Ⅲを実施する場合は、適性検査Ⅰ・Ⅱ出題時に行う各校独自問題への差し替えを1問以内にしなければなりません）。

適性検査Ⅰ・Ⅱのうちどの問題を独自問題に差し替えるのか、また、適性検査Ⅲを実施するかどうかは各校の裁量に委ねられるため、そこに各校の個性が現れそうです。なお、２０１５年度入試で適性検査Ⅲの採用を決定しているのは、小石川中等教育と武蔵高校附属の2校です。このほか大泉高校附属、富士高校附属、両国高校附属が採用する方向で検討しています。適性検査Ⅰ・Ⅱの独自問題差し替えをどの問題で行うかは、9月ごろに各校のホームページで発表される予定です。

システム変更によるメリットもさまざま

適性検査問題を各校から選ばれた教員たちが共同作成することで、適性検査問題の質を向上させるねらいがあります。また、共同作成委員会で得た情報を各委員が持ち帰り、その情報を他の教員と共有することで、各校の適性検査問題作成能力に磨きをかけます。

さらに、各校の結果分析のノウハウを集約することで結果分析能力の向上をはかったり、共同作成問題を取り入れることで問題作成が効率化され、ほかの教育活動の充実も期待できます。

こうした出題システムの変更によって、今後どのような影響があるのか、これからの都立中高一貫校の動向にも注目が集まります。

※千代田区立九段中等教育は従来どおり独自問題です。

2015年度からの適性検査出題の仕組み

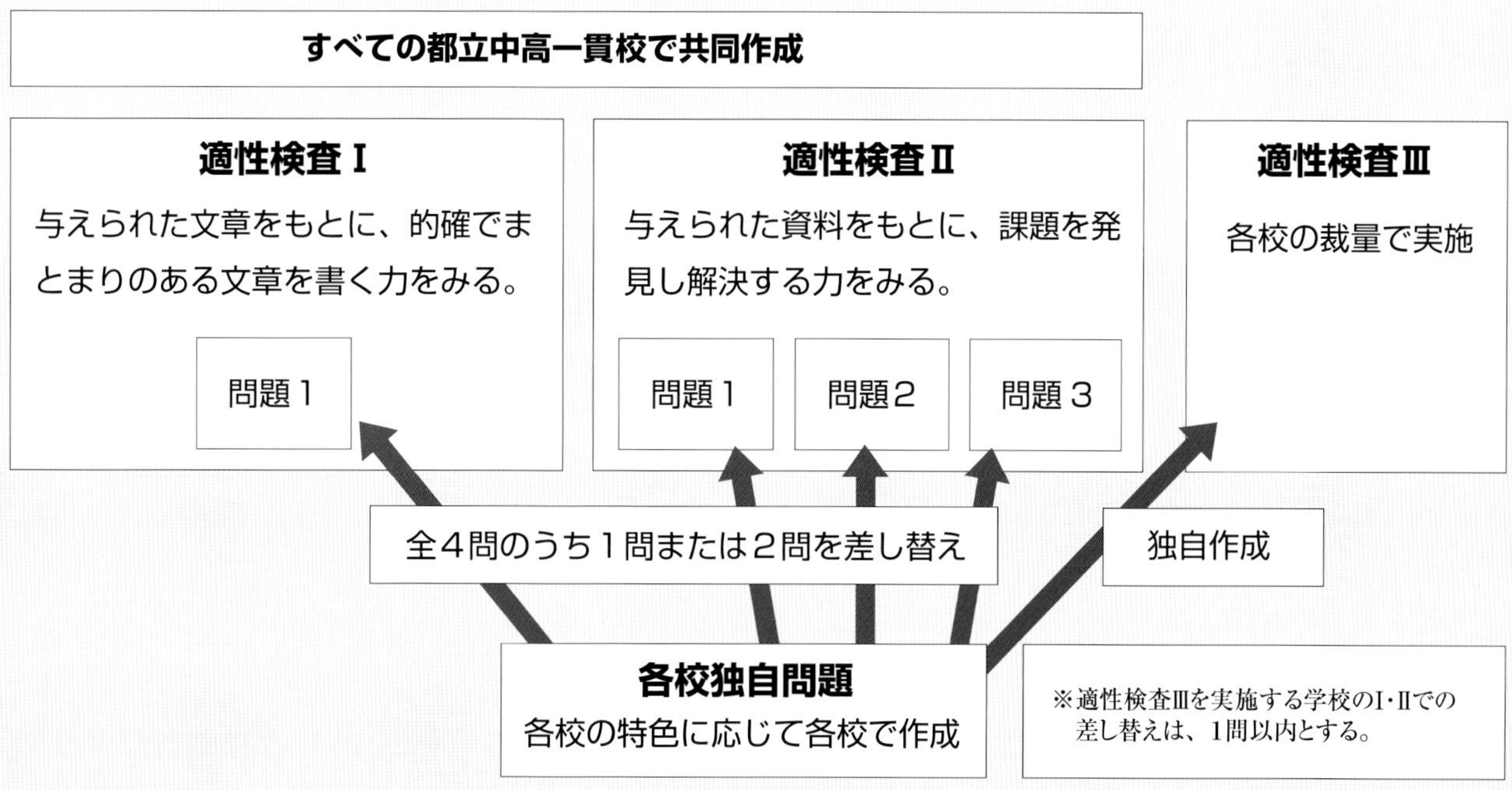
すべての都立中高一貫校で共同作成
適性検査Ⅰ
与えられた文章をもとに、的確でまとまりのある文章を書く力をみる。
問題1
適性検査Ⅱ
与えられた資料をもとに、課題を発見し解決する力をみる。
問題1
問題2
問題3
適性検査Ⅲ
各校の裁量で実施
全4問のうち1問または2問を差し替え
独自作成
各校独自問題
各校の特色に応じて各校で作成
※適性検査Ⅲを実施する学校のⅠ・Ⅱでの差し替えは、1問以内とする。

※各校の独自問題差し替えについての詳細発表は9月ごろを予定しているため、28ページからの都立中高一貫校の学校プロフィール（入学情報欄）では、従来までの「適性検査Ⅰ・Ⅱ（・Ⅲ）」という表記を改め、すべて「適性検査」という表記に統一しています。

公立中高一貫校と併願して

お得な私立中学校

森上 展安
(森上教育研究所所長)

森上教育研究所所長。1953年、岡山県生まれ。早稲田大学卒業。進学塾経営などを経て、1987年に「森上教育研究所」を設立。「受験」をキーワードに幅広く教養問題をあつかう。近著に『入りやすくてお得な学校』『中学受験図鑑』などがある。

首都圏の公立中高一貫校は来春も高い人気を維持しそうです。一方で私立中高一貫校にも優れた学校がたくさんあります。また、そのなかに公立中高一貫校と併願して「お得な学校」という私立中学の一群があります。すなわち、公立中高一貫校の適性検査と同じタイプの入試を実施している学校群です。公立中高一貫校の入試の前に「試し受験」として受けることができ、公立中高一貫校をめざして勉強してきたことがそのままいかせる入試です。ここでは、森上教育研究所の森上展安所長に「公立中高一貫校と併願してお得な私立中学校」と題して、それらの学校を受験するメリットと意義についてお話ししていただきます。

公立一貫校人気の一端は費用の安さだが

首都圏の公立中高一貫校ですが、今春はやや受験生数が減少してきた学校がいくつかでてきました。ただそうはいっても、その倍率は平均的に7倍程度をキープしていますから、やはり高い人気と言って差し支えありません。

なかでも都立桜修館の人気は高く、周辺の公立小学校の6年生が2月3日(検査日)はほとんど欠席してしまうほど、と言われています。

これは多かれ少なかれ、公立一貫校周辺の小学校で起こっていることで、その人気の高さが如実に伝わるエピソードです。

国でも将来の人口減少をにらんで、小学校を含んだ「小中高一貫」が議論されているほか、東京都でも実際にその試みが行われようとしているのですから、中学・高校を一体化した中高一貫はもはや時代の趨勢《すうせい》、という点はまちがいないでしょう。

とはいえ、中高一貫には中学校と高校の併設型もあれば、中等教育学校と呼んでの一体型もあります。なにより公立と私立があります。

私立中高一貫校について言えば、その人気は、もともと中上位所得層にかぎられていました。

しかし、２００２年(平成14年)から２００９年(平成21年)までの好況に加え、この間の学習指導要領の改定で、授業内容が3割削減されてしまった公立中学を回避する傾向が強まり、中間所得層にまで広く私立中高一貫校が人気になりました。

ところが、２００９年(平成21年)以降はリーマン・ショックが引き金となって不況となり、私立中高一貫校の人気は沈静化しました。

その一方で、公立の中高一貫校がつぎつぎと開校して7〜10倍の高い人気をしめしました。

公立中高一貫校のニーズは、やはり私立の中高一貫校人気を支えた高校受験のないこと、大学進学までの指導が期待できることなどに加え、公立の費用の安さがあったからでしょう。

私立の適性検査型入試なら準備費用の安さは同じ

費用の安さのなかには、準備費用の安さも当然含まれます。ここで言う準備費用とは、おもに進学塾、また、模擬試験などにかかる費用のことです。

準備費用の安さについては、私立中学側では自らコントロールできるわけではありません。しかし、少なくとも公立中高一貫校と同じような適性検査を選抜試験に用いるとすれば、受験生にとっては、公立中高一貫校受検とほぼ同様の効果を期待できますね。

つまり、公立中高一貫校向けの準備がそのままいかせるわけですから、私立中学の入試で、適性検査型の入試をしているところを選べば、少なくとも準備費用は同じということになります。加えて、公立中高一貫校は学力検査を選抜に用いてはならない、というか、入試をしてはいけないことになっており、適性検査は文字どおり、適性検査であって、小学校の評定など他の要素と総合的に判断して選抜に用いるように法で規制されています。

しかし、私立中学はそうした制約は受けませんので、適性検査型の入試すなわち到達度による選抜をすることが可能です。

到達度評価の入試については、文科省の、中教審でも大学入試センター試験に代わる新しい入試制度の一案として提案されていますし、大阪の公立高校でも到達度評価による入試への移行が近々発表されそうです。

そして中学入試でも、私立中学に関しては到達度評価による入試はすでに試みられ始めているのです。

従来の選抜試験の大勢であった相対評価と比較すると、最も異なるのは、一定の基準に達していればすべて合格になるという点です。人数で限定はしないのです。

大変教育的な選抜方法なのですが、しかし、学校には定員というものがあります。この定員があるからこそ、教育条件が定められるので、定員をないがしろにすると生徒数の変動が大きくなり、ひいては教育条件が悪化しかねません。

とはいっても、今日のように教育費の家計負担が先進国中最も高い日本の状況では、中間層からの私立中学進学は大きな負担となります。私立中学生の多くは中高所得者層子女にかぎられてしまい、せっかくの私立中学のよい教育が教育費が高いために受けられないことになっています。

そのために、私立中学の半分くらいが定数に達しない、という事態になりかけています。

到達度評価で合否を決めれば受験生にも合否の基準が明確

そうなってくると、到達度評価を入試に用いても定員オーバーを気にする必要が現実的ではない、ということになります。到達度評価のよいところは受験生の目標が明確で、自助努力でできる、という点です。たとえば英検3級を取れれば事実上合格、というのであれば、とてもクリアな目標ですね。

これまでの合否は、偏差値がメドになり偏差値はその母集団（競争する集団のなかでの位置）で決まりますから、受験を終えてみないと受験生には何点取れれば合格できるのかわからない。

それが到達度評価であれば、改めて入試は行うにしろ、先の例で言えば英検3級の実力があればよいわけで、合格はみえています。ゴールが決まっていますから、それ以上努力をしてもよいですが、しなくてもよいので、その費用や時間、そして精力をほかに回すことができます。いまのようにあらゆることを受験一筋に1～2年を費やすことは無用になります。

それは英語の場合は比較的クリアですが（英検のような到達度評価テストが社会的に受検しやすくなっているから）、算数、国語ではどうでしょうか。たとえば公文式算数などは進級式ですから、これは到達度評価にあたります。

この何級なら合格、ということがあってよいのが到達度評価入試です。

来年度入試では東京都市大付属と東京都市大等々力が英語入試をするということですから、ぜひ、この到達度評価での入試を期待したいと思います。

そればかりでなく、多くの私立の適性検査型入試は、公立中高一貫校のそれとは前述のように性格が異なり、選抜試験なので合否基準が明確です。到達度評価は別名「基準準拠テスト」と言われるくらいです。それぞれの中学でどのような基準で答案を評価しているか、直接聞いてみることをおすすめします。

基準が明確＝対策が明確＝準備費用が公立中より安価で正確というべきでしょう。

それに、公立中高一貫校は公立同士の併願ができません。1校だけの受検です。幸い、来年度から東京都立に関しては共通問題が多くなり、いままで以上に受けやすくなりますが、それでも共通問題としては初年度ですから、合格基準は学校ごとに異なることになるでしょう。

初年度だからこそ読みにくい入試状況と考えなくてはいけません。

受験生は、合格すれば選ばれて入った、というよい意味で有能感を持って入学します。

しかし、不合格リスクが圧倒的に高い入試ですから大半は「失敗した」という不合格体験を持つことになります。もちろん、失敗してもよい、と親がアナウンスすることはかまいませんが、ではなぜ受検させるのか矛盾が生じます。

やはりここは受検させる以上、私立の適性検査型入試実施校で、合格校をひとつ準備して達成感を与えるべきではないでしょうか。

費用対効果でみても私立一貫校は負けていない

ここまでは私立中高一貫校の適性検査型入試を受けるメリットを述べました。英語入試の出現はその意味で画期的です。

つぎに費用対効果の問題があります。これは私立中学の費用に対して一般の公立中学が無償だからで、当然公立中高一貫校とて無償です。

ただし、中間所得層のご家庭にとって大きな変化が起こっています。それは、高校就学支援金という名前の私立高校の教育費負担の軽減措置です。公立高のように無償というわけにはいきませんが、ほぼ授業料と施設設備費が支援金でまかなえます。個人負担は教材費や旅行費などにかぎられ、個人奨学金を組み合わせれば、月数万の負担程度までで済み、塾の費用より安いくらいになります。

ただし、たとえば開成が導入した奨学金（基金）は、中間所得層以下、年収４００万未満の家庭に対して、その部分をも免除しよう、というものです。この開成の動きは、ほかの私立高校にどこまで広がるかは、わかりません。しかし、仮にそれがなくとも高校授業料と施設費の公的な支援により高校3年間の費用は公立並みに低くなりました。

そうなると、私立中学に進学した場合にかかる月6～7万の負担は、中学3カ年の間だけになります。ここは、公立中学に進学した家庭ではそのぶんを塾など私的な支出に回せます。ですから、逆に考えればどうせ公立中に進学したなら支出する塾代を私立中なら使わずにすみ、加えて公立中にいては享受できないメリットを、この月6～7万（私立中の平均的負担）で実現できればよいわけです。

たとえば鷗友学園女子など一部の私立中学は多聴多読を取り入れています。そこでは英語を多読することで大量の英単語を見聞きして意味がとれるようにするのですが、同校の23％の生徒がすでに15万語をその多読法によってクリアしている、と同校では言っています。

これは、通常数千語単位でマスターするに過ぎない公立中（高一貫校）ではありえないことです。

もちろん、中学英語はそれでじゅうぶんなわけですが、これがたとえば大学で海外留学しよう、とか、将来グローバルに活躍しよう、などと考えるならば頼もしいカリキュラムにちがいありません。

たとえばアメリカ大学留学の前提となるＴＯＥＦＬの試験には英単語は数万語マスターしておく必要があります。そのためにはもってこいの教育スキルですね。残念ながら鷗友学園女子には適性検査型入試はありませんが、私立中学の費用が気にならない、ということを考えるには、こうした私立中で受けられる教育のよさ、有用性との比較になるでしょう。

公立中学なら高校受験のための塾代はかかりますが、公立中高一貫校は、もとよりそうした費用の必要はなく、まさに学校教育内容のパフォーマンスを比較しての判断になります。

その点で、公立になくて私立にあるもの。たとえばある私立中学では発達障害への対応ができます。これはかなり実績があって、安心して預けられます。

あるいは、いくつかの私立中学ではアフタースクールが充実しています。

また、ある私立中ではイマージョン教育（他教科も英語で授業をするなどの英語漬け教育システム）が受けられます。

いずれも公立中学にはなく、これを個別に個人で調達するとしたら、6～7万ですむのかどうか、仮にすんだとしても学校に預ける安心感には代えがたい、と思います。

このように考えたとき、適性検査のある入試をする私立中高一貫校を選ぶメリットはよく理解できるのではないでしょうか。

反転学習の導入で知的生産性を高めよう

さて、とはいえ到達度評価で問うことがむずかしいものもあります。それは学力に表れない潜在力でしょう。

筆者の考えは、これからの学校の授業は「反転学習」を基本にすえるべきだ、と考えています。

とくに、適性検査型の入試をする以上、一般の私立中学の入試と比較して算数のむずかしい文章題や、国語の長い文章は読み慣れている受験とはならないでしょう。

そのことからしめされるように、この入試で入ってくる生徒は、勉強量が圧倒的に不足しているものと考えられます。

これに追いつくためには、通常のやり方ではよほど地頭力がないとキャッチアップできないと思います。おそらく2学年くらいのギャップがあるのではないでしょうか。

そのためには知識を飛躍的に多く身につけさせる必要が生じます。そのことに最も適していると思われる学習法が「反転学習」です。

どんどん問題解決型のアプローチをしていく。そのためには授業で議論し、応えなくてはなりません。基礎となる知識を知らなければ前に進めませんから、つねに新しい知識、必要な知識を調べ、定着する必要に迫られます。しかし、その結果、通常の受身の指導では得られないほどの正確な知識の獲得が早期に実現できます。

こうした指導法を「反転学習」といって、アメリカではICT(Information and Communication Technology=情報通信技術)の発達で急激に広まっている学習法です。知識の獲得をICTにすぐれた手元のパソコンで事前に自宅で学習するのが前提になります。ひと通り予習して授業にのぞむので、授業のなかでは実践的な問題解決学習ができます。

こうした手法で授業ができれば、一般の私立中受験生と、中学3カ年で負けない学力を素早く身につけることができる、というものです。第一楽しい授業ができて、退屈する時間がないほどです。

まとめます。私立の適性検査型入試は到達度評価入試だから公立校の適性検査に比べて、合格基準が明確で、コストがより安くすむ。

それだけでなく、中学3カ年の教育費負担だけ考えればよく、高校での負担は、中間所得層にかぎりきわめて軽くなった。

ではその中学3カ年の教育費負担は、公立中学で通常に予想される塾代との費用対効果で考えればよいはずですね。しかし、公立中高一貫校には塾代は不要でしょうから、やはり高くつくのではないか。

そこはまさに個人ニーズです。その個性に合った能力伸長をかなえてくれるのかどうか。その私立中学にそういったスキルなりシステムがあるかどうか。

たとえば高校でワンランク上の高校に進学できるサービスをうたう私立中学が関西にあります。

筆者が考えるのは、前記した「反転学習」で知的生産性を大きく高め、高いレベルでの知性を育成する。という方法です。

私立中学の「適性検査型試験+反転学習」で、これからの私立中学入試は新しい次元に突入すると考えています。

中間所得層にとって大幅なコストダウンが実現できる新しい中学受験の時代が来ようとしています。

藤村女子《ふじむらじょし》中学校

藤村進化宣言!!

建学の精神「知・徳・体」に基づく人間教育と女性としての未来の確立を教育目標として、日々進化を続ける藤村女子中学校。3年前に導入した適性検査入試が評価され、来年度の新コース制の導入など、新しい取り組みが注目を集めています。

「知・徳・体」調和のとれた学習

藤村女子の創設者、藤村トヨ先生は女子教育・女子体育教育の草分け的な存在として知られており、開校にあたり、建学の理念を「女子の心身の育成と徹底した徳性の涵養《かんよう》」におきました。その精神は、今日まで引き継がれ、社会で頼りにされる日本女性の育成を目指して、次にご紹介する「知・徳・体」調和の取れた全人教育が実践されています。

まず、「知」の分野は、自ら考える力を身につけることを目標としています。たとえば、さまざまな事象と日常生活との結びつきに気付き、それを身近に感じ、興味を持って学ぶために、中学3年間で約90回の理科実験を行っています。この実験を通して重要だと考えていることが、仮説⇓実験⇓検証⇓プレゼンと、自ら考え、自分の力で行うことです。

社会科の授業では、企業の設立から、製造・広告・販売までを考え、企業と社会との関わり方を学ぶための起業体験を行います。

また高校では、音楽の授業に音符と歌詞を入力するだけで歌声に変換できる「ボーカロイド」を日本で始めて取り入れており、ICT授業の一環として行われています。「将来的には、生徒による吉祥寺応援ソングが聞ける日が来るのではないでしょうか」と、入試広報室長の廣瀬真奈美先生は期待を込めて説明してくださいました。

「徳」の分野では、人として、女性としての気配りとしなやかさを大切にしています。グローバル社会であるからこそ、まず日本の文化を理解することが重要だと考え、華道・茶道・礼法などの日本文化体験の場を数多く設けています。また、社会貢献（ボランティア）にも力を入れており、吉祥寺周辺の清掃や吉祥寺で行われる色々なイベントに積極的に参加しています。

「体」の分野では、健康な心身の育成のためクラブ活動への参加を推奨しており、現在中高合わせて約93％の生徒が何らかのクラブに参加しています。また、スポーツ大会や演技発表会などの学校行事も盛んで、これらはすべて生徒主導で行われるため、責任感のある主体的行動が育まれます。

中学に2コース制導入

これまでの学校改革により、授業内容の充実や進学実績の向上など、一定の成果を上げることができたとし、平成27年度は中学に2つのコース制を導入します。

コースの概要は、東大をはじめとする難関国公立・私立・海外大学を目指す「特別選抜コース」とこれまでの教育をベースとした基礎基本の徹底と丁寧な進学指導を実施する「特進コース」の2コースです。さらに、高校では「S特コース」と「スポーツ科学特進コース」を新設し、これまでの「特進コース」「進学コース」「スポーツ科学コース」を合わせ、全5コース制とし、多様な進路希望を持つ生徒の声に応え、きめ細かな女子教育を行います。

また、藤村女子は「学習センター」が充実しており、常駐の専任教諭や東大生チューターなどが、放課後の補習や講習を行っています。この「学習センター」の学びは授業に直結しており、特に理解度の定着や難関大学の進学実績に効果が現れています。新コース制の導入及び学習センターの更なる充実により、今後5年の短期計画として、国公立大学に10名、早慶上理・GMARCHに40名の合格目標を設定し、10年中期計画では、難関国立大学に30名、早慶上理・GMARCHに100名の合格を目標として、教員全員が一丸となって更なる学校改革を推進しています。

中学総合学習（日本文化体験・茶道）

適性検査入試の概要

適性検査入試の導入から3年が経過し、カラー印刷による入試問題やユニークな複合問題などで注目を集めた藤村女子。都立中高一貫校との併願受験者などが年々増加傾向にあり、そのなかでも都立三鷹中等教育

高校のボーカロイドの授業風景

学校との併願者の増加が多いことから、適正検査の傾向も都立三鷹などを意識した内容となっています。

入試広報室長の廣瀬真奈美先生にお伺いしたところ、平成27年度入試では、次のような作問方針に基づいた出題を予定しているとのことです。

○　適性検査Ⅰ（45分）

理科・社会・算数の複合問題です。身近にある社会や自然などの事象に関する会話文の内容を読んで、総合的に分析し、論理的に思考し、自分の言葉で表現する問題を考えています。また、会話文の内容をふまえて基本的な計算をし、解答を導き出す問題も予定しています。

○　適性検査Ⅱ（45分）

国語分野の問題です。物語的文章や説明的文章を読み取り、登場人物や筆者の考えを指示された文字数でまとめる問題を考えています。また、本文の内容をふまえた上で、自らの体験談をその具体例を交えながら自分の考えを書く問題なども予定しています。

このような問題を解くためには、単に知識を暗記するだけの勉強ではなく、日常の身近にあるさまざまな問題に興味を持ち、その問題に関する知識と情報の収集などを自ら積極的・能動的に行うことが必要です。

毎年11月に開催される「適性検査入試解説会」では、適性検査の勉強方法、過去問の解説や来年度入試の出題方針などの説明があり、多くの受験生が参加しています。

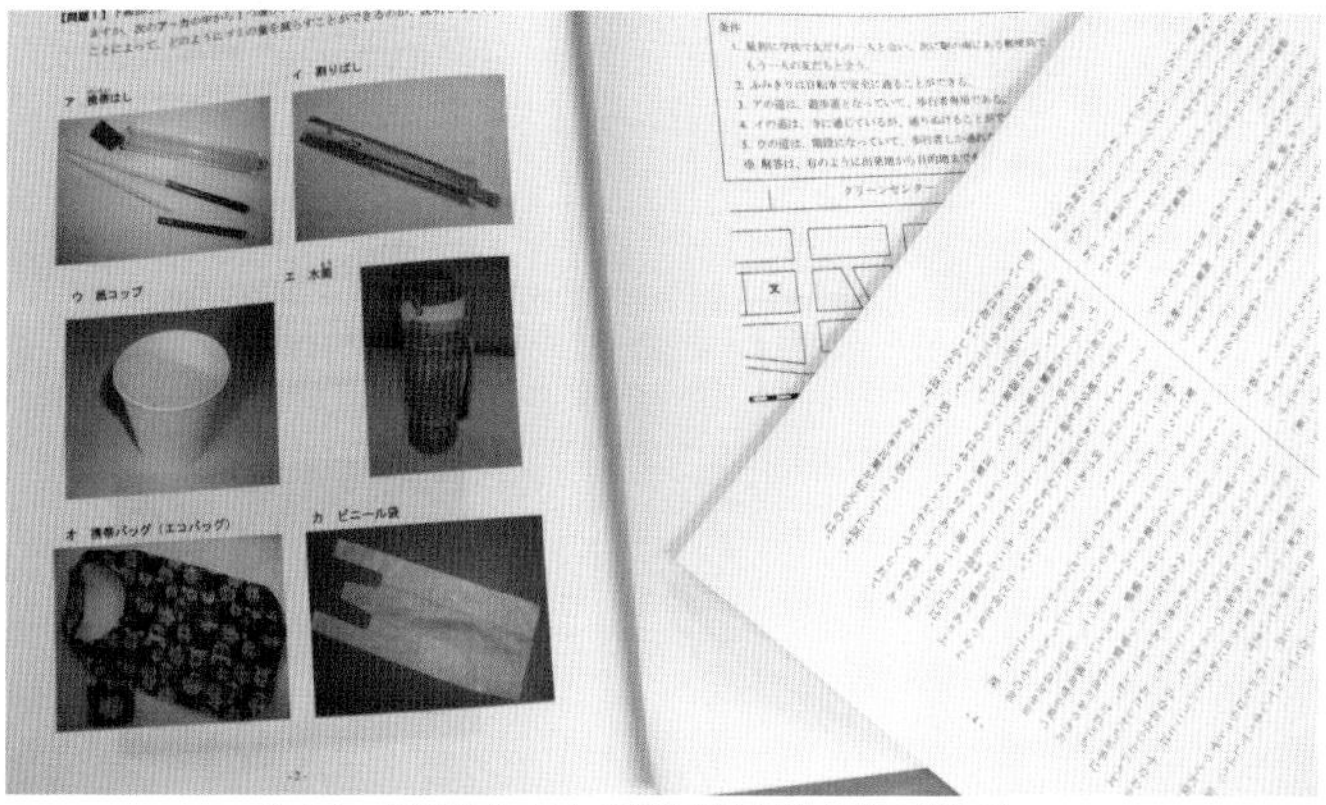
カラー印刷された適性検査入試の問題

人気のプレミアム入試

平成27年度入試は、「特別選抜コース」と「特進コース」のコース別募集を行いますが、それぞれの入試でプレミアム入試（試験問題は一般入試と同じです）を選択することができます。また、適性検査入試においてもプレミアム制度（奨学金支給制度）があり、一定以上の入試得点率に応じて奨学金の支給を受けることができます。

プレミアムの内容は、プレミアムA（入学金・施設費・年間授業料相当の奨学金支給）、プレミアムB（年間授業料相当の奨学金支給）、プレミアムC（入学金相当の奨学金支給）、プレミアムD（10万円の奨学金支給）となっており、例年、合格をもらった後も、このプレミアムを勝ち取ろうと多くの受験生が、再度プレミアム入試に臨んでいるようです。

平成26年4月より、矢口秀樹先生が新校長として着任し、中学の新コース制導入、高校の新コースの設置、さらに中高の帰国生入試の実施と、グローバル化する社会に対応できる女性の育成を第一の目標として、更なる高みを目指して日々学校改革に取り組んでいます。

建学の精神である「知・徳・体」に基づく調和の取れた学習を基礎として、益々進化を遂げる藤村女子中学校。今後の取り組みが期待されています。

森上's eye

建学の精神を基に新しい教育にチャレンジ

藤村女子は、ここ数年、着実に難関大学への進学実績を伸ばしています。また、部活動の活躍は目覚しく、大変活気のある学校です。今年度から矢口新校長を迎え、来年度からの中学の新コース制の導入や高校の新コース設置など、次々と新しい学校改革にチャレンジしています。

School Data　藤村女子中学校

所在地　東京都武蔵野市吉祥寺本町2-16-3
TEL　0422-22-1266
URL　http://www.fujimura.ac.jp/
アクセス　JR線・京王井の頭線・地下鉄東西線「吉祥寺」徒歩5分

学校説明会	ふじむら体験会
12月 6 日(土) 14:00～	10月4日（土）8:30～10:30
施設見学会	**予想問題解説会**
8 月30日(土) 9 :00～	11月16日(日) 藤村予想問題解説会　8:30～10:30 適性検査入試解説会　13:00～14:30
文化祭	
9 月13日(土)・14日(日) 9:00～16:00	
演技発表会	**個別相談会**
9 月24日(水) 14:00～16:00	1 月10日(土) 13:30～16:00

日《に》本《ほん》文《ぶん》華《か》学《がく》園《えん》 文《ぶん》華《か》女《じょ》子《し》中学校

社会で愛される女性、社会で役立つ女性の育成

大正五年に、女性の社会での自立を目的に設立され、女子教育一筋の学園が育てているのが二十一世紀の国際社会に「生きる力」です。六年間の少人数指導で、必ずあなたの未来が輝きます。

輝く自分を演出できる「自信」と「エネルギー」

都立武蔵の併願として文華女子を受験した彼女は、ハンドボール部と書道部に六年間所属し、ハンドボールコートではキャプテンとして、校内では生徒会長として活躍しました。その生徒が部活引退後に初めてぶつかった壁は進路選択でした。得意科目は数学。しかし理系分野に興味が持てない。自分は人間に一番興味がある。彼女が中央大学理工学部人間総合学科に出会い、自己推薦入試の書類を手にしたときから、悩みはすべてエネルギーに変わり、六年間の学校生活で学んだ人前での発表力と、最後まであきらめずに何事にも挑戦する精神力で、わずか一名の合格枠を勝ち得ました。

「豊かな心」の教育

他者の心を理解できる心の豊かさが、社会で「生きる力」の基礎になります。文華女子では、全国に類のない「家庭教育寮宿泊体験合宿」や「礼法」の授業を通じて、生活の中での人との繋がりを大切にして、社会で愛される、社会で活躍できる「心豊かな生活人」の育成を目指します。

「コミュニケーション能力」の育成

社会で活躍するために必要なコミュニケーション能力は、他者の意見を聞く力と自分の考えを適切に伝える力です。中学の総合的な学習の時間では、グループで調べ学習を行い、研究発表を三学年合同で行って発表力も養います。もちろん国際社会で通用する語学力を身につけるために、毎年ブリティッシュヒルズ研修も行い、英検指導も万全で、中学時代に英検準2級が基本です。

充実の「特待認定制度」

頑張る生徒への応援制度として、入学時には入試の成績により三段階の特待認定を定めています。入試合計点80％以上で一年間の学費全額免除。75％以上で入学金・施設費免除。70％以上で入学金が免除されます。

さらに、中二以降の在学生には、前年度の成績優秀者一割が奨学生として認定され、学費が半額免除になります。

「伸びる力」を診る適性試験

文華女子の適性検査試験は知識を問う問題ではありません。これから伸びる力、すなわち、好奇心・最後まであきらめない粘り・自分を素直に表現できる感受性を試験します。

文華女子で伸ばす、伸ばしたい生徒を募集しています。

森上's eye

いつまでも熱く広がる友情 心豊かな女性を育む教育

文華女子は、少人数の良さを活かし、授業に部活に、また、さまざまな行事にみんながかかわり推し進めていく学校です。それだけに仲がよく、大学受験に向かっても教員と生徒が一丸となって向かっていきます。中高時代に培った友情が連綿とつづく、そんな生徒と人生を育む学校です。

School Data 文華女子中学校

所在地 東京都西東京市西原町4-5-85
TEL 042-463-2903
URL http://www.bunkagakuen.ac.jp
アクセス 西武新宿線田無駅から西武バス7分 文華女子中学高等学校前下車、西武池袋線ひばりヶ丘駅から西武バス15分 文華女子中学高等学校前下車、JR中央線武蔵境駅から西武バス24分 文華女子中学高等学校前下車

学校説明会
9月30日（火）17:00～
12月20日（土）13:30～

入試問題解説会
10月18日（土）10:00～
1月24日（土）14:00～

体験学習
8月3日（日）9:30～「部活動体験」
11月23日（日）10:00～「入試体験」

適性試験入試
2月1日（日）15:00～（14:30集合）
適性試験Ⅰ・Ⅱ（各50分・各100点）特待生制度あり
願書受付 1月20日～2月1日（土・日含む）
入学手続き 2月11日（祝）16:00まで

文《ぶん》化《か》学《がく》園《えん》大《だい》学《がく》杉《すぎ》並《なみ》中学校

A型（適性検査型）入試で『BUNSUGI×GLOBAL』を推進

すべての生徒が熱中できることを見つけ、そこから得られる「感動体験」を大切にしています。先進のダブルディプロマ・プログラムの「インターナショナルコース」で海外進学も身近になります。

「わかる授業」で伸ばす学校

難関大学から併設大学まで幅広く選べる進路、生徒自らが運営する盛んな学校行事、全国大会で活躍する多くの部活動…。一人ひとりが輝ける、そんな引き出しをたくさん持っているのが文化学園大学杉並です。

さらに現在認可申請中の【ダブルディプロマ・プログラム】を備えた新コースがデビュー間近。

それに先がけ、中学校は入学時点で『難関進学《グローバル》コース』と『総合進学《シグネット》コース』の2コースでスタートします。

『難関進学《グローバル》コース』は、ハイレベルな先取り授業を展開しながら、同時に定評ある英語教育を最初の3年間で「英語によるレポート、論文記述」レベルまで引き上げていきます。後半3年間は国公立大学をメインターゲットにする『難関進学コース』と、日本と海外両方の高校卒業資格が得られる【ダブルディプロマ・プログラム】を備えた『インターナショナルコース（仮称）』のいずれかに続いていきます。

高校課程に新設される『インターナショナルコース（仮称）』は、海外大学への進学も、国内難関大学への「帰国生入試」による進学も可能にする先進のプログラムを備え、日本社会のグローバル化をリードする人材を輩出するのが目的です。

中高一貫の6年間

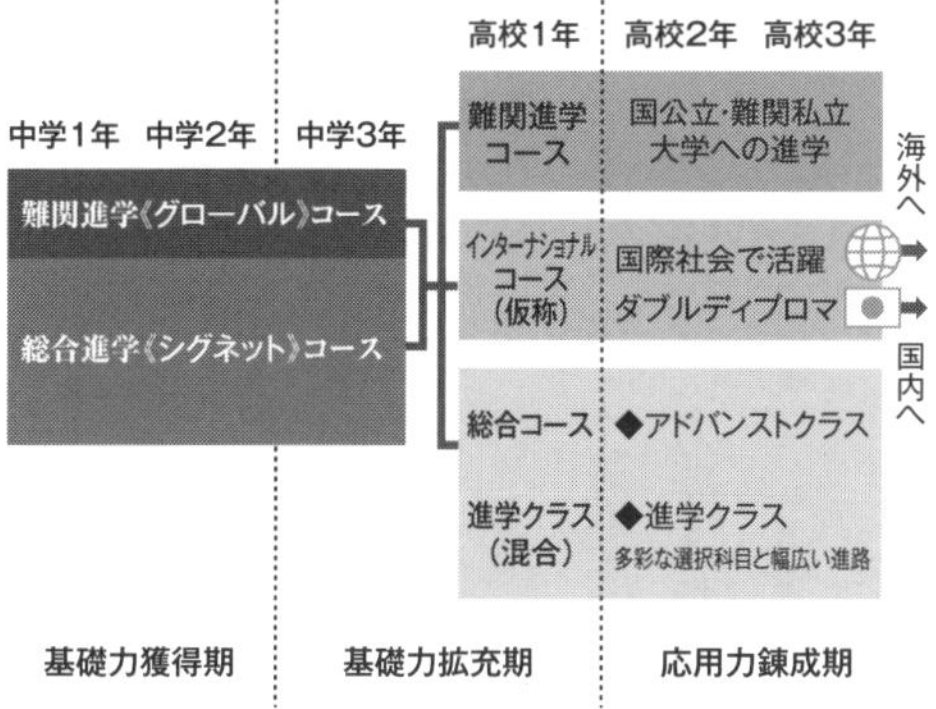

『総合進学《シグネット》コース』は、科目によって先取り授業を入れつつきめ細やかな「わかる授業」を展開します。同時にさまざまな検定合格、フランス語や中国語、服飾やデザイン、陶芸や華道、箏曲など多様な選択科目を導入して、学力の幅をより広いものにしていきます。併設の文化学園大学をはじめ、多種多様な他大進学を可能にします。

両コースとも導入する『体系数学』はオリジナルテキストを使用するなど、「わかる授業」も発展継続中。

生徒は「みんななごやかで明るいですね」と言われます。着実に学力が伸びるのは、そんな生徒同士が助けあい、励ましあいながら前向きに努力するからこその成果です。行事が大好き、部活動も一生懸命、そんな生徒たちが主役なのはいうまでもありません。

文化学園大学杉並では4年前から『A型（適性検査型）入試』を導入し、教科の受験勉強に取り組んでこなかった受験生でもチャレンジできるようになっています。公立中高一貫校をめざす方にも取り組みやすい入試です。

森上's eye

「わかる授業」大展開で進学実績ぐんぐんと上昇

ユニークな系列大学を持つ「半進学校」ですが、いま他大学進学実績がぐんぐんと上昇、さまざまな進路に応えられる学校となりました。教員同士の勉強会や大学入試センター試験研究などでの授業力向上がその背景にあります。徹底して「わかる授業」を展開、今後、難関国立大学実績伸長を期待できる有力株です。

School Data　文化学園大学杉並中学校

所在地　東京都杉並区阿佐谷南3-48-16
TEL　03-3392-6636
URL　http://www.bunsugi.ed.jp/
アクセス　JR中央線・総武線・地下鉄東西線・丸の内線「阿佐ヶ谷」、「荻窪」徒歩8分

学校説明会
9月13日(土) 14:00～
10月18日(土) 10:00～
10月31日(金) 19:00～

オープンスクール
11月15日(土) 14:00～

文化祭
9月27日(土) 28日（日）

A型入試説明会
12月6日(土) 14:00～

A型入試体験会
1月17日(土) 14:00～

〔予約不要・見学随時OK〕

佼《こう》成《せい》学《がく》園《えん》女《じょ》子《し》中学校

PISA型入試の先駆者

京王線「千歳烏山駅」から徒歩5分、閑静な住宅街の一角に佼成学園女子中学校（以下、佼成女子）はあります。近年、英語教育に力を入れることで難関大学への合格実績を飛躍的に伸ばし、注目を集めています。

お得な学校という評価

「英語の佼成」で進学実績伸長

佼成女子では、中学の英語で習熟度別少人数授業を行っています。また、英語を楽しく学ぶために、ネイティブの先生による、きめ細かなコミュニケーション（英語漬け）授業や美術・音楽のイマージョン授業、全校あげての「英検まつり」やイングリッシュサマーキャンプを実施。3年生ではニュージーランドへの修学旅行も行われます。さらに3年生の3学期を、まるまるニュージーランドで学べる中期留学プログラムも始動します。

数学は先取りせず、体系的にじっくり学んでいます。授業では、宿題チェック表などの活用で家庭学習習慣をどんどんつけていきます。追試験を合格するまで実施しているのも特徴のひとつです。

高校では、ネイティブの先生によるすべて英語だけの授業もあれば、特進留学コースでは「クラスまるごと現地校に分散しての1年間留学」を実施するなど、いまでは「英語の佼成」と呼ばれるような英語教育のメソッドをつくり上げました。

全国でも56校しかない、今年度から文部科学省が指定を始めたスーパーグローバルハイスクールに佼成女子が名を連ねているのも、これまでの「英語の佼成」の実績からすれば、当然の帰結と受け止められています。

さらに中学受験に「英語入試」を取り入れるなど、佼成女子は、まさに女子校の学校改革で先端を走っている学校とも言えるのです。

中学受験時の入り口の偏差値で言えば「入りやすい」のに、出口の進学実績の伸長や英検1級合格が複数出るなど、目を見張らせるものがあり、「入ったら伸ばしてくれるお得な学校」と呼ばれる学校、それが佼成女子です。

「PISA型入試」

世の中に先駆けて実施

また、佼成女子の入試改革のひとつに、世の中に先駆けて「PISA型入試」という名称の入試を採用したことがあげられます。

これは中学入試をあつかう週刊誌やテレビで毎月のように特集される思い切った入試形態でもあります。

「PISA型入試」とは、簡単に言えば、都立中高一貫校で実施されている「適性検査」と同じタイプの問題で合否を決める入試のことです。

「PISA(Programme for International Student Assessment)」は日本語で言えば「国際学力調査」です。これは「学力の国際評価基準」、あるいは「学力調査のグローバルスタンダード（世界標準）」とも言えます。

従来の学力調査と大きく違うのは、「実生活で直面するさまざまな課題に、知識や技能をどう活用できるか」を評価する点です。

つまり、「学校学習での教科の理解度や定着度」ではなく、「将来、社会生活のなかで発揮できる力をどの程度身につけているか」をみる試験なのです。

このPISAのシステムに基づいてつくられているのが、佼成女子の「PISA型入試」です。

出題形式も、「国語・算数・理科・社会」というような科目別ではなく、「適性検査Ⅰ」「適性検査Ⅱ」という名称です。

ただ、佼成女子では、適性検査Ⅰ（500字の作文がメイン）、適性検査Ⅱ（社会・理科・算数の融合）のほかに、基礎算数・基礎国語（合わせて40分）も実施して、都立の中高一貫校の入試では見極めきれない子どもたちの学力も見ていくところにキメの細かさを感じます。

都立中高一貫校を目指している受験生にとっては、同じ勉強が役に立つわけですから、非常にありがたい入試とも言えます。試験日は2月1日で、都立中高一貫校の試験日に先だって行われますから、併願受験としてだけでなく、試し受験としても大いに利用できる入試というわけです。

江川教頭先生に聞く

「PISA型入試」はここがポイント

ここで、際だつ佼成女子の入試改革を先導してきた江川昭夫教頭先生に、特に「PISA型入試」について聞いてみました。

――なぜ「PISA型入試」を導入するに至ったのですか。

江川先生「国際学力調査であるPISAは、いまや学力調査のグローバルスタンダード（世界標準）となっています。すでに国際化教育では先へ先へと進んでいた佼成女子にとって、このPISAの理念を活かした入試は〝最適〟と考えたのです。また、新学習指導要領では、基礎・基本の習得や活用能力の育成などが盛り込まれました。これはまさに、PISAを意識した方向付けですから、私たちの考えの追い風ともなるものでした」

――佼成女子の「PISA型入試」の内容は、都立中高一貫校の出題とよく似ていますね。

江川先生「実は、都立中高一貫校の適性検査Ⅰ、Ⅱという選抜方法は、PISAを強く意識したつくりになっていますから、本校のPISA型入試と似た内容となるのは当然なのです。ですから、受験生は、本校のこの入試問題に歩調を合わせることで、都立の中高一貫校の適性検査への対応がしやすくなります」

――従来と同じ形式の入試も実施しているのですね。

江川先生「佼成女子では、PISA型入試を行っていますが、これまでと同じスタイルの入試も実施しています。つまり、受験生が自分に合った入試を選べるようになっているのです」

――なぜ、いろいろな種類の入試を用意しているのですか。

江川先生「同じタイプの生徒が集まるよりも、さまざまな能力を持った生徒が学校にいた方がお互いを高めあうことができるのではないかと考えているからです。

1教科に秀でている生徒もいれば、応用力がある生徒、総合力がある生徒など、それぞれ違ったタイプの能力が集まり、相乗効果ともいうべき刺激を互いに与えあうことで、真の学力を身につけることができます。それが学校として最適の環境だと信じているからです。ですから、本校のPISA型入試では、適性検査だけではなく、〝基礎算数・基礎国語〟という試験も行い、さらに受験生の力を見定めようと努力しているのです」

江川昭夫 教頭先生

――「PISA型入試」はその問題をつくる作業も大変でしょう。

江川先生「そうなんです。いろいろな教科の要素が入り込んできますので、多くの先生がたの協力を得て、普通の入試科目なら3カ月で作問できるものが、PISA型入試では8カ月はかかってしまいます」

――よく考えられた理科の問題や図形問題、そして読解力も問われる、実によくできた出題もありましたね。

江川先生「発想の転換や、問題解決能力、そして自分の考えを簡潔に文章にして人にわかるように説明する力などが必要になってきます」

――これから佼成女子を目指そうという受験生、また同じような入試形態の都立中高一貫校を目指している受験生にメッセージをお願いします。

江川先生「本校のPISA型入試は、公立中高一貫校対応型となっておりますが、私立の独自性を担保するために基礎算数・基礎国語も受験していただく点も特長です。

佼成女子はこのPISA型入試のフロントランナーとして、さらに研究を重ねてまいります。PISA型入試や公立中高一貫校入試にご興味のある受験生は、ぜひ佼成学園女子中学校の受験もご検討ください」

森上's eye

見逃せない 難関大学合格実績の伸び

佼成女子は近隣の都立中高一貫校が旗揚げする前から「PISA型入試」を立ち上げ、そのニーズに応えようとしてきました。その努力の成果はこの入試での受験生が増え続けるという形で表れました。もちろん、その背景に、目を見張るような勢いの難関大学合格実績の伸びがあることは見逃せません。

School Data　佼成学園女子中学校

所在地　東京都世田谷区給田2-1-1

TEL　03-3300-2351

URL　http://www.girls.kosei.ac.jp/

アクセス　京王線「千歳烏山」徒歩6分、小田急線「千歳船橋」バス15分、「成城学園前」バスにて「千歳烏山駅」まで20分

学校説明会
10月11日（土）14：00～
11月16日（日）14：00～
12月13日（土）10：00～
1月10日（土）14：00～

乙女祭
9月20日（土）13：00～
9月21日（日）10：00～

オープンスクール
8月30日（土）14：00～

PISA型入試問題学習会
12月 6日（土）14：00～

出願直前個別相談会
1月17日（土）10：00～

修徳《しゅうとく》中学校

君の熱意を必ず未来につなげます

「文武一体」を目標に、知力と体力を兼ね備えた生徒を育て、社会に送りだしてきた修徳中学校。今夏には第2新校舎大学受験専用学習棟「プログレス学習センター」が完成し、最高の学習環境が整います。

『プログレス』とは

修徳中学校が行う「プログレス」とは、学習内容の学校内での定着と自学自習の習慣を確立させることで学力の向上を図り、難関大学への進学を目指す修徳独自の学習システムのことです。

その一例として、朝と放課後のプログレスがあります。月曜日から土曜日の毎朝8時20分から、英・国・数のいずれか1科目の確認小テスト（朝プログレス）を週2科目ずつ行います。その結果、もう少し学習が必要だと思われる生徒には、学力向上期待者補習を行い、再テストに合格するまでプログレス担当教員が個別に丁寧に指導します（放課後プログレス）。その他には、新入生向けスタートプログレス、サマー・ウインター・スプリングプログレス、Webによる予習・復習を効率的に行えるWebプログレス、Out Put Testなど年間を通して計画的に組み立てられたプログレスが行われています。

今夏に完成する3階建て「プログレス学習センター」では、放課後プログレスをはじめ、学力向上のための様々な講習が行われ、充実した学習施設と優秀な運営サポーターにより大学受験専用学習棟として運用が開始されます。

新校舎外観

大学受験専用学習棟『プログレス学習センター』

「プログレス学習センター」には、職員やチューターが常駐することになっており、生徒は夜8時まで各教科の質問や学習・進学相談をすることができます。また、全生徒に個人IDカードを発行し、入室・退出時間や勉強時間の管理を行い、各生徒の学習状況を把握し、細やかな個別指導を行います。

各階の概要ですが、1階（自立学習ゾーン）には、プログレスホールと呼ばれる独立した個別ブースがあり、集中して自学自習に取り組むことが出来ます。また、センター入試対策として、生徒一人ひとりの学習進度に合わせた演習授業としての単元別大学受験映像講座（VOD）を利用することが可能です。

2階では、特進・文理選抜教員による進路相談や進学アドバイスを行い、特進・文理選抜の生徒を対象に少人数のハイレベル講習・演習を行います。仲間と共に学び競い合うことで、高いモチベーションを維持し、難関大学への合格を目指します。

3階は、外部講師やチューターを配置した大学受験専用の個別学習ゾーンです。運営サポーターにより授業と連動した個別学習カリキュラムの作成・管理を行い、生徒一人ひとりの学習指導を綿密に計画的に行います。また、希望選択制により生徒と先生1対1の完全対面個別指導も行います。

家庭と学校を結ぶ『毎日ノート』

修徳オリジナルの「毎日ノート」は、生徒自身が、起床から就寝までの1日の行動・授業内容、家庭学習内容、勉強以外の様々な悩みや相談などの記録をつけ、日々自分がどのように過ごしたかを記録するものです。それにより、生徒は勉強の習慣を意識付けできるようになり、教員は生徒の隠れた能力を見出し、それを伸ばしていくことができます。

また、「毎日ノート」には保護者からの教員へのメッセージ、教員から生徒・保護者へのメッセージを書き込む欄があります。教員は、担任と副担任が必ずクラス全員の「毎日ノート」に目を通すことになっており、生徒の心の変化などを見逃さないようにしています。

これにより、家庭と学校との結びつきを強めることができ、お互いに協力しあいながら、きめ細かに生徒の成長をサポートしていくことができます。この『毎日ノート』導入以来、学校と家庭との情報の共有がスムーズになり、保護者からも大変意義のあるツールだと好評です。

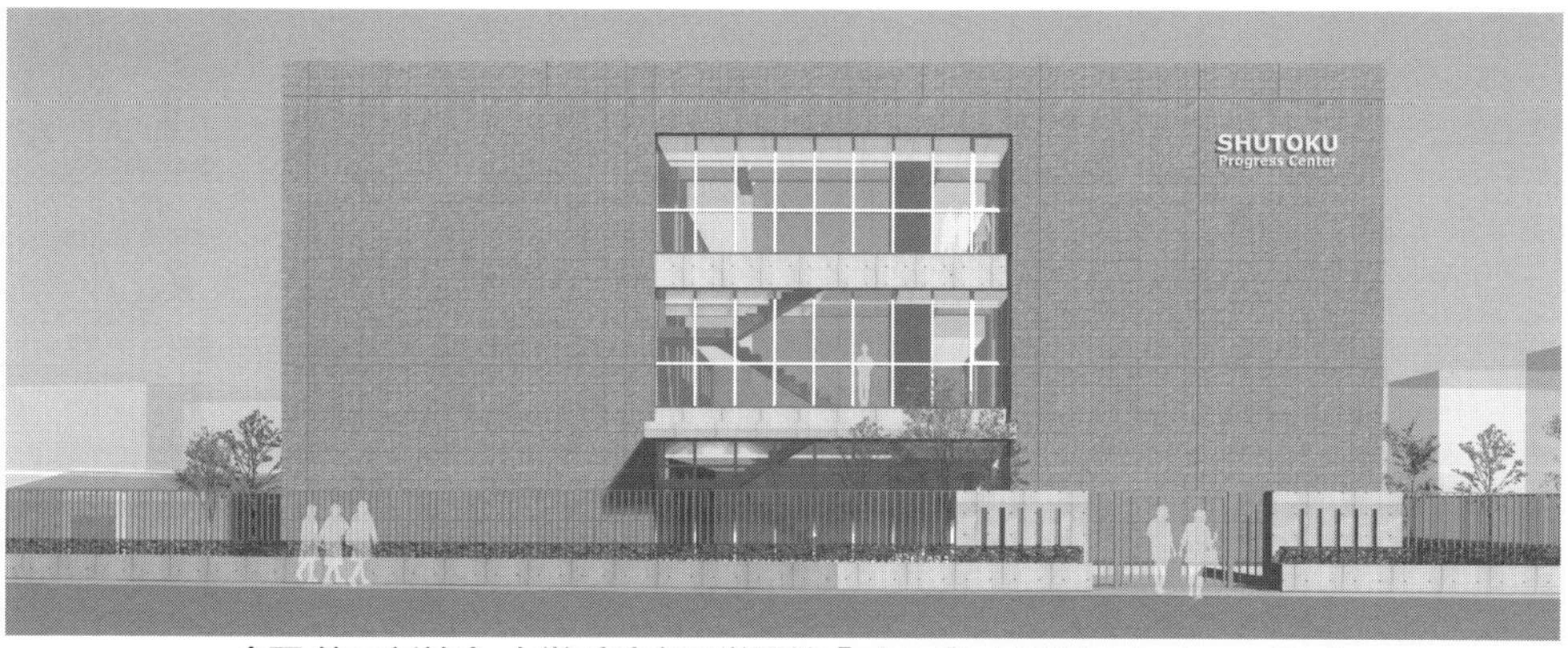

今夏 第二新校舎 大学受験専用学習棟「プログレス学習センター」完成

英検対策講座（英検まつり）

修徳中学校では、年3回の英検を学校内で受験することができるため、毎回「英検まつり」を行っています。「英検まつり」では、全校生徒が学年の枠を超えて参加できる「必勝英検対策講座」を開講し、生徒それぞれの学力に応じた目標級を設定し、合格を目指します。

また、「英検まつり」のユニークな取り組みの一つが、夏・冬・春の休業前に学内で行われる「3日間英語漬け講座」です。生徒は、海外生活と同様に3日間英語のみの生活を送ることで英語に対する学習意欲を高めます。そして、その後の長期休暇を利用してさらに学習を重ね、自分の力で英検合格をめざします。

また、英検までの間、校内の廊下や階段の踊り場に英検に役立つミニ知識をチェックする『関所』を設けたり、英語教員（英検マスター）が作成した個性豊かな「英検まつりポスター」を校内や自宅の部屋などのいたる所に掲示したりと、「英検まつり」を通じて英語を学ぶ楽しさを体験し、英検受験に対するモチベーションを高めて行きます。

『ネイチャープログラム』

修徳のもう一つの魅力が「ネイチャープログラム」です。

このプログラムは、自然に触れることを通じて、科学・経済・歴史・環境などを総合的・横断的に学習するもので、授業・学校行事・クラブ活動など、様々な機会で取り入れられています。今年度の修学旅行では、長野方面での体験学習を予定しており、民泊先での農村体験を行う予定です。

また、小学生対象に行われる、体験型理科実験の「ネイチャープログラム体験」は、毎年、定員を上回る申込みがあり、「オオクワガタの飼育体験」や「鉄道ジオラマ制作体験」が大変人気を集めています。楽しく参加できる体験型イベントですので、ご家族ご一緒に体験してみてはいかがでしょうか。

ネイチャープログラム体験

森上's eye

勉強にもクラブ活動にも打ち込める環境がある

「プログレス」や「ネイチャープログラム」など、修徳中独自の取り組みが評価されつつあります。

今夏には、大学受験専用学習棟として「プログレス学習センター」が完成し、今後の大学受験の結果が期待されます。また、クラブ活動は全国レベルで活躍しており、今、勢いのある学校の一つではないでしょうか。

School Data　修徳中学校

所在地　東京都葛飾区青戸8-10-1

TEL　03-3601-0116

URL　http://www.shutoku.ac.jp/

アクセス　地下鉄千代田線・JR常磐線「亀有」徒歩12分、京成線「青砥」徒歩17分

学校説明会（予約不要）

10月18日（土）　14：00～
11月　8日（土）　14：00～
12月　6日（土）　14：00～
12月13日（土）　14：00～
1月10日（土）　14：00～
※各回とも入試個別相談コーナーあり

ネイチャープログラム体験（予約制）

8月17日（日）①化石発掘体験
②オオクワガタの飼育体験
③ミニミニロケットの製作

9月13日（土）①封入標本制作
②オオクワガタの飼育体験
③鉄道ジオラマ製作体験

10月4日（土）①化石発掘体験
②電気を作ろう！
③鏡を作ろう！
④鉄道ジオラマ製作体験

各回とも14：00～16：00
(8/17のみ10：00～12：00)
※各回、前半・後半で2回の体験ができます。
前半・後半ともに①～③または①～④のうち、いずれか一つを選択して体験できます。

共《きょう》立《りつ》女《じょ》子《し》第《だい》二《に》中学校

多様な生徒を温かく迎える抜群の教育環境

共立女子第二では学校活性化のために様々なタイプの受験生を求めており、早くから適性検査型入試を実施してきました。多様な価値観をもつ生徒たちが伸び伸びと成長していける、絶好の環境がここにはあります。

豊かな自然と充実した施設

共立女子第二中学校高等学校は、誠実・勤勉・友愛という校訓の下、高い知性・教養と技能を備え、品位高く人間性豊かな女性の育成に取り組んでいます。豊かな自然に恵まれたキャンパスは桜やバラなどの花で色鮮やかに演出され、伸び伸びとした教育が展開されています。広大な校地には、総合グラウンド、9面テニスコート、ゴルフ練習場、大講堂などの施設が充実しており、多くのクラブがその施設で活発に活動しています。

キャンパスは八王子市の郊外に立地していますが、無料のスクールバスが運行されています。路線バスとは異なり、すべて学校のスケジュールに沿ったダイヤが組まれているのでたいへん便利です。災害などの緊急時にもすぐに対応できるメリットもあります。

生徒一人ひとりに合った教育を実践

現在、大規模な教育制度改革が進んでおり、中学3年、高校1年にAPクラス（Advanced Placement Class）が導入され、難関大学進学を視野に入れて、深化・発展した授業が行われています。高校2・3年でも、進学志望を念頭においた6つのコース（高2は5つ）が設置され、生徒一人ひとりに合ったきめ細やかな指導を実現させています。大学受験力の強化を目的としていますが、自由度が高く、芸術系などの受験にも対応しています。

また中高一貫教育の先取り学習を中心とした新しいカリキュラムが設けられています。中学1・2年で学習の基礎を徹底し、主要5教科については中学3年の1学期で中学課程を修得します。ただし、中学3年の夏休みを「中学課程全体の振り返り・確認期間」に充てて、中学3年の2学期から高校の教育課程に入る前に、中学の内容を未消化のまま進めないようにしっかりとしたフォローを施しています。

安心の進学システム

6年間を通して行われる進路指導を「針路プログラム」と呼び、中学1年次から段階を踏んで将来への意識を高めています。教科とも連携しながら、それぞれの学年で必要な指導を行い、総合的なキャリア教育を実践しています。

大学進学のシステムとしては、共立女子大・短大への推薦合格を得ながら他の外部大学も受験可能な併設校特別推薦制度がたいへん好評です。また平成27年度高校卒業生からは、共立女子大学文芸学部への指定校推薦における評定基準が撤廃され、特に問題がない限り、希望する生徒は出願基準のみで進学できるようになりました。大学受験における安心の進学システムもたいへん充実しています。

適性検査型入試

共立女子第二では様々なタイプの受験生を期待し、公立中高一貫校との併願を可能とする適性検査型入試を早くから導入、特に八王子多摩地区の多くの受験生を集めています。また、入試の合計点得点率（2科または4科、または適性検査Ⅰ・Ⅱの合計点）により奨学生を選考し、入学金・授業料などを免除する給付奨学金制度も導入しています。

例年入学した生徒に対しアンケートを実施していますが、適性検査型入試に合格して入学した生徒の、特徴的な3人のコメントをご紹介します。

A子さん「公立中高一貫校との併願でした。公立校の方は残念でしたが、とても広々としていて伸び伸びできるし施設もすごいのでこの学校も気に入っています。」

——併願の受験生の中にも、学校を気に入っていただき、実際に入学となった生徒がたくさんいます。公立校にはない価値が間違いなくありますので、その点を合わせて考えていただければと思います。

B子さん「私の場合は受験を考え始めた時期がかなり遅かったので、一般の受験は困難でした。適性検査なら受験できると思い、そういった形の受験ができる私立も含めて受験校を決めました。」

——このような受験生の話もよく聞きます。受験勉強の期間は短かったかもしれませんが、まだ伸び代がたくさんあるとも考えられますし、本校では入学を歓迎します。

C子さん「本当は公立がダメなら諦めようと思っていたのですが、まさかの奨学生に選んでいただき、授業料などの免除があったため入学を決めました。」

——本校では、適性検査型の入試においても給付奨学金制度を導入しており、入試の合計得点率により奨学生を選抜しています。最高で入学金、授業料、施設設備費が3年間免除となります。ぜひチャレンジしてください！

共立女子第二中学校では入試制度を工夫し、様々な受験生が受けやすい環境を整えています。どうぞご検討ください。

森上's eye

毎日、明るく元気な声が聞こえる伸び伸びとした女子校

女子教育において教育環境が果たす役割は非常に大きいものです。共立女子第二には、緑豊かな自然、整備された新校舎とその付属施設、そして併設大学の推薦合格を得て外部大学を受験可能な安心の進学システムと、その最高の教育環境が整っています。一度、八王子キャンパスに足を運んでみてはいかがでしょうか。

School Data 共立女子第二中学校

所在地 東京都八王子市元八王子町1-710
TEL 042-661-9952
URL http://www.kyoritsu-wu.ac.jp/nichukou/
アクセス JR線・京王線「高尾」スクールバス10分、JR線「八王子」スクールバス20分

学校説明会（要予約）
8月30日（土）10：30～
9月 8日（月）18：00～
9月25日（木）10：30～
10月11日（土）14：00～
11月 8日（土）10：30～
12月 6日（土）14：00～
※それぞれの回で内容は異なります。
詳しくは公式サイトでご確認ください。

入試問題解説会（要予約）
10月11日（土）14：00～
12月 6日（土）14：00～

適性検査型入試の学校説明会
12月20日（土）10：30～
※適性検査型入試に特化した説明を行います。

入試体験（要予約）
1月11日（日） 9：30～

公立中高一貫校の適性検査ってどんな問題？

～過去問演習と模試受験で対策を～

協力：公立中高一貫校 対策センター

現在首都圏に19校ある公立中高一貫校。倍率の高さに加え、受検生の頭を悩ませるのが「適性検査」です。ここでは、その人気の背景と、適性検査対策のための模擬試験についてご紹介します。

全国的な人気となった公立中高一貫校

１９９８年（平成10年）６月の学校教育法改正を受け、１９９９年（平成11年）４月、宮崎県立五ヶ瀬中等教育学校をその第１号（県立五ヶ瀬中等教育学校は、実際は１９９４年開校。特例として認可され、開校当時は中・高）として産声をあげた公立中高一貫教育校（以下、公立中高一貫校）は、全国に１８５校（２０12年時点）が開校するまでになりました。首都圏（東京、神奈川、千葉、埼玉）には、現在19校が開校しています。

公立中高一貫校は、公立小学校卒業後のそれまでの進路　1.公立中～公立高（または私立高・国立大附属高）　2.私立中～私立高　3.国立大附属中～国立大附属高　に「新しい進路が加わる」として全国の保護者の高い関心を呼び、各校の開校時の入学者選抜は高倍率（高い人気）のもとで実施されてきました。

その関心は一過性のものとの声も一部にはありましたが、首都圏や関西圏を中心としてその後も入学者選抜の倍率の高さは変わらず、いまやその人気は全国的なものになったと言えます。

人気の理由は　①安い学費で中高一貫教育が受けられる　②高校入試がない　③主要教科の時間数の多さ（高レベルの学習内容）　④人間性を育てるプログラムがある＝学習活動以外でも活動が多彩　⑤進学実績への期待　など、保護者ならだれもがわが子を入学させたくなることばかり。入学者選抜が高倍率になるのは当然と言えるでしょう。

総合的な学力・問題を解決する力が問われる適性検査

しかし、公立中高一貫校入学のためには、まず難関をクリアしなければなりません。小学校で作成された調査書・面接・筆記（作文・適性検査）・抽選などからなる入学者選抜がそれです。

その入学者選抜において最も影響力のある、つまり最も大きなウェイトを占める筆記、なかでも適性検査とは、どのような問題による検査なのでしょうか。

　公立中高一貫校入学者選抜で出題される適性検査問題は、中学入試（ここではおもに私立中入試）の主流である教科（国・算・社・理）ごとの学力＝知識や解法技術などを問う問題とは、その傾向が大きく異なっています。ひと言で言うなら、与えられた問題＝ひとつのテーマで作成された題材について自ら読み・理解し・分析し・考え、指示された解答方法（選択・作図や文章などで表現）にしたがって答える、総合的な学力・問題を解決する力を見ようとする問題となっています。

　ですから、出題形式は、教科の枠にとらわれない「教科総合型」＝「教科横断型」の独特なスタイルとなります。私立中入試のように、教科ごとに検査時間や問題・配点などが定められているわけではありません。大きな設問（大問）ひとつごとに、あるひとつのテーマについて、図や資料・表・グラフなどを読み取る問題、放送（問題）を聴き取る問題、なぜそうなるのか社会的・理科的に考える問題、考えた結果を表現する作図・記述（作文）問題などが混在しているのです。

　このような出題形式から、入学者選抜開始当初は、私立中入試に対応するための教科ごとの学習＝受検勉強は不要とも言われました。しかし、問題のレベルは高く、しかも前述したとおりの独特な出題形式であることから、年度を経るごとに「小学校で学習する程度の学力」では合格することがむずかしいことが広く理解されてきました。そのため現在では、「私立中入試に必要なレベルの学力」は最低限必要ということが受検生共通の認識となっています。

　たとえば、算数では、基本的な計算力（整数、小数、分数の四則計算・単位の換算・割合など）、図形（平面図形、立体図形の認識・求積など）、規則性の理解、条件を整理して考えるなどの学力がそれです。そして、受検時には、問題をきちんと読む→条件を整理し、なにが求められているかを理解→自分の学力のどの力を使って答えるかを決定→確実に得点できる問題から解くこと（これは適性検査にかぎったことではありませんが…）が必要となります。

　作文では、課題や条件にしたがって４００～８００字程度の字数で、短時間で書かなければならないため、文章の起承転結が明確でわかりやすい文＝段落分けがきちんとできた文章を書く力、基本的な書く力が必要です。正確な語句の知識（漢字・慣用句・ことわざ・熟語など）、作文の書き方（原稿用紙の使い方など）がそれです。また、作文は課題文が準備されることが多いので、課題文を読み取る力＝読解力も必要です。

※埼玉県立伊奈学園中学校では、他の公立中高一貫校での適性検査を「作文」として実施していますが、そのなかに前述した「作文」にあたる設問があります。

　また、社会では、時事（そのときどきの社会的な問題）に関する用語の知識や理解も必要です。基本的な学習以外にも、新聞・テレビ・読書などでニュースに接し、その問題点を理解し自分なりの考えを持つことなど、毎日の生活のなかで、自分を取り巻く社会（世界）に目を向けることが必要なのです。

過去問演習と模試受験の大切さ

　さて、こうした基本的な学力の獲得だけでなく、過去に出題された問題＝過去問題を解いてみることを忘れてはなりません。とくに各公立中高一貫校出題の適性検査問題には、それぞれに独特な傾向があり、その傾向に合わせた対策と準備が欠かせないからです。

　そしてもうひとつ、模擬試験を受験することも欠かせません。模擬試験では、過去に出題された適性検査問題を徹底的に分析し、受検生に求められる力（学力だけでなく）を現時点で判定する問題が、複数回に分けて重複しないように出題されます。その受験結果から、学力判定や合格予想だけでなく、各校の志望者動向・これからの学習に向けてのアドバイスなどが提供されるからです。

　また、模擬試験に出題された問題（内容）が、適性検査本番で出題されたことも少なくありません。これは、模擬試験の問題作成にあたって、各公立中高一貫校が未来に向かって求める受検生像＝受検生の「現在」を強く意識しつづけているから起こること。模擬試験受験の必要性はここにもあるのです。

　次のページでは、「公立中高一貫校対策センター」が昨年の模試に出題した問題のなかから、実際に今年の適性検査本番の問題にかなり似通ったかたちで出題されたものを3問ご紹介します。これを見れば、志望校への合格を夢見る受検生のみなさんにとって、模試受験がいかに有効かご理解いただけると思います。

公立中高一貫校対策センター　首都圏一貫模試第４回適性検査Ⅱ1

先生：これまで、食料自給率の話をしてきましたが、実は食べ物だけでなく、日本は水もたくさん輸入しているのですよ。

花子：日本は水に恵《めぐ》まれた国だと思っていましたが、そうではないのですか。

先生：日本は、森林に恵まれて雨も多く、水資源《しげん》も豊富にある。そう思っている人も多いと思います。しかし、見方を変えると、実は、世界でも有数の水の輸入国なのです。みなさんは、この意味がわかりますか。

次郎：水についてなんて、これまで考えてみたこともありませんでした。

先生：**仮想水**ということばを聞いたことはありませんか。日本が海外から輸入しているものを、仮に日本で作った場合に必要となる水のことを仮想水といいます。たとえば、精米後の米1 kgを作るのに約8 t《トン》、牛肉は肉1 kgに対して700～800 tもの水が必要とされています。

花子：なるほど、わかりました。

［　　　　　A　　　　　］。

だから、日本は外国から多くの水を輸入していると言えるわけですね。

先生：そのとおり。近い将来、水不足は世界的な問題になるといわれています。この仮想水に対する関心も高まっており、新たな国際紛争《ふんそう》の火種にもなりかねません。水に恵まれているようにみえる日本でも、水不足の問題は他人事ではないのです。

問題４　日本が多くの水を輸入していると言えるわけを、［　A　］に花子さんの発言を補《おぎな》う形で説明しなさい。

横浜市立南高等学校附属中学校　2014年適性検査Ⅲ1問題４

問題４　みなみさんは調べていくなかで、**仮想水**という言葉を見つけました。
【会話文】と**【資料５】**を見て、あとの問題に答えなさい。

【会話文】

みなみさん：　先生、仮想水という言葉を見つけて、資料をいくつか調べてきたのですが、仮想水について詳《くわ》しく教えてください。

先　　　生：　仮想水は英語で、ヴァーチャルウォーターと言います。「仮想水とは、食料を輸入している国（消費国）において、もしその輸入食料を生産するとしたら、どの程度の水が必要かを推定《すいてい》したもの」とされています。

みなみさん：　**【資料５】**を使って例えると、［　A　］ということですか。

先　　　生：　そのとおりです。牛肉を生産するときの仮想水を考えると、牛が飲む水や牛の体を洗《あら》う水、または牛肉に加工する際の洗浄水《せんじょうすい》などもふくまれるのですよ。仮想水を考えることによって、間接的に海外の国々の水を消費していることがわかります。

Point　「仮想水」という初めて聞く言葉でも、問題文から正確に内容を理解することが求められています。こんな問題も模試で出題されていました。

公立中高一貫校対策センター　首都圏一貫模試第１回適性検査Ｉ[1]

図２

図３

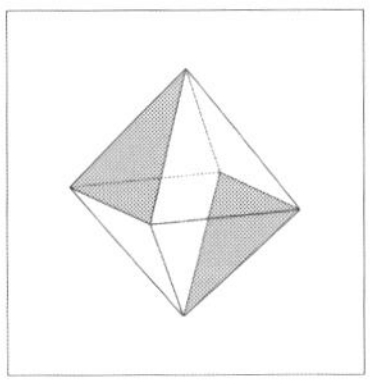

図４

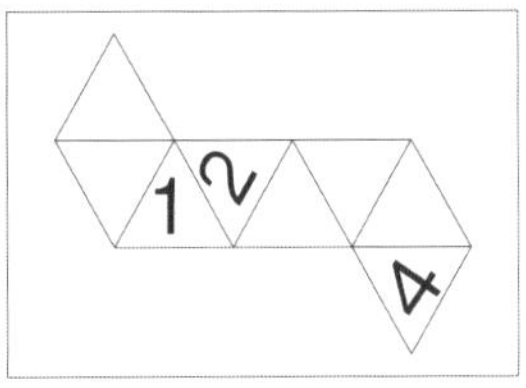

[問題２] 図２は、見えた数字の一部をメモした正八面体サイコロの見取り図です。図４には、このサイコロの展開図《てんかいず》が描かれています。書かれた数字の向きにも注意して、**会話文**を参考に、展開図を完成させなさい。ただし、1は1ではなく、1としっかり書きなさい。

太郎：では、さっそくやってみよう。左上の**S**からスタートして、右下の**G**がゴールになっているよ。

ゲームは次郎君からスタートしましたが、２度目の順番が終わった時点で図１の★の場所にコマを進めました。

次郎：考えてみたんだけれど、①2度サイコロを振《ふ》ってこの場所にコマを進める方法が2通りあるよ。しかも、2通りのどちらも同じ目の出方だ。

さいたま市立浦和中学校　2014年適性検査Ⅱ[3]

太郎くんは、１枚の紙に展開図をかいて切り取り、正八面体を作りました。

次の「**太郎くんと先生の会話２**」をもとにして、問３と問４に答えなさい。

太郎くんと先生の会話２

太郎くん：先生、**図３**のような展開図がかけました。この展開図から、正八面体を作ってみようと思います。

図３

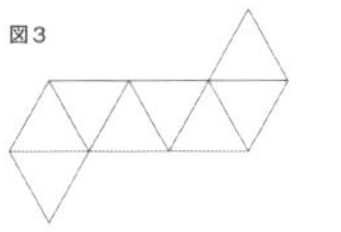

先　　生：できた正八面体をいろいろな方向から見て調べてごらん。

太郎くん：**図４**のように、正八面体の面Ａを下にして、水平な机の上に置いたら、面Ａと向かい合う面Ｂも、水平になっていました。

図４

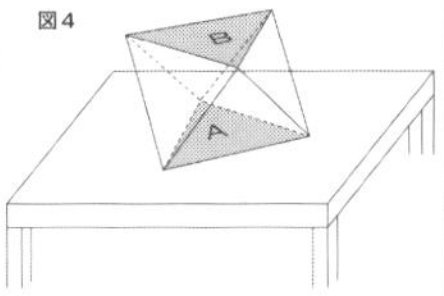

先　　生：そうですね。いいことを見つけましたね。ほかに何かわかりましたか？

太郎くん：うーん。

先　　生：**図４**の正八面体を、**図５**のように水平な状態で少し持ち上げて、面Ｂの真上から垂直に光をあてると、影《かげ》ができます。その影は、どのような形になっているかわかりますか？

太郎くん：調べてみます。

図５

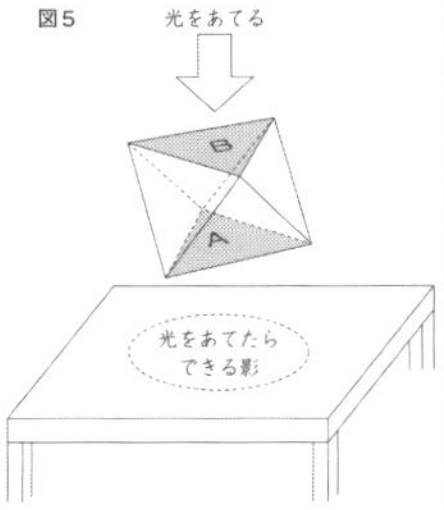

「正八面体」は小学校では未履修の立体図形ですが、しっかりとイメージできる空間把握が求められています。模試で経験していれば取り組みやすいでしょう。

公立中高一貫校対策センター　首都圏一貫模試第４回適性検査Ｉ[2]

先　生：次に上皿てんびんとメスシリンダーを使って、いろいろなものの重さと体積を調べましょう。
のぞみ：メスシリンダーで何をはかるんですか。
先　生：メスシリンダーでは液体の量をはかりますが、図３のように固体の体積をはかることもできます。

図３

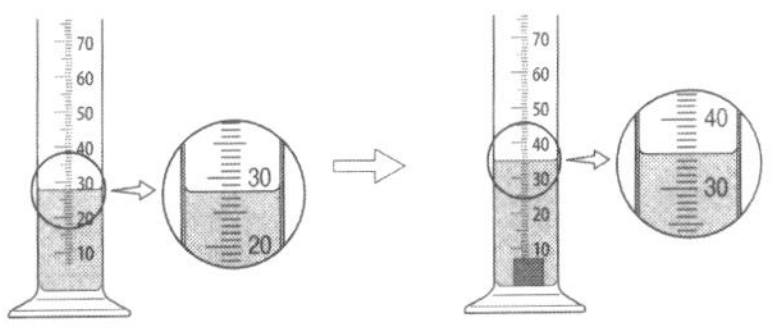

[問題４] 先生がガラス玉の体積をはかろうとしましたが、メスシリンダーに入りませんでした。このガラス玉の体積をはかるためには、どのようにすればよいですか。メスシリンダー・ビーカー・シャーレ（皿）を用いて、その方法を簡単に説明しなさい。

横浜市立南高等学校附属中学校　2014年適性検査Ⅱ[4]問題４

問題４　みなみさんは【表２】のジャガイモＡ～Ｃとは別の種類のジャガイモ（ジャガイモＤとする）をさらに１個用意しました。

５００cm^3（５００mL）のメスシリンダーに水を２００cm^3入れ、そこにジャガイモＤを入れると、ジャガイモＤは水に沈《しず》み、【図１】のようになりました。また、ジャガイモＤの重さをはかると１２２ｇでした。

ジャガイモＤを【表１】のビーカー①～⑤の食塩水に入れ、浮《う》き沈みを観察したときの予想される結果を、浮く場合は○、沈む場合は×、浮きも沈みもしないで途中《とちゅう》で止まる場合は△として、記号を書きなさい。

【図１】

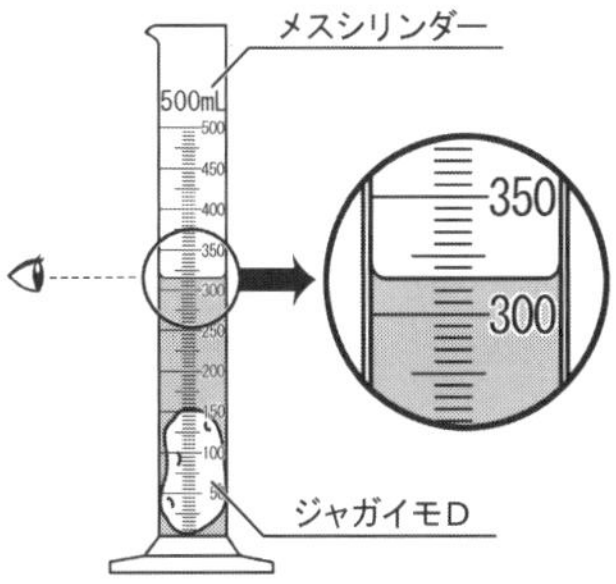

「メスシリンダー」は履修範囲ですが、いろいろな利用法があります。模試ででてきた出題内容が本番に近いものになっています。

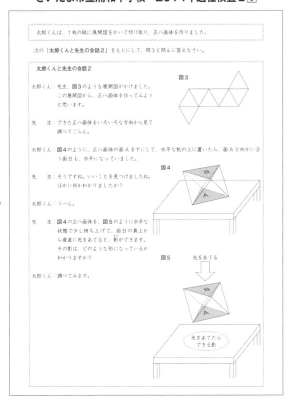

東京都立中高一貫校共通　共同作成問題

※適性検査Ⅲの採用を含め、詳細は9月に発表されるため、東京都立については「入学者選抜方法」のうち適性検査種別を表記していません。

〔問題3〕　次の (1) ～ (4) のように漢字の位置を変化させながらパズルを完成させ、比かくしてみると、外側のますの漢字の位置は右回りに回ることがわかる。同時に、これ以外にも何通りか漢字の位置が規則的に回る部分がある。どの部分が、どちらの方向に回るかがわかるように解答らんに矢印を記入しなさい。

(1) 【図4】のように、外側のますに左上のますから「春」「夏」「秋」「冬」の順で漢字を入れていき、内側の4ますにも漢字を入れてパズルを完成させる。

(2) 次に【図5】のように、外側のますに左上の一つ右のますから「春」「夏」「秋」「冬」の順で漢字を入れていき、パズルを完成させる。(【図5】は外側だけに漢字を入れ終えた図であり、完成していない。)

(3) 次に【図6】のように、外側のますに左上の二つ右のますから「春」「夏」「秋」「冬」の順で漢字を入れていき、パズルを完成させる。(【図6】は最初の「春」だけを入れた図であり、完成していない。)

(4) 最後に【図7】のように、外側のますに右上のますから「春」「夏」「秋」「冬」の順で漢字を入れていき、パズルを完成させる。(【図7】は最初の「春」だけを入れた図であり、完成していない。)

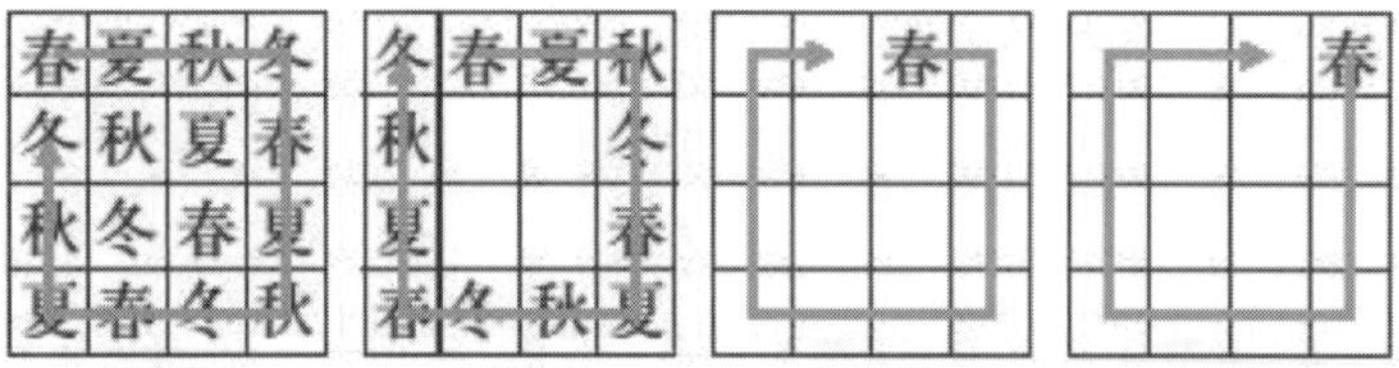

【図4】　【図5】　【図6】　【図7】

なお解答については、以下の点に注意すること。

・解答例のように矢印を用いて漢字の位置がどのように回っているかがわかるように記入すること。
・矢印は直線をつないで記入すること。
・矢印をらん外に記入しないこと。
・一つの解答らんの中で、矢印が一度通過したますに、別の矢印は記入しないこと。
・できるだけ多くの解答が記入できるように解答らんは用意してある。

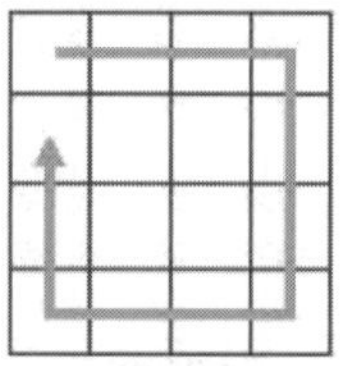

解答例

課題や条件を正しく分析する

与えられた会話をきっかけに作成することになったパズルのルールを理解、分析、整理する力が求められます。

条件をもとに論理的考察力をみる

問題1、2のルールを理解していないとこの規則性を見出せません。本質を見極め論理的に思考する力が求められます。

2015年度向け　東京都立中高一貫校共通　適性検査Ⅱ共同作成問題サンプルより

1

優太：ぼくたちの中学校では、年が明けると各学年とも百人一首大会で盛《も》り上がるね。

美咲：そうね、わたしはお正月にかるたを楽しんだわ。

優太：ぼくはすごろくをしたよ。

先生：二人とも日本に昔からあるゲームで楽しんだようだね。ところで日本の伝統文化では一年の始まりは「春」です。だから、年賀状にも「迎春《げいしゅん》」と書く人がいます。

美咲：日本の文化は、四季の季節感を大切にしています。

優太：四季を使ったゲームはありませんか。

先生：こういうのは、どうでしょう。「春・夏・秋・冬」の漢字４文字を使ったパズルです。いっしょに考えてみましょう。

【パズルのルール】

① 【図1】のような正方形のますに、「春」「夏」「秋」「冬」の漢字を一つずつ入れる。

② 【図1】のような正方形のますを縦《たて》横二つずつ組み合わせて【図2】のような正方形のますをつくり、どの縦の４ますにも、どの横の４ますにも同じ漢字は入れずにすべてのますに漢字を入れる。

春	夏
秋	冬

【図1】

春	夏	秋	冬
秋	冬	夏	春

【図2】

［問題1］【図2】のパズルを完成させたい。解答らんの空いているますのすべてに漢字を記入しなさい。

［問題2］【図3】のように、特定の位置に「冬」が入っている状態でパズルを始める。このとき、残りのますをうめていくと、３か所に「冬」が入る。どのますに入れればよいか、解答らんのあてはまるます３か所に「冬」を記入しなさい。

	冬		

【図3】

解説

本誌冒頭９ページで触れているとおり、東京都の中高一貫教育校（都立中等教育学校と都立中学校）は、来春の2015年度入試から、全校による共同作成問題と自校作成の独自問題の組み合わせで出題することになりました。出題の方針は、適性検査Ⅰでは「与えられた文章をもとに、的確でまとまりのある文章を書く力をみる」、適性検査Ⅱでは「与えられた資料を基に、課題を発見し解決する力をみる」としており、適性検査Ⅲについては採用する学校（2013年度は２校）の裁量に任せることになっています。適性検査ⅠとⅡの出題方針を統一したことで、一部の学校では昨年度とはⅠ、Ⅱの方針が入れ替わっています（詳細は９月に発表）。このページでは、サンプルとして公表された共同作成問題（適性検査Ⅱ）の一部をご紹介し、各校の独自問題（適性検査Ⅱ）サンプルについては、次ページ以降で学校別にご紹介していきます。適性検査Ⅰについては著作権法に鑑み掲載できませんので各校ホームページをご覧ください。

なお、千代田区立九段中等教育学校（42ページ）については、従来どおり独自問題で入試を行います。

東京

東京都立

桜《おう》修《しゅう》館《かん》中等教育学校

■中等教育学校

■2006年開校

金田《かねだ》 喜明《よしあき》 校長先生

「真理の探究」のために「高い知性」と「広い視野」「強い意志」を持つ人間を育成

桜修館中等教育学校では、変化が激しい現代社会において、日本人としてのアイデンティティを持ち、さまざまな場面でリーダーシップを発揮できる子どもを6年間かけて育てていきます。

学校プロフィール

開　　校…2006年4月

所 在 地…東京都目黒区八雲1-1-2

T E L…03-3723-9966

U R L…http://www.oshukanchuto-e.metro.tokyo.jp/

アクセス…東急東横線「都立大学」徒歩10分

生 徒 数…男子213名、女子264名

1 期 生…2012年3月卒業

高校募集…なし

2学期制／週5日制／50分授業

入学情報

・募集人員…男子80名、女子80名 計160名

・選抜方法…報告書、適性検査、作文

日本人としてのアイデンティティを身につける

【Q】 御校は真理の探究のために3つの校訓を掲げていますね。

【金田先生】 本校の母体校である都立大学附属高校（2010年度で閉校）の学校目標が、「自由と自治」、そして「真理の探究」でした。

「自由と自治」というこの言葉は開校当時の時代背景が大きく関係していたと思います。現在は発達段階の異なる生徒が半分いますので「真理の探究」を取り入れ、これを校訓としています。そのために、いろいろな体験も含めて「高い知性」と「広い視野」、そして粘り強い「強い意志」の3つを校訓に掲げ、桜修館中等教育学校がスタートしたのです。

育てたい生徒像としてつぎの6項目を謳《うた》っています。

1　将来の夢や高い志を抱き、自ら進んで考え、勇気をもって決断し、責任をもって主体的に行動する生徒

2　社会の様々な場面・分野にお

いてリーダーとして活躍する生徒

3　真理を探求する精神をもち、自ら課題を発見し、論理的に解決し、適切に表現し行動できる生徒

4　生命や人権を尊重し、他者を思いやり、他者と共に協調する心をもつ生徒

5　世界の中の日本人としてのアイデンティティをもって国際社会に貢献できる生徒

6　自らの健康に留意し、体力の向上に努め、健全な精神を維持できる生徒

簡潔に言うと、自ら進んで考え、将来への志を持ち、国際社会に貢献できる日本人としてのアイデンティティを身につけていくことが必要だと考えています。

2年生では、国際理解教育の一環として「留学生が先生」という行事を行っています。

そして、6年間の中等教育学校ですので、ゆとりのある時間のなかでリーダーシップを発揮できる生徒を育てたいと思っています。

【Q】生徒に対してつねに話しておられることはありますか。

【金田先生】自分を成長させるということは、ひとりで成長できるわけではないと言っています。

「人間はまわりの社会によって育てられている部分があり、自分が行動することによって、まわりの社会にどんな影響があるのかつねに考えられる人間になってほしい」ということです。

そのことがほんとうの意味での成長だということは、言葉を変えながらよく言っています。

【Q】少人数授業は行っていますか。

【金田先生】前期課程の2年生と3年生の英語で実施しています。後期課程でも英語の一部で少人数授業、数学で習熟度に応じた少人数授業が行われています。

5年生（高校2年生）まではほとんどの生徒が同じ科目を履修しています。

早くから文系・理系に分けてしまうと、理系だから、文系だからと言って勉強しない科目もでてきてしまいます。

ですから多くの教科を学んで、広い視野を持って自分の将来を考えた選択をしてもらいたいと考えていますし、得意、不得意で文系・理系を選ぶ必要もないと考えています。

また、あらゆることに興味と関

特色あるカリキュラム紹介

①論理的な思考力の育成を目的とした「国語で論理を学ぶⅠ～Ⅲ」「数学で論理を学ぶⅠ～Ⅲ」

1年生の「国語で論理を学ぶⅠ」では、基礎として相手の話を正確に聞き取ることを意識した問答ゲームや再話などの言語技術教育を取り入れています。

「数学で論理を学ぶⅠ」では、日常生活にある身近な題材を課題として、文字、グラフ、図形を使い性質を考えたり論理的に考えたりする授業を行っています。

2年生の「国語で論理を学ぶⅡ」では、相手にとってわかりやすく説得力のある意見の述べ方や表現の仕方を学習します。

また、相手の立場になって理解し、それに対して自分の考えも筋道を立てて述べる学習や、ディベートなども取り入れた学習をしていきます。

「数学で論理を学ぶⅡ」では、図形の定理や公式を演繹《えんえき》的に証明し、また発展的な図形の問題をさまざまな方法で論理的に考えて解く授業を展開しています。

3年生の「国語で論理を学ぶⅢ」になると、これまで学習したことをさらに高めるため、さまざまな種類の文章を論理的に読解し、自分の考えを論理的に表現する学習をします。

また、弁論大会を行い、相互に批評する機会を設け、小論文の基本も学習していきます。

「数学で論理を学ぶⅢ」では、課題学習を中心に行い、数学的な見方や考え方を育成したり、特殊化・一般化について論理的に考え解く授業を行います。

心とを高めてもらえればと考えています。

特色のある独自の教育活動

【Q】御校では学校独自の教育活動をされていますね。

【金田先生】「国語で論理を学ぶ」という科目を設定しています。これは本校独自の科目で、教科書も教員が作成したものを使っています。

論理的にものごとを考えることを目的としており、1年生からは論文と称し、意見文を書いて、『研究レポート集』を作成しています。そして2・3年生になるとディベート大会も行われます。

そしてもうひとつ、「数学で論理を学ぶ」という科目も設定しています。図形やグラフ、数式を使ってパズルのようなものをあつかい、そのなかで論理性を考えていくことをしています。これによって、読売新聞社の作文コンクールで東京都教育委員会賞を受賞する生徒が、毎年でてきています。本校が独自に設定した科目によって、生徒が興味を持ってくれたことが、このような結果につながっているのだと思います。

【Q】ほかにも力を入れている教育活動についてお教えください。

【金田先生】コミュニケーション力を重視しています。1年生のときから各班でプレゼンテーションを行い、研究発表などを行っています。

また、入学してすぐに1泊2日で移動教室に行きます。ここで生徒は友だちと打ち解け、ガラッと変わって帰ってきます。

2・3年生では夏休みに希望者を対象に校外で英語合宿を行っています。ここでは起床から就寝までネイティブの指導員とグループを組み、英語のみを使って生活します。

4年生になると希望者はニュージーランドで約2週間のホームステイを行い、5年生になると修学旅行でシンガポールを訪れ、シンガポール大学の学生と班別行動を行っています。

本校はドイツ語、フランス語、スペイン語、中国語、ハングルなど、第2外国語の選択科目も設定しています。コミュニケーション力を重視しているのもおわかりいただけると思います。

また、豊かな感性と想像力を育

年間行事

おもな学校行事（予定）

4月	入学式
5月	移動教室（1年）　クラスマッチ（体育祭）
6月	
7月	三者面談
8月	英語合宿（2・3年生希望者） 職場体験（2年）
9月	避難訓練　記念祭（文化祭）
10月	
11月	校内実力テスト
12月	研修旅行（3年）　美術館巡り（1年） 海外修学旅行（5年）
1月	百人一首大会　体験的研修旅行（2年）
2月	芸術鑑賞教室　マラソン大会
3月	卒業式　合唱コンクール

成するために学年行事として百人一首大会や伝統芸能の鑑賞教室も行っています。

【Q】進路・進学指導についてお聞かせください。

【金田先生】 本校は都立の中高一貫教育校です。入学時に学力検査を行っていませんから、ある意味では多様な生徒がおります。ですから、みんな一律に東京大をめざすということは言えない学校ですね。それがほかの学校と大きくちがうところだと思います。ただ、そういう意味で進路指導は大変なのですが、いろいろな個性ある生徒たちが集まっていることは、生徒にとってはいい環境だろうと思います。

進学指導については、きめ細かく指導しています。志望校検討会も行っています。

これをもとに、三者面談で保護者に情報を提供しつつ、学習指導にも活用して進路指導体制をとっています。

【Q】適性検査についてお聞かせください。

【金田先生】 与えられたものにそのまま素直に機械的に答えるのではなく、いろいろな角度から自分で考えられるような生活習慣をつけてほしいと思っています。

学んだことをことがらとして暗記しているだけではなく、それを活用して生活にどういかしていけるのか、そういうことが適性検査では問われます。作文については、親子の会話や友だちとのふれあいなどの生活のなかで感じたいろいろなことや、体験を大事にして、題材に向かい作文を書いてほしいと思います。

【Q】最後にどのような生徒さんに来てもらいたいですか。

【金田先生】 おそらく、本校の教育方針まで全部わかって入学してくる生徒さんは、あまり多くないと思います。

ですから、記念祭（文化祭）や学校説明会、学校見学など、いろいろ行事がありますが、そういうものを見て自分が「ここで勉強してみたい」と思って来てもらいたいです。

それから、地域の中学校でなく本校を選んだということは、それなりの決意を持って来ていると思いますので、勉強でも、部活動でも、行事でもよいので、ひとつ目標を持ってがんばってもらいたいと思います。

東京都立桜修館中等教育学校

募集区分　一般枠

入学者選抜方法　適性検査（各45分）、報告書

資料

米の生産（2008年）

	単位　万トン
中国	19335
インド	14826
インドネシア	6025
バングラデシュ	4691
ベトナム	3873
ミャンマー	3050
タイ	3047
フィリピン	1682
ブラジル	1210
日本	1103
その他	9659

小麦の生産（2008年）

	単位　万トン
中国	11246
インド	7857
アメリカ合衆国	6803
ロシア	6377
フランス	3900
カナダ	2861
ドイツ	2599
ウクライナ	2589
オーストラリア	2140
パキスタン	2096
その他	20527

とうもろこしの生産（2008年）

	単位　万トン
アメリカ合衆国	30738
中国	16604
ブラジル	5902
メキシコ	2432
アルゼンチン	2202
インド	1929
インドネシア	1632
フランス	1582
南アフリカ共和国	1160
ウクライナ	1145
その他	16945

課題や条件を正しく分析する

与えられた条件を正しく理解し、分析して答えを導き、さらに検証できる力をみます。［問題3］は何とおりかの答えがあります。

条件をもとに論理的考察力をみる

問題のなかで「単位に注意して読み取る」とあります。いずれの作物を選んだとしても「億」の位がでてきます。

2015年度向け　東京都立桜修館中等教育学校　適性検査Ⅱ独自問題サンプルより

1　小学校６年生のおさむ君は、さくらさんと総合的な学習の時間で世界の主な農作物の生産について調べています。会話文を読んで問題に答えましょう。

さくら：私は、世界でも生産量が多い三つの農作物の生産について調べてみたわ。

おさむ：三つの農作物は、米、小麦、とうもろこしだね。世界の人々の主食になる農作物だ。統計資料は、単位に注意して読み取ることが大切だ。

さくら：帯グラフを作成すると、世界生産における各国がしめる割合が分かりやすいわね。

［問題１］　おさむ君は、「単位に注意して読み取ることが大切だ。」と言っています。資料から農作物を一つ選び、解答用紙の形式に合わせて世界生産量の合計をすべて漢字を使って書きましょう。

［問題２］　さくらさんは、「帯グラフを作成すると、世界生産における各国がしめる割合が分かりやすいわね。」と言っています。資料から農作物を一つ選び、長さ 15cm の帯グラフを作成しようと思います。世界生産における一位の国がしめる部分は何 mm になるでしょうか。小数第一位を四捨五入して、整数で書きましょう。また、計算を解答用紙に書きましょう。

［問題３］　今日は町内の子供会の活動の日です。ひとし君はその活動に参加するため、きょうこさん、いくこさん、まなぶ君と公園に来ています。

午前中は公園の花だんにパンジーを植えるボランティア活動をします。

ひとし君たちが植えるパンジーは、オレンジ色、白色、黄色、むらさき色の４色です。４人は次のような作業をしました。

作業

・１人２色ずつのパンジーを植えた。
・ひとし君は黄色のパンジーとむらさき色のパンジーを植えた。
・きょうこさんは白色のパンジーは植えなかった。
・どの色のパンジーも２人ずつで植えた。

いくこさんとまなぶ君は、何色のパンジーを植えたと考えられますか。答えは１通りではありません。考えられるうちの１通りの答えを書きましょう。

解説

都立桜修館中等教育学校では、これまで適性検査と作文、報告書で入学者選抜を行ってきました。

配点は適性検査を500点、作文を200点、報告書を300点にそれぞれ換算し、総合成績1000点で評価していました。

来春は共同作成問題と組み合わされ、全校で出題方針が統一されるため、これまで作文と呼んでいた検査が適性検査Ⅰに、従来のⅠが適性検査Ⅱの名称に移行します。配点が改められるかどうかは、９月の発表を待つしかありません。

作文の力が求められる適性検査Ⅰは、サンプル問題をみると、キーワードがしめされ、そこから自分が考えることを500～600字で作文する形式です。

適性検査Ⅱでは、小学校で学習した内容をもとにして、思考・判断・表現する力をみます。また、与えられた課題の条件や問題点を整理し、論理的に筋道を立てて考える力、身近な生活を題材としてそのなかにある課題を自分の経験や知識で分析し、考えや意見を的確に表現する力もみます。

東京

東京都立

大泉《おおいずみ》高等学校附属中学校

■併設型　■2010年開校

柴田《しばた》　誠《まこと》 校長先生

自主・自律・創造の精神を育み 国際社会におけるリーダー育成をめざす

東京都立大泉高等学校を設置母体として誕生した東京都立大泉高等学校附属中学校。2011年度（平成23年度）末に、中高一貫校としての新校舎の全面改築が終わり、昨年には人工芝のグラウンドも完成しました。

リーダーとしての資質と行動力を身につける

【Q】御校の沿革と教育方針についてお教えください。

【柴田先生】 本校は、東京都立大泉高等学校（以下、大泉高）を母体校に2010年（平成22年）に併設型中高一貫校として開校しました。1期生が高2になり、大泉高は一昨年度の入学生より2学級の募集になっています。

母体校である大泉高は、1941年（昭和16年）に東京府立第二十中学校として設立されたのち、1948年（昭和23年）に東京都立大泉高等学校と改称され、今年で創立73年の伝統を誇る学校として歴史を刻んできました。

教育理念については、「学」「律」「拓」という3つの文字でわかりやすくしています。

まず、生徒の自発的な学習を重視して、幅広い教養と高い知性を身につけたいと考え〈自ら学び、真理を究める〉「学」。

また、自己を律し、他者をよく理解して協力できる生徒を育成す

学校プロフィール

開　校…2010年4月

所在地…東京都練馬区東大泉5-3-1

ＴＥＬ…03-3924-0318

ＵＲＬ…http://www.oizumi-fuzoku-c.metro.tokyo.jp/

アクセス…西武池袋線「大泉学園」徒歩7分

生徒数…男子162人、女子197人

1期生…高校2年生

高校募集…あり

3学期制／週5日制／50分授業

入学情報

・募集人員…男子60名、女子60名 計120名

・選抜方法…報告書、適性検査

る〈自ら律し、他を尊重する〉「律」。
　最後に、厳しい現代社会のなかで自らの人生を自らで拓くために豊かな人間性を備え、社会で活躍できる資質と行動力を身につけた生徒に育成する〈自ら拓き、社会に貢献する〉「拓」。この3つの言葉です。
　そして、本校では、自主・自律・創造を掲げ、6年間の一貫した教育を行うことにより、社会のさまざまな場面において、信頼を得てリーダーとなり得る人材の育成をめざしています。

自校完成型教育システムの導入

【Q】御校では、どのような教育システムで学習に取り組んでいますか。

【柴田先生】本校は、1学年3クラス、1クラス40名（男女20名ずつ）で授業に取り組んでいます。3学期制の50分授業で、月曜日から金曜日まで毎日6時限を基本としています。

　そのなかで、生徒の希望進路を実現するために、「自校完成型教育システム」を導入し、学力の定着をはかっています。

　「自校完成型教育システム」とは、「授業」、「土曜演習・土曜補修」、「T－R（ティーチャー・インレディネス）」で展開される学習を総合したシステムのことです。

　まず、「授業」では、6年間一貫したカリキュラムを編成しています。将来、さまざまな分野に進めるように高2までは共通のカリキュラムで、文科系・理科系の両方に対応する幅広い教育をめざしています。

　中学時に高校で学習する内容の一部を発展的に学んだり、新学習指導要領にしめされた標準時数よりも週に1時間授業を増やして、中1で理科、中2で数学、中3で国語を多く学び、確かな学力を身につけさせます。

　数学や英語においては、1クラスを2分割した少人数授業や習熟度授業を取り入れて、きめ細かな指導を行っています。

　そして、土曜日を活用して、月に数回の「土曜演習・土曜講座」を実施しています。土曜演習では、数学・英語を中心に、学んだ内容を繰り返し学習し、基礎基本の確実な定着をはかります。土曜講座は、自然科学や社会科学など幅広

特色ある カリキュラム紹介

① ティーチャー・イン・レディネス（ＴＩＲ）

通常の補習とは異なり、放課後に自由に学習できる学習支援ルームを設置し、生徒が自主的・主体的に自学自習に取り組めるシステムを導入しています。

授業の復習や予習サポート、計画的な利用による学習習慣の確立、教え合いをとおした学力の定着を目的に、常駐の教師が各自の学習課題に応じた個別指導を実施し、学習支援ルームに行けばいつでも質問できる体制を整えています。

中学１、２年は学習習慣が定着するまで、各部活動間で調整しながら計画的な利用をうながしています。

② 学びへの興味・関心を高める土曜講座

全学年の生徒を対象に、土曜日を活用して、教科の演習やキャリアガイダンスなどを実施しています。自然科学や社会科学などの幅広い分野の講座を開き、生徒の学びへの興味・関心を高めて、学習の動機づけを行っています。将来の進路選択にもつながります。

毎週４時間、主要５教科の学力の定着をはかる時間として、授業ではなく演習や実験などを実施します。

また、民間企業や大学など、各界から有識者を招いた講座では、さまざまな職業に触れる機会や、進路講座などを、生徒の希望進路の実現を可能にするために実施しています。

い分野の講演を開き、学びへの興味や関心を高めています。

さらに、放課後の一定時間、教員が学習支援ルームに控えて、授業でわからなかったことや授業の予習など、生徒個別の学習課題を支援する制度を設けています。これが「ＴＩＲ」です。全学年を対象に、水曜日を除く放課後に実施されます。

本校では、学校で学習を完成させたいという趣旨から「自校完成型教育システム」を導入しています。この取り組みは、生徒が進路の実現を可能にする実力を身につけるために実践しています。

「探究・体験」をいかした教育活動の充実

【Q】御校で行われている特色ある授業についてお教えください。

【柴田先生】まず、読書を習慣づけることで、落ちついて学習に取り組めるように、毎朝8時15分から読書の時間を設けています。

また、「探究の大泉」という特色ある教育活動は、おもに総合的な学習の時間の〝探究活動〟のなかで、環境について主体的にかかわるとともに、各教科の授業や土曜講座などと連携しながら学びを進めます。1学年3クラスを24班に分けて、中1〜高2で実施されます。

たとえば、中1ではひまわりの栽培と観察などをとおして、環境について考察し、探究を進めます。

これらの教育活動のなかで課題設定、実験・観察、調査、議論、発表などのプロセスをとおして知的好奇心を高め、自発的な学習の取り組みへとつなげていきます。そして、学びを深めるとともに、論理的な思考力、判断力、表現力などを育成しています。

教育管理システムで学力の推移を確認

【Q】キャリア教育や進学指導に、6年間の中高一貫教育はどのようにいかされていますか。

【柴田先生】本校でのキャリア教育は、6年間を発達段階に応じて、「基礎充実期」（中1・中2）、「挑戦期」（中3・高1）、「創造期」（高2・高3）と3期に分け、計画的に実施しています。

「基礎充実期」は学ぶこと、働くことの意義・役割や多様性を理解する。「挑戦期」は将来の生き方や生活を考え（10年後計画）将

年間行事

おもな学校行事（予定）

4月	入学式　新入生歓迎会
5月	体育祭　生徒総会　芸術鑑賞教室
6月	探究遠足
7月	夏季講座　職場体験 クラスマッチ　勉強合宿
8月	夏季講座
9月	文化祭　国内語学留学 生徒会役員選挙
10月	到達度テスト
11月	生徒総会　探究遠足　修学旅行
12月	演劇教室
1月	歌留多大会
2月	合唱コンクール　到達度テスト
3月	総合全体発表会　クラスマッチ 卒業式

来設計をする。「創造期」は希望進路の実現のために自己の能力を磨く。このような中高で一貫した教育を行うことにより、将来、豊かな人間性を備え、進んで社会に貢献できる生徒になってほしいと考えています。たとえば、中3向けに、「職業講話」というものがあります。これは、さまざまな分野の社会人のかたがたを本校にお招きし、職業や業界についての講義を受けるというものです。

　進学指導では、中3の段階から、高校の進路指導部の先生による大学進学や大学入試についての講演会指導を受けています。

2011年度末に中高一貫校の新校舎完成

【Q】御校をめざすみなさんへメッセージをお願いします。

【柴田先生】 本校では、入学者選抜の適性検査が来年度から共同作成になることをふまえ、適性検査への対応策として、過去の問題を使用した適性検査Ⅰ～Ⅲのサンプル問題をホームページに掲載しています。

　保護者のかたがお子さんと接するときにどのようなことをすればいいのか、日常的に取り組めることはなにか、ぜひご家庭で話しあっていただけたらと思っています。

　2011年度（平成23年度）末に、併設型中高一貫校として、中学校と高校が交流しながらともに学ぶことができる新校舎が完成しました。

　新校舎は望遠鏡が設置されている天体ドームや、自然エネルギーを活用した工夫がなされています。恵まれた教育環境のなかで、大泉の新たな歴史がつくられていきます。

　本校を志望する生徒さんに対しては、積極的な姿勢でなにかに取り組んでみたいという目標がある生徒さんや、しっかり勉強して、自分のよいところを伸ばしていきたいという生徒さんに入学してほしいと考えてます。また、開校して5年目なので、充実した学校生活を送りながら、いろいろなことにチャレンジして新たな学校文化をみなさんと創造していけたらと思います。

　本校は、みなさんの可能性を必ず伸ばしていきます。志の高いみなさんの入学を心から待っています。

東京都立大泉高等学校附属中学校

募集区分 一般枠

入学者選抜方法 適性検査（各45分）、報告書

たくや君はこの６個の立方体とさいころを使って〈**図５**〉のように積み上げました。〈**図５**〉は、たくや君の方向から見た立方体とさいころです。

〈図５〉

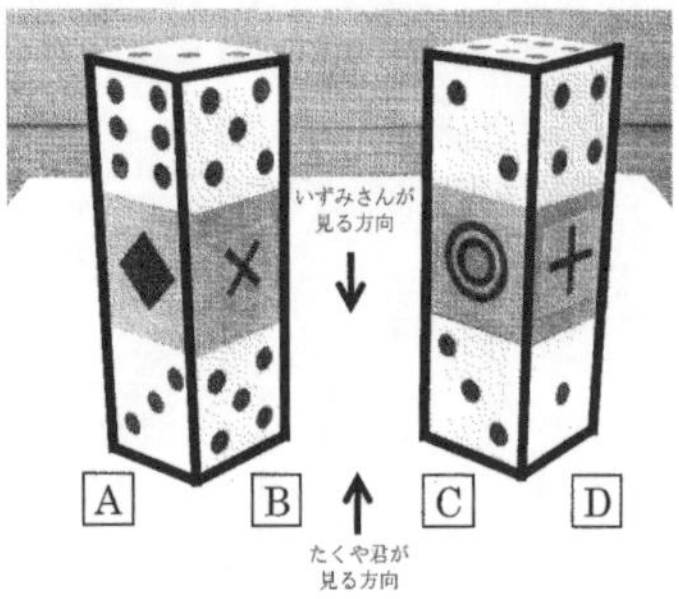

たくや君は、Aの列の太線で囲った部分の立方体とさいころの見えている面を使って計算することにしました。同じようにしてB、C、D の列についても計算しました。そして、その値《あたい》をそれぞれⒶ、Ⓑ、Ⓒ、Ⓓとしました。

【問題１】 Ⓐ＋Ⓑ×Ⓒ－Ⓓを計算し、値を求めなさい。

【問題２】〈**図５**〉で、いずみさんの方向から見た立方体とさいころの面の図をかきなさい。なお、〈**図１**〉および〈**図２**〉を参考にすること。

※大泉高校附属では「適性検査Ⅲの採用を検討中」としていますが、ホームページに掲載されたサンプル問題では、上記掲載問題以降に小問１題、さらに大問が２題とつづきます。理科的な問題が多くなっており、同校の意気込みが感じられます。一度確認してみましょう。

条件を読み解き考察する

しめされた条件を読み解いて理解する力が必要です。見えない部分を条件に合わせて想像する力も必要になります。

条件を基に論理的考察力をみる

与えられた課題を想像して整理し、筋道を立てて考え、解決する力をみています。問題文を読み取る力も必要です。

2015年度向け　東京都立大泉高等学校附属中学校　適性検査Ⅲ（採用検討中）独自問題サンプルより

1　たくや君といずみさんが机《つくえ》をはさんで向かい合って座《すわ》っています。
机の上には、〈図１〉のような＋、－、×、÷、◎、◆の印がついた立方体２個と〈図２〉のようなさいころ４個があります。

〈図１〉

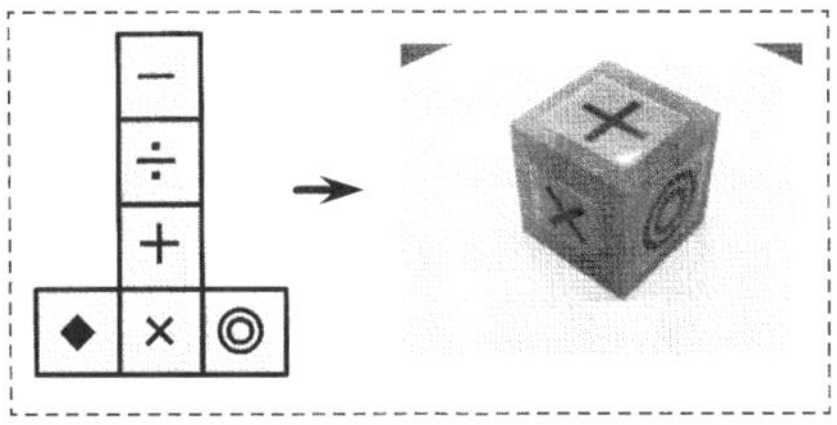

〈図２〉

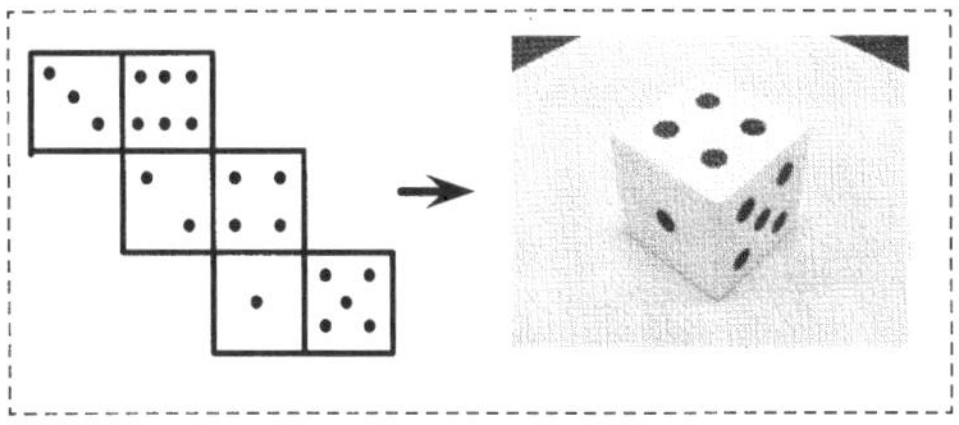

〈図１〉の立方体１個と〈図２〉のさいころ２個を使って、〈図３〉のように立方体とさいころを積み上げます。このとき、真ん中の立方体の＋、－、×、÷は〈図１〉の立方体の上下に置いた〈図２〉のさいころの二つの数字を計算する記号で、上のさいころの数字から順番に計算をします。

例えば、立方体とさいころの面が〈図３〉のように見えていたとすると、〈例１〉は「６－２＝４」、〈例２〉は「６÷２＝３」のようになります。

〈図３〉

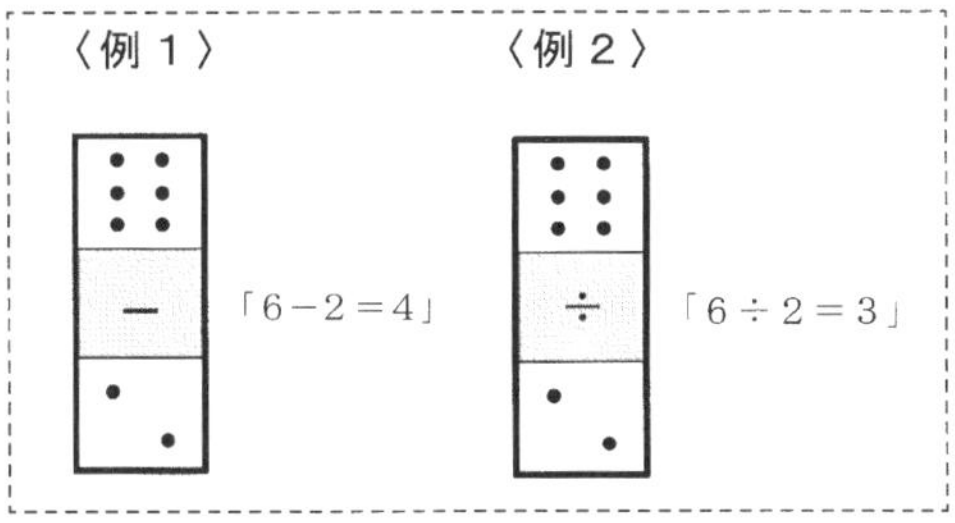

◎は〈図１〉の立方体の上下に置いた〈図２〉のさいころの二つの数字の最小公倍数を計算する記号、◆は〈図１〉の立方体の上下に置いた〈図２〉のさいころの二つの数字の最大公約数を計算する記号とします。

例えば、立方体とさいころの面が〈図４〉のように見えていたとすると、〈例３〉は「５◎３＝１５」、〈例４〉は「５◆３＝１」のようになります。

〈図４〉

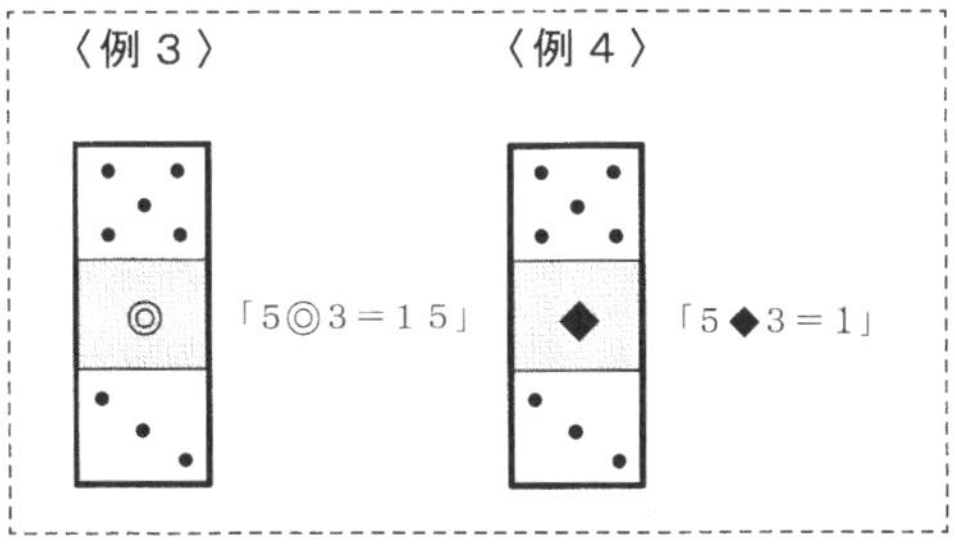

解説

都立大泉高等学校附属中学校の入学者選抜では、適性検査Ⅰは200点満点を換算して300点満点に、適性検査Ⅱは200点満点を換算して500点満点とします。報告書は400点満点で点数化後、200点満点に換算、合わせて1000点満点の総合得点で合否を判断していました。ただし、適性検査Ⅲの採用を含め、詳細は９月に発表されます。

適性検査Ⅰでは、文章を読み取る力と自分の考えや意見を的確にまとめる力をみます。

配点の高い適性検査Ⅱでは、図、グラフ、表などの複数の資料を分析・考察し、関連づけて読み取る力、また、与えられた課題や資料から問題点を整理し、筋道を立てて考え、解決する力をみます。そして、導きだした自分の考えを、論理的に他者にわかりやすく表現する力もみています。

なお、大泉高校附属では適性検査Ⅲを採用する方向で検討中です。そこで、そのサンプルを掲載しましたが（上記）、同校ホームページには、さらに詳しく公表されています。確認しましょう。

千代田区立

九《く》段《だん》中等教育学校

■中等教育学校

■2006年開校

教育目標は「豊かな心 知の創造」体験を重視した本物から学ぶ教育

将来の日本を担う真のリーダー育成をめざす九段中等教育学校。千代田区の教育財産を活かした「九段自立プラン」や、海外研修旅行をはじめさまざまな教育プログラムが実施されています。

坂《さか》 光司《こうじ》 校長先生

学校プロフィール

開　　校…2006年4月

所 在 地…東京都千代田区九段北2-2-1

T E L…03-3263-7190

U R L…http://www.kudan.ed.jp/

アクセス…地下鉄東西線・半蔵門線・都営新宿線「九段下」徒歩3分、JR総武線・地下鉄東西線・有楽町線・南北線・都営大江戸線「飯田橋」徒歩10分

生 徒 数…男子238名、女子237名

中高一貫1期生…2012年3月卒業

高校募集…なし

2期制／週6日制／50分授業

入学情報

・募集人員…（千代田区民）
男子40名、女子40名 計80名
（千代田区民以外の都民）
男子40名、女子40名 計80名

・選抜方法…報告書、適性検査（1、2、3）

政治・経済・文化の中心 千代田区の中高一貫校

【Q】御校設立の目標についてお聞かせください。

【坂先生】千代田区立九段中等教育学校は、2006年（平成18年）に千代田区立九段中学校と東京都立九段高等学校の伝統を引き継いで開校された中高一貫校です。

東京都千代田区は、日本の政治・経済・文化の中心に位置し、また、数々の教育財産を有しています。

本校は、こうした恵まれた教育環境を活用し、未来の人材育成の一翼を担いたいという目標のもとに設立されました。

【Q】教育目標として掲げる「豊かな心　知の創造」とはどのようなものでしょうか。

【坂先生】「豊かな心」とは、「自分に対する心として自律心やあきらめない心、相手に対する心として優しさや思いやりの心、社会に対する心として公共心や社会に貢献する心、人として大切な心として感謝の心や素直に感動できる心」を意味しています。

「知の創造」とは、「基礎的・基本的な知識や技能の習得はもとより、これからの社会に求められる『思考力、判断力、表現力』や『課題発見能力、問題解決能力』などの知識を活用する力を育てるとともに、生涯にわたり学び続けるための土台となる学び方や学ぶ意欲を育てる」ことです。

私は「感動は人をつくる」という言葉をキーワードに教育を行いたいと考えています。

中高6年間は、少年期から青年期へ移行する多感で感受性の強い時期、いわゆる「思春期」にあたります。「思春期」というと、ともすればネガティブな印象の言葉というイメージがありますが、私はそうはとらえません。多感な時期だからこそ得られる感動も大きいと考え、生徒を刺激するさまざまな体験を用意し、多くの感動を与えていきたいと思っています。

毎日の授業や行事・部活動など、学校生活のなかで、わくわく、どきどき、やった、できた、わかった、こういう気持ちになる刺激を生徒に与えたいのです。努力したことやがんばった経験やそれによる達成感・成就感とともに生徒の自信となります。その自信は、さらにつぎの意欲と努力を生みだしていきます。

こうした「努力と感動と意欲のスパイラル」は、本校の教育目標である「豊かな心　知の創造」につながるのです。

文系・理系にとらわれず幅広く学ぶカリキュラム

【Q】カリキュラムについてご説明ください。

【坂先生】本校のカリキュラムの特徴は、文系・理系の枠にとらわれず、全教科を学習するところにあります。5年次までは全員が同じ科目を学びます。そして、6年次からは週20時間の選択科目が用意され、各々の進路志望に沿った内容を学ぶことができます。大学受験科目の学習に特化するのではなく、幅広く学ぶことで知性と感性を磨き、豊かな創造力を培うことがめざされているのです。

本校のカリキュラムにはさまざまな工夫が凝らされています。1～2年次の2年間では、基礎・基本を重視した学習を中心に発展的な内容も取り入れ、生徒が主体的に学習に取り組むような授業展開

特色ある カリキュラム紹介

① グローバルコミュニケーションの育成をめざす英語教育の取り組み

英語科では、Global Communication（伝えたいことを英語で正確に伝えられる力）の育成をめざす英語教育を行っています。

前期課程では、とくに音声教育が大切にされ、内容の理解も文法の学習もまず音声から指導されています。週に1回はEA（English Activity）というネイティブスピーカーといっしょの授業があります。

後期課程でも、音声教育を大切にしている点は変わりません。教科書の音読が重視され、内容を英語で発表する活動も継続されています。それに加えて、英文の多読、速読、精読など、さまざまな読解の授業が行われます。

また、放課後の「イングリッシュサロン」があります。ここはALT（Assistant Language Teacher）が2名いて、生徒が自由に英語だけで会話を楽しむことができる場所です。

行事では、「英語合宿」が2年生で行われ、福島県のブリティッシュヒルズに行き、合宿中は英語だけの生活になります。また、2年生の20名と3年生の全員がオーストラリアへ海外研修を行います。

② 「総合的な学習の時間」に行われる課題探求学習「九段自立プラン」

「総合的な学習の時間」を活用し「九段自立プラン」という課題探求学習が行われています。

1〜3年の前期課程では、環境・福祉・国際理解がテーマです。1年で取り組む「環境」では、「都市の環境」を主題に、課題解決の手法や学び方、発表方法の基礎が身につけられます。2年の「福祉」では、夏休みに高齢者福祉施設や保育園などで福祉体験をします。2・3年生で行う「国際理解」では、千代田区内にある大使館を訪問し、国際社会への視野を広げることがめざされます。

4〜6年の後期課程では、奉仕と卒業研究に取り組みます。4年生の「奉仕」は、生徒一人ひとりが自分で奉仕活動体験を企画し、実施することを経験します。こうした「九段自立プラン」のまとめとして、5〜6年では、個人でテーマ設定から課題探究学習、レポートの執筆、そして発表まで行います。

となっています。

高校の内容は5年次まででほぼ終了となり、6年次からは選択科目へ移ります。この選択科目は、国公立（文理共通・文系・理系）・共通（文系・理系）・私立（文理共通・文系・理系）に分かれています。

【Q】御校でのふだんの学習や特色のある取り組みについて、具体的に教えてください。

【坂先生】 授業は、平日は50分6時間授業、土曜日は50分4時間授業です。

また、数学は前期課程ではティームティーチング、後期課程では少人数指導、英語は全学年で1クラス20人程度の少人数指導を実施しています。そのほかの多くの教科でも、少人数指導やティームティーチング（複数教員による授業）を取り入れ、それぞれの学習進度に対応したきめ細かな指導が実施されています。

夏休みには、3〜6年生まで、希望制の特別講座が開講されます。1・2年生は7月に2泊3日の勉強合宿があり、長時間勉強に没頭する体験をとおして学習習慣のさらなる定着をめざします。

そのほかにも特色ある取り組みが多数あります。毎朝8時から20分間行われる「おはようスタディ」もそのひとつです。

これは、外国人留学生がさまざまな話題を英語で話す「イングリッシュシャワー」（全学年）と、「朝読書」（1〜3年の前期課程）、「朝学習」（4〜6年の後期課程）を組み合わせて実施しています。

独自のキャリア教育「九段自立プラン」

【Q】「九段自立プラン」とはどのようなものですか。

【坂先生】「九段自立プラン」は、総合的な学習の時間を使って行われるプログラムです。

主体的に学び行動する力や、将来の生き方を考える力を養っています。学年ごとに設定されたテーマのもとで、課題探究学習に取り組みます。

千代田区内および近隣の企業や団体、大学、大使館などの協力により、社会の第一線で活躍するかたがたによるさまざまな「本物体験」が用意され、ここでも「努力・感動・意欲のスパイラル」が生まれています。千代田区という立地をいかした本校独自のキャリア教

年間行事

おもな学校行事（予定）

4月	入学式　ホームルーム合宿（1年）
5月	体育祭
6月	関西研修旅行（5年）
7月	勉強合宿（1年・2年）
8月	特別講座（3～6年）　オーストラリア海外派遣（2年選抜）　至大荘行事（4年）
9月	音楽鑑賞教室（1年）　九段祭
10月	後期始業式 大学学部学科模擬講義（4年）
11月	オーストラリア海外研修（3年）
12月	英語合宿（2年）
1月	区連合作品展（前期課程）
2月	クロスカントリーレース
3月	雅楽教室（1年）　学習発表会　卒業式

育です。

また、プランの一環として、1～3年では、日本の伝統文化を学ぶ「江戸っ子塾」も実施しています。華道、書道、囲碁、将棋など、多彩な分野の専門家を講師として学びます。なかにはけん玉や寄席文字、助六太鼓など、学校のカリキュラムとしてはめずらしい講座もあります。

こうした取り組みは、国際理解学習へもつながります。本校では前期課程でオーストラリア海外研修を実施しています。まずは2年次に選抜生徒20名がリーダー研修を経験し、3年次には全員が参加します。中学生のうちに海外を経験することで、日本と外国のちがいやそれぞれのよさを体験できますし、他国の文化・習慣を尊重する心が育てられます。

また、現在の自分の英語の力を知ることもできます。こうした経験は生徒の視野を広げるとともに、さらなる学習意欲を生みます。

【Q】道路を挟んでふたつの校舎が隣接していますね。どのように使われているのでしょうか。

【坂先生】 九段校舎と富士見校舎のふたつの校舎があります。九段校舎では1～4年生までが学び、富士見校舎では5・6年生が学んでいます。

部活動や特別活動は九段校舎で行うことが基本となっており、その際には5・6年生も九段校舎へ移動します。

施設・設備面でも充実しています。温水プールがあるので、海での遠泳を行う「至大荘行事」という4年次の宿泊行事へ向けて、年間をとおした水泳指導が可能です。また、九段校舎の屋上には天文台があり、5階には理科教室が6部屋あります。

【Q】最後に、御校を志望するみなさんへメッセージをお願いいたします。

【坂先生】 本校の教育プログラムはかなりボリュームがあります。それを気に入ってくれて、あきらめないでがんばれる生徒に入学してほしいと思います。

1～6年生まで生活するキャンパスでは、幅広い年齢層のある兄弟姉妹がいるようなアットホームな学校生活があります。そうした環境のなかで、思いっきりあなたらしい感動を体験してください。

千代田区立九段中等教育学校

募集区分
区分A（千代田区内在住）区分B（千代田区外の都内在住）

入学者選抜方法
適性検査1（45分）、適性検査2（45分）、適性検査3（45分）、報告書、志願者カード

〔たけし〕　お母さん、お魚のパックに「100円引き」というシールがはってあるけど、このシールは何なの。

〔母〕　このシールは値引きシールというのよ。お会計のとき、パックに表示されている値段から、値引きシールに表示されている金額が引かれるのよ。

〔たけし〕　値引きシールがはられている商品は安くなるのだから、お買い得な商品なんだね。

〔母〕　値引きされているから、お買い得のように思えるけど、値引きシールがはられているのには理由があるのよ。

〔たけし〕　お魚以外には、どのような商品に値引きシールがはられているのかな。

〔母〕　お肉にも値引きシールがはられているのをよく見るわね。他にも、お店の閉店時刻が近づくと、お弁当やコロッケなどにも値引きシールがはられるわね。

〔たけし〕　お店の商品の中で、値引きシールがはられているものと、はられていないものがあるのはなぜだろう。

［資料2］値引きシール

問2

食品の中でも、値引きシールがはられている商品には、共通している特徴《ちょう》があります。その特徴について説明しなさい。

文章を読み解く力を試す

会話文を読み解き、そのなかにしめされた条件を正しく理解し、素早く計算する力が求められています。

日常生活の課題を発見

「賞味期限」という日常生活に関連する知識にたどりつき、その意味を正しく、他者にもわかるように表現できるかをみています。

2014年度 千代田区立九段中等教育学校 適性検査２問題より

3　たけしさんは、お母さんといっしょに、近所のスーパーマーケットに買い物に来ています。

〔母〕　今日の夕飯のおかずは何にしようかしら。

〔たけし〕　ぼくはお肉が食べたいな。

〔母〕　わかったわ。さっそく、お肉売り場から見てみましょう。

〔たけし〕　お母さん、これちょっとおかしくない。お肉売り場にはられている、豚《ぶた》のロース肉の掲《けい》示物には128円と表示されているのに、お肉のパックには、それぞれ違《ちが》った値段が表示されているよ。

〔母〕　掲示物には、お肉100ｇあたりの値段が表示されているのよ。それぞれのパックの中に入っているお肉の量が少しずつ違うから、１つ１つ値段も違っているのよ。

〔たけし〕　そうなんだ。値段の表示が間違っているのかと思ったよ。

［資料１］お肉売り場の掲示物

お買い得品

国産豚

ロース肉

１００ｇ　128円

問１

［資料１］の豚のロース肉が298ｇ入っている商品の値段はいくらになりますか。ただし、小数第１位を四捨五入して、整数で答えなさい。

解説

千代田区立九段中等教育学校の適性検査は、小学校で学習した基礎的な内容をベースに、たんに教科の知識量を見るのではなく、以下の４項目で表せるような、学習活動への適応能力、問題解決への意欲や自己の将来展望、時事への興味・関心を試すのが基本です。

「基本」とは言うものの、作文表現や、教科を横断した融合問題は毎年ユニークな問題が並びます。問題量も多く過去問で慣れておかないと、かなりむずかしく感じるものでしょう。この３年間、適性検査２の大問1は放送による聞き取り問題となっています。

【九段中等教育がみる４項】 ①文学的文章や説明的文章などについて理解し、表現する力をみる。　②数量や図形の意味を的確にとらえ、多面的にものを見たり、考えたりする力をみる。　③日常生活に関連する課題を発見し、広い視野から分析し、解決する力をみる。　④自己の興味・関心、能力・適性を理解し、将来の生活や生き方を考える力をみる。

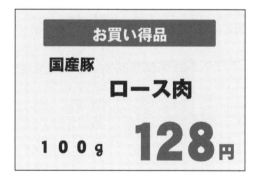

東京

東京都立

小《こ》石《いし》川《かわ》中等教育学校

■中等教育学校

■2006年開校

教育理念「立志・開拓・創作」のもと 知的好奇心を刺激し個性と能力を伸ばす

府立第五中学校の流れを受け継いだ小石川高等学校を母体とする小石川中等教育学校。96年の伝統を誇る教育理念のもと、小石川教養主義、理数教育、国際理解教育を3本柱とした特色あるカリキュラムを実践しています。

奈良本《ならもと》 俊夫《としお》 校長先生

府立五中からつづく 96年の伝統が自慢

【Q】御校開校の経緯をお教えください。

【奈良本先生】 2006年（平成18年）に、都立高校改革推進計画のもと、小石川高等学校を母体として開校しました。

小石川高校は、1918年（大正7年）創立の府立五中から連なる歴史と伝統を有する高校です。本校は、府立五中からの教育理念である「立志・開拓・創作」の精神を受け継ぐかたちで開校しました。府立五中の創立から今年で96年、その間この精神は変わらずに一貫しています。

中等教育学校としては、2006年の開校から9年目をむかえ、今春には3期生が卒業しました。

【Q】その府立五中からつづいている教育理念「立志・開拓・創作」についてお話しください。

【奈良本先生】「立志・開拓・創作」とは、「自ら志を立て、自分が進む道を自ら切り拓き、新しい文化を創り出す」という意味です。自

学校プロフィール

開　　校…2006年4月

所 在 地…東京都文京区本駒込2-29-29

T E L…03-3946-7171

U R L…http://www.koishikawachuto-e.metro.tokyo.jp/

アクセス…都営三田線「千石」徒歩3分、JR山手線・都営三田線「巣鴨」徒歩10分、JR山手線・地下鉄南北線「駒込」徒歩13分

生 徒 数…男子239名、女子239名

1 期 生…2012年3月卒業

高校募集…なし

3学期制／週5日制／45分授業

入学情報

・募集人員…（特別枠）5名以内　（一般枠）男女各80名から特別枠募集での入学者を引いた数

・選抜方法…（特別枠）報告書、作文、個人面接（一般枠）報告書、適性検査

分がどのように能力を発揮し、なにを目的として生きていくかという目標を立てることが「立志」です。そして、その志のもとに自ら進む道を、前人未踏の険しい道のりであっても、自分の力で切り拓いていくことが「開拓」であり、そこから新しいものを「創りだそう」とすることが「創作」です。

この教育理念をどうやって具体的に実現させていくかということで、小石川では3つの特色ある教育を実践しています。「小石川教養主義」「理数教育」「国際理解教育」の3つです。教育理念をもとにこれらの3つの教育を行うことで、生徒一人ひとりの確かな学力を育み、卒業後の進路実現へと結びつけていきます。

【Q】「小石川教養主義」とはどういったものですか。

【奈良本先生】府立五中以来大切にされてきたリベラル・アーツ教育のことを、本校では「小石川教養主義」と呼んでいます。

本校のカリキュラムは、高校段階にあたる後期課程においても、理系・文系に分けることはしていません。生徒は5年生までは全員が全教科共通のカリキュラムを履修します。

これは、広く深い知識に裏づけられた教養を育むことを重視しているからです。小石川の生徒は、1年生から言語活動や探究活動などに取り組みます。そして、3年生で週1時間、4年生で週2時間、本校独自の設定科目である「小石川フィロソフィー」を受講します。多様な講座のなかから興味のある講座を選んで受講し、自ら設定したテーマに基づいて探究活動を行い、最終的にはそれぞれ論文にまとめます。開講される講座は年度によって変わりますが、どれも興味深い内容のものばかりです。幅広い知識を得て、それを探究活動にいかしてゆく、この「小石川フィロソフィー」も「小石川教養主義」の特色のひとつです。

本校では授業第一主義を貫いています。45分授業を7時間、週に34時間の授業を行っています。このほかに第2外国語を8時間目に受講することもできます。

【Q】6年生のカリキュラムはどのようになっていますか。

【奈良本先生】5年生まで全員が共通の科目を履修しますが、6年生は自分の進路を考えていく学年

特色ある カリキュラム紹介

① 3つの分野で興味関心を高める「総合的な学習の時間」

小石川の総合的な学習の時間では、「言語文化（国語・英語）」、「国際理解（社会・英語）」、「自然科学（数学・理科）」の3分野について、1〜5年生まで計画的に学習します。

「言語文化」は自分の考えを言葉で表現する力・調査力や発表力などをきたえます。新聞記者のかたに話を聞くなどし、最終的にはスピーチコンテストが行われています。「国際理解」は、社会科と英語科のふたつの側面からアプローチして、さまざまな国の文化を学んだり、留学生との交流を行います。また、オーストラリアへの語学研修の前には、オージーイングリッシュ講座が開かれます。「自然科学」の時間は、物理・化学・生物・地学などの科学の基礎について、考え方から顕微鏡の使い方、レポートの書き方までを学びます。

② 学校全体で取り組む SSH（スーパーサイエンスハイスクール）教育

小石川のSSHは、一部の教員や生徒だけではなく、学校全体で取り組んでいることが特徴です。

サイエンス・カフェ

「学ぶ・語る・発表する・交流する・連携する場」として、大学教授や専門家などを招いてさまざまな話をしてもらう自由参加の講座。年に10回以上開催され、生徒の理数への興味関心を高めることに役立っています。

オープンラボ

放課後や休み時間などに、理科の実験室を生徒の自主的な研究活動の場として開放しています。気軽に理科にかかわる環境を提供し、支援しています。

小石川セミナー

自然科学をはじめとする各分野で、最先端の学問に触れる体験・学習などの多様な教育機会を設けて、知的好奇心や志を高め、豊かで幅広い教養を身につける機会としています。年に3〜4回、土曜日に実施しています。

国内・国外の科学コンテストへの挑戦

さまざまなコンテストに挑戦し、とくにポーランド科学アカデミー主催の「高校生国際物理学論文コンテスト」では9年連続で入選するなどすばらしい成果を残しています。

ですので、大幅な自由選択科目として、「特別選択講座」を用意しています。

こちらも本校独自のもので、多様な講座を設けています。生徒は、自分の希望する進路に応じて選択講座を選ぶことで、効率のよい学習ができるのです。

【Q】「理数教育」の内容についてお話しください。

【奈良本先生】「理数教育」を重視しているのも府立五中から受け継いだ伝統です。その理念がいまでも根づいており、現在では、小石川高校につづいて小石川中等教育学校も文部科学省からＳＳＨ（スーパーサイエンスハイクール）に指定され、10年間の継続指定となっています。

学校全体で理数教育に取り組んでおり、日本学術会議や大学、研究所などと連携し、年間10回以上開催されるサイエンス・カフェや実験室を開放して生徒が自主的に学べる環境を提供するオープンラボ、土曜日を利用して全校生徒が大学教授や専門家から先端科学の話を聞く小石川セミナー、ポーランド科学アカデミー主催の「高校生国際物理学論文コンテスト」をはじめとした国内・国外の科学コンテストへの挑戦など、さまざまな取り組みが実施されています。

本校独自の取り組みも多いので、これから公立中高一貫校を受けたいと思っている人にとっては、とても魅力的な要素ではないかと思います。

【Q】「国際理解教育」も3本柱のひとつですね。

【奈良本先生】多様な取り組みをとおして、異文化を理解しグローバルな視点でものごとを考えることのできる人材を育てることが、本校の国際理解教育です。

また、英語をコミュニケーション・ツールとして用いることができるレベルにまで高める、充実した英語教育を行っています。

全員参加の体験型学習が多く、2年生では、国内語学研修を実施しています。2泊3日の日程で、8人にひとりネイティブの講師がついた英語漬けの日々を過ごします。

3年生では、オーストラリアで2週間の海外語学研修を体験します。ホームステイをしながら現地の学校へ通うのですが、ホームステイはひとつの家庭に対して生徒がひとりとしています。日本語を

年間行事

おもな学校行事（予定）

4月	入学式　オリエンテーション 校外学習（2～6年）
5月	
6月	教育実習生進路講話（4・5年） 小石川セミナー①　移動教室（1年）
7月	夏期講習　奉仕体験活動（4年）
8月	海外語学研修（3年）夏期講習
9月	行事週間（芸能祭・体育祭・創作展）
10月	宿泊防災訓練（4年）
11月	国内語学研修（2年） 小石川セミナー②　SSH生徒研究発表会
12月	
1月	
2月	海外修学旅行（5年） 合唱発表会（1～3年）　職場体験（2年）
3月	小石川セミナー③

話す相手がいない環境で過ごすことで、英語を積極的に使う体験をすることがねらいです。現地の高校では、理科の授業を受けるという貴重な体験もできます。海外語学研修は、英語力が身につくことはもちろん、異文化理解にもつながり、この経験を経て人間的にもひとまわり大きく成長することができるのです。

５年生ではシンガポールへの海外修学旅行があります。そのほか、留学生の受け入れや英検取得への取り組みなど、充実した国際理解教育を実践しています。

3つの行事を行う 小石川の行事週間

【Q】9月にある行事週間が有名です。詳しくご説明ください。

【奈良本先生】本校には、9月に「芸能祭」・「体育祭」・「創作展」の三大行事を約1週間で行う期間があり、行事週間と呼んでいます。

まずは舞台発表を中心とした「芸能祭」があります。文化系の部活動の発表の場となっていますが、有志の参加者も多いのが特徴で、参加グループをオーディションで選ぶほどさかんです。２０１４年度（平成26年度）は日比谷公会堂で行います。

芸能祭につづいて、「体育祭」を行います。そして最後が「創作展」というクラスの展示発表会を行います。３年生以上はほとんどが演劇発表を行うのが伝統となっています。とくに最高学年である６年生の演劇は、内容はもちろん大道具などの舞台美術もレベルの高いものとなっています。

１週間に大きな行事を３つ行うので、とても大きなエネルギーを使います。行事の運営は基本的に生徒たちが主体となって行っており、自ら志を立てて、創作し、新しい文化をつくりだすという流れが伝統となっています。

【Q】最後に、どのような生徒さんに入学してほしいですか。

【奈良本先生】やはり、知的好奇心の強いお子さんに来てほしいという思いが一番にあります。

本校では、生徒の好奇心を大切に育む環境が整備されていますので、「これはどうなっているのかな？」「ほんとうにそうなのかな？」といろいろな角度からものごとに興味を持って考えることのできる人がいいですね。

東京都立小石川中等教育学校

募集区分 海外帰国・在京外国人生徒枠／一般枠

入学者選抜方法 【特別枠】作文（45分）、面接（25分程度）、報告書
【一般枠】適性検査（各45分）、報告書、志願理由書

資料1　日本の年齢別人口構成

年齢（歳《さい》）	1954年		2008年	
0～9	2022万人	23%	1119万人	%
10～19	1831万人	21%	1214万人	%
20～29	1580万人	18%	1474万人	%
30～39	1087万人	12%	1861万人	%
40～49	915万人	10%	1619万人	%
50～59	690万人	8%	1766万人	%
60～69	437万人	5%	1700万人	%
70～79	221万人	3%	1266万人	%
80～	47万人	1%	751万人	%
総人口	8830万人		12770万人	

（「国際統計要覧1956」「日本の統計2010」より作成）

資料2　各国の1950年頃と2008年の年齢別人口構成

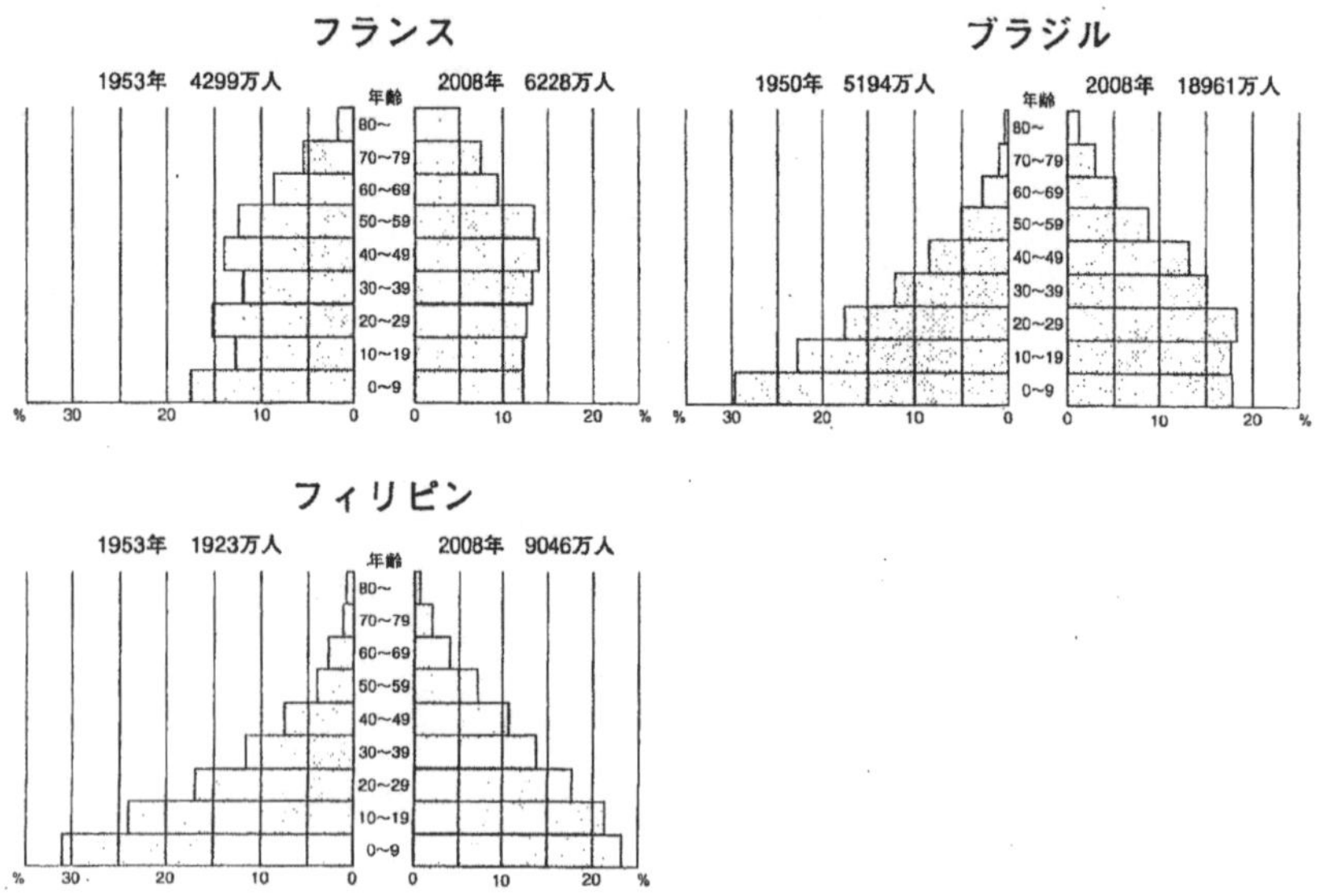

（「国際統計要覧1956」「世界の統計2011」、国連統計局ホームページより作成）

身につけた知識で課題解決

問題文の意味をとらえ、これまで身につけてきた知識や経験をもとにして、課題を分析し解決する力をみます。

分析をつうじ思考力をはかる

資料の分析力、思考力、判断力をみます。日本や世界のことに目が向き、考察する力、さらに表現力もみます。

2015年度向け　東京都立小石川中等教育学校　適性検査Ⅱ 独自問題サンプルより

2

のぼるさんは、学校で人口について学習しました。授業では**先生**が人口ピラミッドを紹介《しょうかい》してくれました。

先　　生：人口ピラミッドは、男女それぞれの年齢《ねんれい》別の人口を数や割合《わりあい》でグラフにしたものです。そして、１つの国でも昔と今とではその形は変わります。

オーストラリアの人口ピラミッド

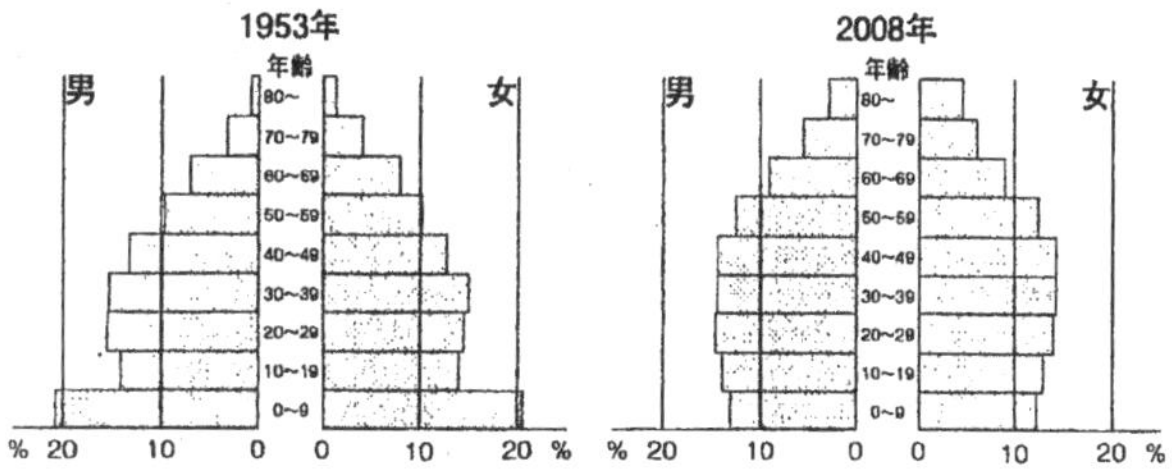

（「国際統計要覧《ようらん》1956」「世界の統計2011」より作成）

のぼるさん：今と昔を１つのグラフにできれば、変化が分かりやすくなると思います。男女の人口を合計して割合を計算し、昔を左側に、今を右側に書いてみたらどうでしょう。

先　　生：では、みんなでいろいろな国のグラフを作ってみましょう。

［問題１］（1）**資料１**の数値《すうち》を使って、2008年の日本の年齢別人口の割合を百分率で求めなさい。

なお、解答は小数第１位を四捨五入《ししゃごにゅう》して整数で求めなさい。

ただし、百分率の合計は100％にならないことがあります。

（2）（1）で求めた数値を使って、**資料２**のフランス、ブラジル、フィリピンのグラフと同様に、日本の2008年のグラフを作りなさい。

（3）**資料２**のフランス、ブラジル、フィリピンの中から１つの国を選び、（2）で作った日本の人口のグラフと比較《ひかく》して、その２カ国の1950年頃《ごろ》から2008年までの変化の特徴《とくちょう》を答えなさい。

解説

都立小石川中等教育学校の入学者選抜「一般枠」では、報告書と適性検査Ⅰ・Ⅱのほかに適性検査Ⅲが課されます。報告書（400点満点）は換算して200点満点に、適性検査Ⅰ・Ⅱ・Ⅲは、それぞれ100点満点を倍に換算して各200点満点の計600点満点とし、総合成績は報告書の点数と合わせ800点満点で評価します。ただし、今年度の詳細は９月に発表されます。

適性検査Ⅰでは、文章を熟読し、それを自己の経験などに照らしあわせて、深く考え、文章に表現する力をみます。

適性検査Ⅱでは、資料の分析をつうじて、小石川生として学校をもりたてていく意欲をみるとともに、日本や世界のことについて考察する力や、考えを表現する力をみます。

適性検査Ⅲでは、身近な事象をつうじて、分析力や思考力、判断力などをいかして、課題を総合的に解決できる力をみます。

適性検査Ⅲが試している力は、日常からいろいろな身近なできごとに科学的な興味を持つようにして養いましょう。

適性検査Ⅰ、Ⅱ、Ⅲともに同校ホームページにサンプル問題が掲載されています。

東京

東京都立

立川国際《たちかわこくさい》中等教育学校

■中等教育学校 ■2008年開校

国際理解教育を推進し グローバルリーダーを育成

都立の中高一貫校のなかで唯一「国際」という名称を冠する立川国際中等教育学校。さまざまなバックグラウンドを持つ生徒が集う学び舎《や》で、真の国際理解教育が日々行われています。

信岡《のぶおか》 新吾《しんご》 校長先生

学校プロフィール

開　　校…2008年4月

所 在 地…東京都立川市曙町3-29-37

Ｔ Ｅ Ｌ…042-524-3903

Ｕ Ｒ Ｌ…http://www.tachikawachuto-e.metro.tokyo.jp/

アクセス…ＪＲ中央線「立川」・多摩都市モノレール線「立川北」バス

生 徒 数…男子218名、女子258名

１ 期 生…2014年３月卒業

高校募集…なし

３学期制／週５日制（月2回程度土曜授業実施）／50分授業

入学情報

・募集人員…（一般枠）男子65名、女子65名　計130名
（海外帰国・在京外国人生徒枠）　男女合計30名

・選抜方法…（一般枠）報告書、適性検査
（海外帰国・在京外国人生徒枠）成績証明書等、面接、作文〈※面接、作文は日本語または英語による〉

都立中高一貫校唯一の「国際」中等教育学校

【Q】御校の教育目標・理念について教えてください。

【信岡先生】「国際社会に貢献できるリーダーとなるために必要な学業を修め、人格を陶冶《とうや》する」ことを教育目標としています。そして、これを実現するために、生徒一人ひとりが、国際社会に生きる自覚を持ち、自ら志を立て未来を切り開いていく「立志の精神」と、自らの考えを明確に持ち、それを表現する能力とともに異なる文化を理解し尊重する「共生の行動力」を身につけ、主体性を発揮するなかで、達成感や連帯感など「感動の共有」ができる教育を理念としています。

【Q】学校はどのような雰囲気なのでしょうか。

【信岡先生】本校は「国際」という名前がつくように、毎年30名の海外帰国生徒・在京外国人生徒を受け入れています。アメリカ・ロシア・中国など、現在は6学年で36の国と地域から集まっていま

す。これらの生徒は、一般枠130人の生徒と区別はせずに、混成クラスにしています。これが他の学校にはない特色です。

いろいろな国や地域での生活経験がある子どもたちが日常的にいる環境です。本校の生徒たちは、生活習慣や価値観、判断基準がそれぞれちがうなかでいっしょに生活しているので、異文化への理解、異なることに対する理解に非常に長けています。中学1年という早い年代から、こうした環境で過ごせることは非常に大切だと実感しています。

教養主義を掲げ 総合力をつける教育課程

【Q】御校のカリキュラムを教えてください。

【信岡先生】 3学期制の50分授業で週5日、毎日6時間あります。土曜日は土曜授業を前・後期課程ともに月2回程度行っています。

教育課程としては、6年間を3ステージに分け、1～2年を「BUILD」、3～4年を「CHALLENGE」、5～6年を「CREATE」と名づけています。

「BUILD」の2年間は、まずしっかりとした基礎学力と自律した生活習慣を身につけることがメインになります。本校は6年一貫教育ですから、高校受験や、高校に入ってから中学校の復習をする必要がありません。ですから、1～2年で基礎学力と生活習慣を身につけることで、「CHALLENGE」（3～4年）の時期に、学習のスピードを飛躍的にあげることができます。そして、同時に高度化していく学習内容にも挑戦していくことができるのです。

この4年間で得たものを土台として、「CREATE」の時期に進路、そして社会にでてからの自分を創造していきます。

教養主義も立川国際の特徴のひとつです。総合力が求められる現代社会の要求に応えるため、生徒全員に幅広く高度な教養を身につけさせることをめざしています。必履修の科目を多く設定し、5年生までは文系・理系というコース分けは行わず広く学びます。6年生から文理に分かれ、それぞれの進路に沿って選べる選択科目を用意しています。

習熟度別授業や少人数制授業も効果的に取り入れています。

特色ある カリキュラム紹介

①「国際」として充実した英語教育、国際理解教育

国際社会で活躍するために必要な英語力を生徒全員が身につけられるようにと、チームティーチングや習熟度別の授業が展開されるなど、さまざまな工夫がなされるほか、多くの行事が用意されています。

まさに英語漬けの日々になるのが、2年生全員参加の英語合宿です。現2年生までは1年の7月に実施していましたが、平成26年度入学生（現1年生）からは2年生で実施。これは、立川国際で1年間充実した英語の授業を受け、英語の基礎をしっかり身につけてからその力を実際に試す機会として英語合宿を有効なものにしたいという思いで変更したものです。朝から晩まで、小グループに分かれて外国人インストラクターとともに過ごす2泊3日です。

また、学校では夏休みに前期生の希望者を対象として、「イングリッシュサマーセミナー」が行われます。これは4日間学校に通い、その間はすべて英語で過ごすというものです。小グループに分かれ、テーマを決めてプレゼンテーションやディベートを行います。

そして、5年生では全員が6泊7日のオーストラリア海外研修旅行に行きます。今年からホームステイが中心のプログラムになり、現地で4泊5日のホームステイを行い、ホストファミリーと過ごしながら現地の高校に通う英語漬けの5日間を過ごします。最終日には班別行動でテーマごとの研修課題にも取り組み、現地の大学も訪問します。

また、昨年度から東京外大と高大連携の協定を結び、出前授業や外国人留学生との交流など、これまで以上に国際交流がさかんに行われるようになりました。

②日本文化を知り、理解する校外学習・研修旅行

自国の文化を知らなければ、海外の文化を理解したり、比較したりすることはできません。

そのために、3年生では校外学習で鎌倉を訪れ、自国文化のすばらしさに触れます。また、10月には国内研修旅行で奈良・京都を訪れ、日本の歴史や文化への理解をさらに深めます。こうした体験をもとに、5年生の海外研修旅行でのプレゼンテーションにつなげていきます。

数学と英語では、全学年で習熟度別少人数授業を実施しています。これにより、入学時から基礎・基本を大切にする授業を実施するとともに、数学や英語が得意な生徒たちにさらに高度な学習を提供する環境を整えています。

また、これまで日本のプログラムで学んできていない帰国生や在京外国人枠の入学生のために、国語や社会などについては、毎週月曜日に先生に相談できる場を用意しています。

【Q】昨年、6学年がそろい、これまで中高別々に行っていた体育祭もいっしょに行われましたね。

【信岡先生】昨年ついに6学年がそろって体育祭を行いました。5・6年生の迫力ある競技を1・2年生が見ていたり、上級生が1・2年生を背負って走る競技があったり、年下の生徒に対して気を配っているようすなど、縦割りで異年齢の集団が協力しあっている姿は中高一貫教育でしか見られないものです。今年は校外の広い市営陸上競技場で実施し、生徒たちも伸びのびと競技に参加していました。

【Q】文化祭も中高合同で行われるのでしょうか。

【信岡先生】はい。文化祭はクラスでの発表がメインになり、9月に2日間かけて行います。こちらは両日とも一般公開しています。

進学先の視野には海外の大学も

【Q】昨年、1期生が初めて卒業しましたが、進路指導などはどのように行われていますか。

【信岡先生】キャリア教育は1年生から6年間をかけて体系的に行っています。1年生で職業調べ、2年生で職場体験などを行うことで、勤労観や職業観を深め、自己の特性や必要とされる能力を伸ばす姿勢を養います。

自分の将来像を意識し、4年生から大学のオープンキャンパスや模擬授業を体験することで、自分が将来なにになりたくて、そのためにはどこで学べばよいかを考え、大学や学部を具体的に決めていきます。自分の夢を見つけるための行事が多くあり、指導する教員もそろっているので、しっかりとした指導ができています。

また、大学受験対策として、夏休みには、夏期講習を6週間実施しています。6年生だけで70講座

年間行事

おもな学校行事（前期課程予定）

4月	入学式　対面式
5月	校外学習　キャリア教育（1・2年） HR合宿（1年）
6月	英語検定　体育祭　英語合宿（2年）
7月	イングリッシュサマーセミナー（1～3年）
8月	夏期講習
9月	文化祭
10月	国内研修旅行（3年）英語検定 生徒総会　職場体験（2年）
11月	キャリア教育　国際理解講話（1・2年） 芸術鑑賞教室
12月	
1月	
2月	英語発表会
3月	合唱祭

を開講します。どんな講座を開くかは、4月に会議を行い、6年生一人ひとりの学習状況を分析、確認し、共通認識を持って生徒たちに必要な講座を各教科で設定しました。したがって、非常にバラエティに富んだものになっています。「これほど夏期講習が充実しているとは思わなかった」「受験に対するモチベーションがあがった」と言ってくれる生徒もいるほどです。

【Q】生徒さんによく話されているのはどんなことでしょうか。

【信岡先生】 進学というのは、自分の学力でどこに行くかを選ぶのではなく、いちばん大事なのは、自分が将来なにになりたいかを明確に持つことだと伝えています。そこから、どこでなにを学ぶか、を考えていくのです。

偏差値が高い、希望者が多い大学というのは、それだけの内容や価値があるということです。大学を選ぶときに、明日試験があるのであれば、いまの学力でしか選べませんが、試験がまださきにあるのであれば、上限を決めずにとことん上をめざしてほしいですね。

今後は、国内の大学はもちろんですが、国外の大学に進学したい生徒のフォローアップも万全にしていく予定です。本校は都立高校で唯一、海外の国公立大学（オーストラリア、アメリカ、カナダ、イギリス、ニュージーランドから選択）へ2名の指定校推薦枠を持っています。条件が合えば、この枠を使って海外の大学に進学することも可能です。

【Q】適性検査で重視するのはどんなところでしょうか。

【信岡先生】 適性検査は学力試験ではありませんので、問題を読み取って、考え、それをどう表現するか、というところを見ています。海外帰国生徒・在京外国人生徒は別のテストで論述と面接だけです。

どちらも課題に対して自分の考えをまとめて、書く練習をすることで、論理的に考え、伝えることができるようになると思います。

【Q】受検生へのメッセージをお願いします。

【信岡先生】 本校は、6学年という異年齢集団で、多様な価値観を持った生徒たちといっしょに学校生活ができ、将来の選択肢がグローバルに広がる学校です。

東京都立立川国際中等教育学校

募集区分 海外帰国・在京外国人生徒枠・一般枠

入学者選抜方法 【海外帰国・在京外国人生徒枠】面接（20分程度）、作文（45分、日本語または英語による）、成績証明書等 【一般枠】適性検査（各45分）、報告書

先　生：南極大陸上空のオゾンホールについて、各年で一番大きくなったときの面積をまとめたのが**表1**です。これだと、5年ごとのオゾンホールの面積の変化が分かりますね。

武　蔵：そうですね。ところでオゾンが少なくなってしまうのはどうしてですか。

先　生：実はオゾン層を壊《こわ》す化学物質があるからです。主なものには、フロンガスと呼《よ》ばれる気体があります。フロンガスは、エアコンや冷蔵庫《れいぞうこ》の機械の内部で循環《じゅんかん》させて、空気を冷やすために使っていました。また、スプレーの缶《かん》などにも入れられて、大量に使われていました。ところが、このフロンガスが上空まで届《とど》いてしまって、オゾン層を壊してしまうことが分かりました。

表1　南極大陸上空のオゾンホールの最大面積

西暦《せいれき》（年）	面積（万km^2）
1975	0
1980	330
1985	1880
1990	2100
1995	2280
2000	2960
2005	2670
2010	2190

（気象庁ホームページなどより作成）

武　蔵：それは大変ですね。

先　生：そうですね。そこで、1987年に国や地域《ちいき》の代表がカナダのモントリオールに集まり、もうフロンガスは使わないようにしようということを決めたのです。そして、段階的《だんかいてき》にフロンガスの生産が禁止されていきました。

武　蔵：その結果、どうなったのでしょうか。

先　生：**図2**は、1987年に生産の禁止が決められた5種類のフロンガスのうち、最もオゾン層を壊す影響が大きいと言われているフロンガスについて、空気中に含《ふく》まれる割合《わりあい》をグラフにしたものです。それぞれの点が、世界各地での観測結果を示しています。**図3**は、このフロンガスの世界中での生産量のグラフです。

武　蔵：さきほどの**表1**と何か関係がありそうですね。でも、表とグラフだと比べにくいなあ。**表1**をもとにグラフをかいて、**図2**のグラフと比較《ひかく》してみよう。

・の付いている言葉の説明

循環《じゅんかん》：ひと回りしてもとにもどり、それを何度もくり返すこと。

〔問題1〕　**表1**をもとに、オゾンホールの面積の変化が分かるようなグラフをかきなさい。ただし、目もりの数字などは自分でかき入れること。

※立川国際中等教育の適性検査Ⅱでは、サンプルとしての独自問題は公表されていません（7月10日現在）。ここでは共同作成問題を掲載しています。

資料を読み取り理解する

オゾンホールをテーマにした4つの地図から情報を的確に読み取り、問題点の特徴までをとらえられるかをみます。

得た情報をわかりやすく表現

オゾンホールの広がりをわかりやすく表現するためにグラフにするのですから、時間軸を左から右にとることを思いつくことがカギ。

2015年度向け 東京都立立川国際中等教育学校　適性検査Ⅱ　共同作成問題サンプルより

3　ある日の武蔵くんと先生との会話です。

武　蔵：昨年、南極ではなく北極の上空にもオゾンホールができていると話題になっていましたが、オゾンホールというのは、どのようなものですか。

先　生：オゾンホールとは、オゾンがとても少なくなっている場所のことです。オゾンは、酸素が上空で太陽の光に当たるとできるもので、紫外線《しがいせん》という生物に有害な光線を吸《きゅう》収《しゅう》してくれる物質です。上空２万メートル付近でオゾン層《そう》という層になっています。

武　蔵：紫外線というのは聞いたことがあります。皮膚《ひふ》の日焼けなどに関係がありますか。

先　生：そうですね。健康への悪影響《あくえいきょう》を心配している人もいますね。**図１**は、人工衛星から観測したオゾンホールについて、南極上空から見た様子を示したものです。この図の中の斜線《しゃせん》でぬられている部分がオゾンホールです。オゾン層にまるで穴《あな》が開いているように見えるので、「穴」を意味する「ホール」という英語が使われています。

武　蔵：なるほど。これを見ると1980年にオゾンホールができて、それから面積がどんどん大きくなっていますね。

図１　南極大陸上空から見たオゾンホールの様子

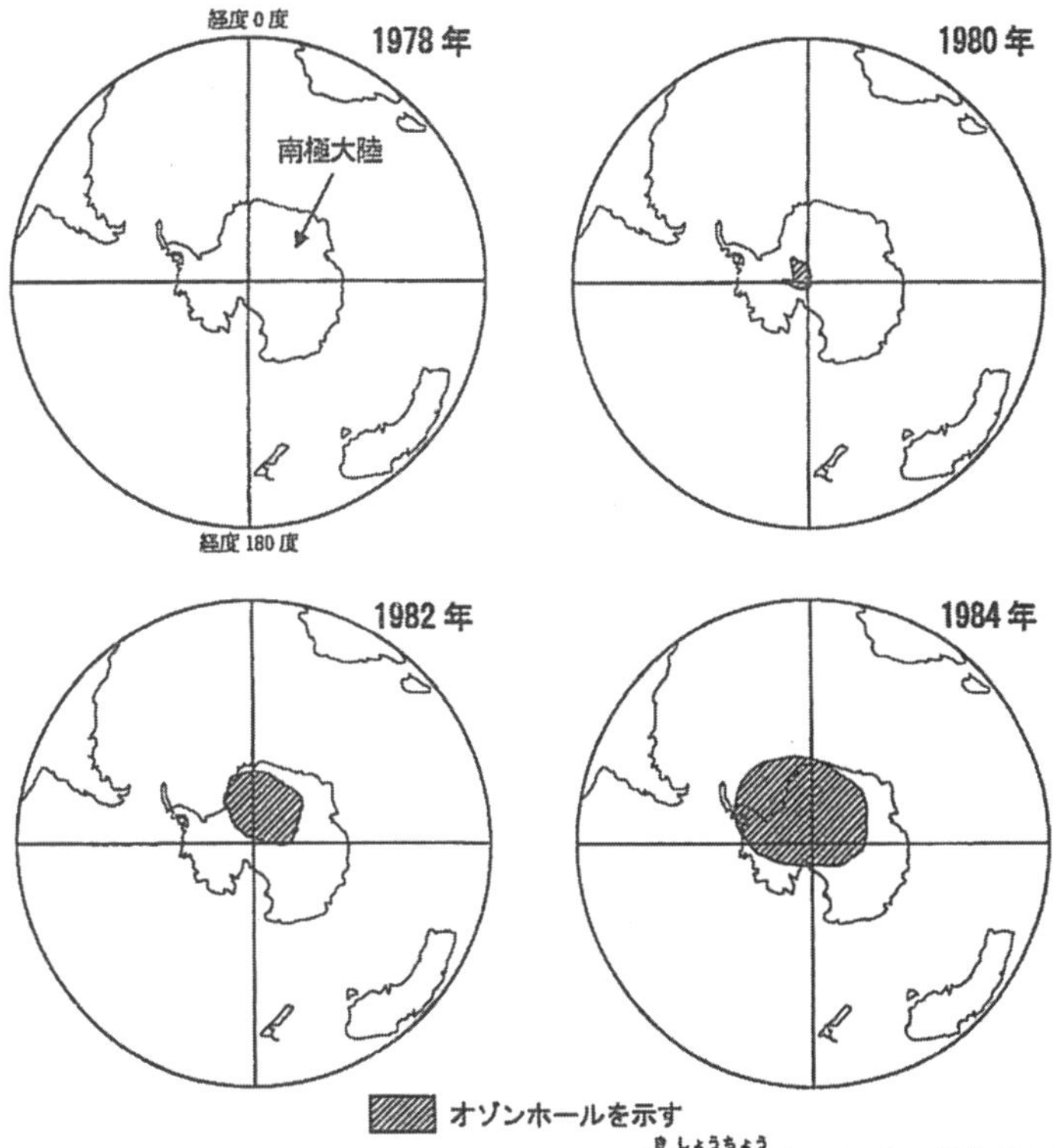

（気象庁《きしょうちょう》ホームページなどより作成）

解説

都立立川国際中等教育学校・一般枠では、報告書320点を200点に換算、適性検査Ⅰを300点に換算、適性検査Ⅱを500点に換算して、総合得点1000点で判定します。ただし、詳細は9月に公表されます。

適性検査では、ほかの都立中高一貫校と比較してより読解力を重視しているようにみえます。

適性検査Ⅰは長文読解で、その長文の主張を読み取る力と、そこから生まれる自分の考えを、作文として他者に伝える表現力をみます。

適性検査Ⅱは国・算・社・理の要素を含む融合問題で、資料の内容を読み取り、そのなかから必要な情報を集積、分析する力をみます。また、課題を的確に理解し、論理的に考察・処理する力をみます。

適性検査Ⅱが独自問題でだされる場合は、問題文に外国人が登場することがほとんどで、日本人とのコミュニケーションを題材にしながらの出題となります。適性検査Ⅰでは他者にわかりやすく伝える表現をテーマにした課題文となります。

東京

東京都立

白《は》鷗《くおう》高等学校附属中学校

■併設型

■2005年開校

若井《わかい》　文隆《ふみたか》 校長先生

日本の伝統文化を理解する
国際社会で活躍できるリーダーを育成

「辞書は友達、予習は命」を合い言葉に毎日の授業に真剣に取り組む白鷗高等学校附属中学校。教育理念「開拓精神」のもと、きめ細やかな指導をモットーに優秀な人材を輩出し、地域の信頼に応えています。

学校プロフィール

開　　校…2005年4年

所 在 地…（東校舎）東京都台東区元浅草3-12-12

Ｔ　Ｅ　Ｌ…03-5830-1731

Ｕ　Ｒ　Ｌ…http://hakuo.ed.jp/

アクセス…都営大江戸線・つくばエクスプレス「新御徒町」徒歩7分、都営大江戸線「蔵前」・地下鉄銀座線「田原町」徒歩8分、都営浅草線「蔵前」徒歩12分

生 徒 数…男子230名、女子249名

１ 期 生…2011年3月卒業

高校募集…あり

3学期制／週6日制／50分授業

入学情報

・募集人員…男子80名、女子80名　計160名

・選抜方法…（特別枠）報告書、面接、実技検査〈区分B 囲碁・将棋等〉（一般枠）報告書、適性検査

きめ細やかな指導で優秀な人材を輩出

【Q】設立の経緯と沿革についてお聞かせください。

【若井先生】 東京都立白鷗高等学校の創立は1888年（明治21年）に、小学校の教員への道を女子にも開くこと、女子一般の教育を改良・向上することを目的として東京初の府立高等女学校として開校したのが始まりです。それから学制改革にともない、白鷗高等学校と改称し、男女共学になり、2005年（平成17年）に都立で初となる中高一貫教育校として附属中学校が開校しました。すでに120年を超える長い伝統を誇る学校です。

創立以来、教育理念として「開拓精神」を掲げ、自らの意志と努力をもって自己を開発していく精神、いかなる苦難にも耐えて自己の人生を切り開いていく力、社会の進展に寄与する旺盛な意欲を持つ生徒の育成をめざしています。これまできめ細やかな指導と進取の気概を持った教育を実践し、幾

多の優秀な人材を輩出しつづけてきました。

そして10年前に附属中学校に入学した生徒は、今年で大学4年生になりました。多感な6年間をこの「白鷗」で学ぶことで、一人ひとりの生徒が無限の可能性にチャレンジしています。

【Q】学習指導についてお聞かせください。

【若井先生】 都立白鷗高等学校附属中学校（以下、白鷗）は「辞書は友達、予習は命」を合い言葉に、日々、学習に励んでいます。この合い言葉は1時間ごとの授業を大切に毎日を過ごすということです。授業を担当する先生も、また授業に参加する生徒も、1時間ごとの授業を大切にし、真剣に取り組んでいます。

辞書を活用することは能動的に学ぶ姿勢の表れであり、かならず予習をして授業にのぞむことは、主体的に授業に参加していくことへとつながります。

「白鷗の授業は高密度である」という評価も、こうした日々の努力に支えられているからでしょう。地道に日々努力することの大切さを理解し、着実な学力伸長を成し遂げています。

さらに、各自の到達度に応じて、必要がある場合には放課後などを活用した補習も実施し、一人ひとりが学習内容をしっかりと理解できるまで、教員は教えることをつねに心がけています。

国際理解教育で世界のリーダーを育成

【Q】御校の教育の特徴をお教えください。

【若井先生】 本校は、古きよき時代の江戸情緒を色濃く残している『上野・浅草地区』のほぼ中間に位置しています。日本の文化を理解し、世界のなかでの日本人としてのアイデンティティを育み、将来は国際社会で活躍できる生徒を育てる国際理解教育に力を入れています。

その一例をあげると、音楽室にはひとり一丁の三味線が用意されています。卒業までの6年間で、生徒全員が三味線を弾けるようになります。また、畳をしきつめた和室も完備されており、作法や茶道などに日々活用されています。

日本文化を深く理解し、日常体験として身につけたうえで、広く

特色ある カリキュラム紹介

① 国公立大学受験に対応できるカリキュラムを提供

白鷗高校のカリキュラムは、基本的には６教科７科目の国公立大学受験に対応できる内容となっています。土曜日も４時間授業を実施しています。

また、中学校では週２回、15時15分～40分の25分間の「白鷗タイム」があります。これは火曜日と金曜日の６時間目のあとに組みこまれており、読書指導や学習の補充にあてられています。

授業では発展的な内容を多く含む学習内容を取り入れています。英語と数学では習熟度別授業を実施し、きめ細かい指導を行います。さらに指名数学補習や指名英語補習もあります。

こうした成果が中高一貫教育校１期生の高い国公立大学合格率に表れています。

② 特色ある選択教科と学校設定教科、各教科の細かい学習目標

特色のある選択教科として、社会と自分のかかわりについて、新しい視点から学ぶ「社会と私」や、さまざまな場面の表現能力を高める「プレゼンテーション」などがあります。さらには、高校でも日本伝統文化を広い視野から学ぶ「日本文化概論」などの学校設定教科・科目も学ぶことができます。

このほか、国語は百人一首の暗唱に力を入れています。また、漢字検定を受検し、語彙《ごい》の習得にはげみます。

数学も、数検への挑戦を積極的に行い、そのための補習も実施しています。

英語は話す・書く・聞く・読むの４技能すべての能力向上をはかります。そのため、英語スピーチや英語プレゼンテーションも取り入れています。

そして、３年生までに全員が英検準２級の資格取得をめざしています。

このように教科ごとに細かく目標を立て、それに向けて毎日の授業を大切にしています。

国際的な視野を広げるため、海外短期留学、海外修学旅行なども企画しています。こうして日本文化を理解した国際人として豊かな人間性を育み、世界に羽ばたくリーダーを中高6年間で育んでいます。

【Q】都立初の中高一貫教育校としての苦労などはありましたか。

【若井先生】２０１０年（平成22年）で計10校となった都立中高一貫教育校のなかで、白鷗はいち早くスタートしました。開校当初は、６年間を見据えた公立中高教育という視点の実践は、かならずしも平坦なものではなく、試行錯誤の連続でした。

しかしながら、「開拓精神」を教育理念として掲げる白鷗は、６年間をトータルで考え、生徒の基礎学力を伸ばしつつ、国際社会で活躍できるリーダーの資質としてなにが必要か、そして、そのための人間的な力量を身につけさせていく教育を模索しつづけました。こうした試行錯誤のなか教育活動を展開してきたこの10年間を振り返ってみると、確実に生徒は育っているという自信はあります。

【Q】校舎がふたつありますが、これについてお聞かせください。

【若井先生】1年生と2年生は東校舎で学び、3～6年生（中3～高3）は西校舎で学んでいます。この東校舎の存在は本校を支える重要な要素となっています。なぜなら、小学校を卒業したばかりの新入生に2年間、自由に伸びのびとした環境を用意できるからです。校庭、図書館、実験室などの施設もそろっており、それらを活用して、生活習慣の体得、あるべき学習姿勢の涵養《かんよう》がなされています。

この2年間で『学びの基礎』をじっくり身につけることができます。その結果、中1・中2でも「平日の自宅での学習時間は平均2時間」を確保できています。

中高一貫教育校ですが、このようなふたつの離れた校舎があり、それぞれの成長に応じた教育活動が展開され、それが有効に機能しているのは、どこにも負けない特色だと誇りに思っています。

義務づけている英語検定と漢字検定

【Q】授業についてお聞かせください。

年間行事

おもな学校行事（予定）

4月	入学式
5月	校外学習（1～3年） 体育祭
6月	
7月	スポーツ大会 宿泊行事（1年） 農村勤労体験（2年）
8月	海外短期留学（3・4年希望者）
9月	白鷗祭（文化祭）
10月	生徒会選挙 修学旅行（3年）
11月	校外学習（1年） 職場体験（2年）
12月	
1月	百人一首大会 芸術鑑賞会（1～5年） 校外学習
2月	合唱コンクール 校外学習
3月	スポーツ大会（1～5年）卒業式

【若井先生】本校の教育課程は国語・数学・英語に比重をおいたものになっています。数学と英語では1クラスを2つ～3つに展開する少人数制による習熟度別授業を行っています。

また、入学時点において、一般枠だけではなく特別枠での入学生がいることも白鷗の特徴です。

たとえば、中学入学時点ですでに英語検定2級（高校3年修了程度）を取得しているような生徒に対しては、一般の生徒よりも発展的な授業を実施しています。さらに、中学生は授業外においても英語検定と漢字検定の受検を義務づけています。

【Q】学校行事はどのようなものがありますか。

【若井先生】1年生は学校周辺をボランティアの人に案内してもらう校外学習や、2泊3日の宿泊行事でプレゼンテーションを学びます。また、地域で長くつづく工房を訪ねて伝統工芸を体験する機会もあります。

2年生は農村勤労体験、学校近隣の事業所に行き、職業を実体験する職場体験があります。

3年生では修学旅行で京都・奈良を訪れ、比叡山に登ります。

3・4年生では希望者がオーストラリアに2週間の語学短期留学でホームステイを行います。

それをうけ、5年生では海外修学旅行が実施されます。これは異文化交流だけではなく、キャリア教育としての視点からも行っています。

本来、学校の姿とは勉強をするところです。学習を柱として、学校行事も部活動も、学びの一貫としてとらえるべきです。しっかりと勉強することを前提とした学校生活を送ってほしいと願っています。

【Q】最後にメッセージをお願いします。

【若井先生】だれしもが夢を持っています。その夢をかなえることができる学校が白鷗高等学校附属中学校です。

生徒は多くの仲間と夢や将来を語り合い、お互いが切磋琢磨しながら進路実現に向け真剣に授業に取り組んでいます。

みなさんにとって大切な6年間を白鷗高等学校附属中学校で、私たちといっしょに過ごしませんか。

東京都立白鷗高等学校附属中学校

募集区分　特別枠・一般枠

入学者選抜方法　【特別枠】〈区分A〉面接（15分程度）、報告書〈区分B〉実技検査（45分）、面接（15分程度）、報告書【一般枠】適性検査（各45分）、報告書、志願理由書

よ う こ：わたしは、大好きなハムとベーコンについて、おもしろい資料を見つけました。**資料2**は、日本の一つの家庭でハムとベーコンを買うのに使った金額の移り変わりをグラフにしたものです。

ケイセル：ハムを買うのに使った金額は左の目もりに、ベーコンを買うのに使った金額は右の目もりに示されていますね。

［資料2］　一つの家庭（2人以上）でハムとベーコンを買うのに使った金額の移り変わり（月ごとの変化）

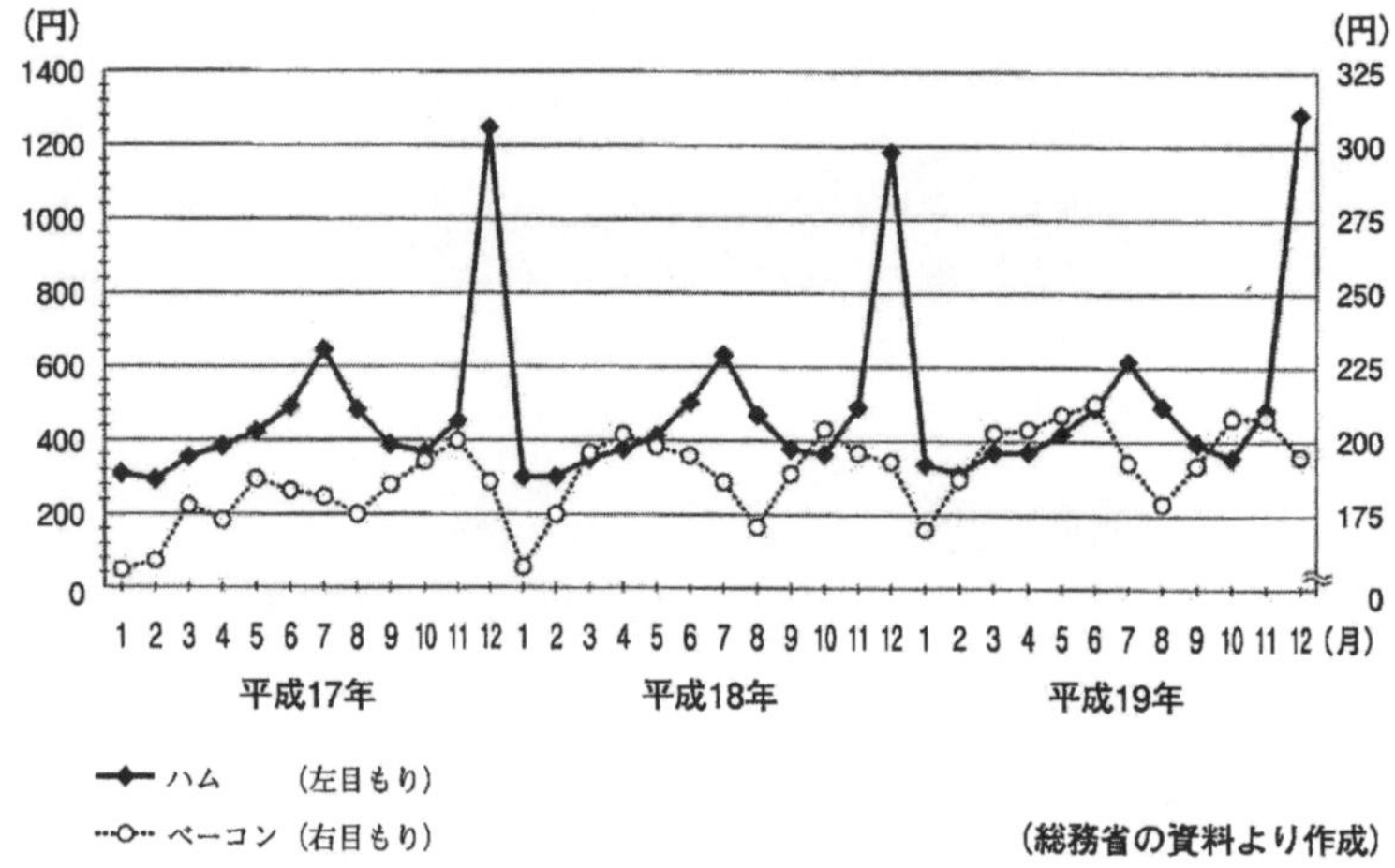

（総務省の資料より作成）

か ず お：**<u>①ハムとベーコンを買うのに使った金額の移り変わりには、毎年決まった特ちょうがあるようです。</u>**

【問題2】　かずおさんは、**下線部①**のように言っています。ハムとベーコンの2つのグラフの移り変わりを見て、その関係について気づいたことを書きなさい。

※白鷗高校附属の適性検査Ⅱでは、サンプルとしての独自問題は公表されていません（7月10日現在)。ここでは共同作成問題を掲載しています。

読解力を駆使して疑問を解決する

課題となった会話と表を読み取って理解し、与えられた条件のもとに判断して規則性を見出して思考し、表現する力をみています。

問題を解決し表現する力

会話文とグラフ、問題文を吟味して「なぜ」を考え、その結論を他者にわかりやすく伝える表現力をみています。

2015年度向け　東京都立白鷗高等学校附属中学校　適性検査Ⅱ 共同作成問題サンプルより

2　かずおさん、ようこさん、ケイセルさんは、社会の時間に、日本と世界の国々について調べることになりました。家庭でのお金の使い方について興味をもった3人は、それぞれが、図書館で調べた興味のある資料を持ち寄り、話し合うことにしました。

かずお：資料1は、日本の一つの家庭で1か月間に使った金額の平均を表したものです。

［資料1］　一つの家庭（2人以上）で1か月間に使った金額の平均

こう目／年次	食料	住居	光熱・水道	家具・家事用品	ひ服・はき物	保健・医りょう	交通・通信	教育	教養ご楽	その他	使った金額
2000	74	21	22	11	16	11	36	14	32	80	317
2004	70	19	21	10	13	12	39	13	31	74	303
2008	69	17	23	10	13	13	39	13	31	70	297

（単位金額：千円）

※ 表の数は小数点以下を四捨五入《ししゃごにゅう》してあるため、「使った金額」はすべてのこう目の合計になっていません。

（注）教養ご楽　…　教養ご楽費のこと。学問、芸術や楽しみに使った金額。
　　　光熱　　　…　光熱費のこと。電気、ガス、灯油などに使った金額。
　　　ひ服　　　…　ひ服費のこと。着るものに使った金額。

（総務省の資料より作成）

ようこ：やはり食料にお金がかかるのですね。

かずお：そうですね。使った金額のうち、食料を買うのに使った金額の割合《わりあい》をエンゲル係数といいます。ドイツの経済《けいざい》学者のエンゲルが考えました。

【問題1】　2000年、2004年、2008年のエンゲル係数をそれぞれ求め、求めた数を使って分かることを書きなさい。（エンゲル係数は小数第2位を四捨五入《ししゃごにゅう》した百分率で表すこと。）

解説

都立白鷗高等学校附属中学校の入学者選抜では、適性検査Ⅰは100点満点を換算して300点満点に、適性検査Ⅱは100点満点を換算して400点満点とします。報告書は320点満点を点数化後、300点満点に換算、合わせて1000点満点の総合得点で合否を判断していました。ただし、来年度については正式には9月に発表されます。

一般枠の適性検査Ⅰでは、課題を発見し、それを解決する方法について自分の考えや意見を正しく表現し、的確に文章にまとめる力をみます。

適性検査Ⅱでは、思考力、判断力、表現力をいかして、問題を解決する総合的な力をみます。

これまでの出題では、適性検査Ⅰは文章を読んで、国語の読解力を試されることに加えて、自分の経験をまじえて他者にわかるように文章を組み立てる表現力が問われています。

適性検査Ⅱは国・算・社・理、4教科の融合問題で、考える姿勢を持たない受検生にはつらい出題です。

東京

東京都立

富《ふ》士《じ》高等学校附属中学校

■併設型　■2010年開校

「文武両道」「自主・自律」を校訓に国際競争力の高いトップリーダーを育成

「文武両道」「自主・自律」の精神を継承し、新しい教育プログラムを先進的に取り入れた学校としてスタート。英語力と探究力の育成を大きな柱として、基礎基本の定着に向けた初期指導と学習習慣の確立を大切にし、新しい時代を創造できる能力を育てます。

上野《うえの》　勝敏《かつとし》 校長先生

学校プロフィール

開　　校…2010年4月

所 在 地…東京都中野区弥生町5-21-1

T　E　L…03-3382-0601

U　R　L…http://www.fuji-fuzoku-c.metro.tokyo.jp/

アクセス…地下鉄丸ノ内線「中野富士見町」徒歩1分

生 徒 数…男子170名、女子186名

1 期 生…5年生（高校2年生）

高校募集…あり

2学期制／週5日制（土曜授業 年18回）／50分授業

入学情報

・募集人員…男子60名、女子60名 計120名

・選抜方法…報告書、適性検査

礼儀作法を重んじた子女教育から始まる

【Q】御校の沿革についてお話しください。

【上野先生】２０１０年（平成22年）に東京都立富士高等学校の併設型中高一貫教育校として開校しました。高校は、１９１９年（大正８年）に府立の第五高等女学校として、現在の新宿歌舞伎町の旧コマ劇場跡にありました。そこから移転をしまして、こちらの場所に来ました。

日本女性の理想の教育を、自由闊達《かったつ》にやってほしい、子女教育については礼儀、作法などを重んじた教育をということで始まりました。それが男女共学になり、地域では西・富士と並べて称され、毎年東大に30～40名輩出していた都立の名門校として、いまも地域に愛されています。現在、都立の中高一貫教育校としてリニューアルした、新しい学校です。

【Q】教育目標をお教えください。

【上野先生】「文武両道」「自主・自律」を校訓として、「知性と教

養を深める」「品性と感性を磨く」「リーダーシップを高める」の3つの教育目標を掲げています。

そして、知性教養が高く、品性と感性を兼ね備えた国際社会のリーダーになり得る人材の育成をめざしています。

めざす学校像として、国際化に対応する教育を重視する学校、体験・情報・科学学習で探究力を育てる学校、学力・体力向上と進路実現を図る学校、創造的な活動で自主自律を育てる学校という4つを掲げています。

【Q】ふだん、校長先生から生徒のみなさんに伝えていることはありますか。

【上野先生】 創立の理念どおり、礼儀作法については厳しく教えています。礼儀とは人権教育の基本です。

本校の礼法は、「三心礼法」と呼んでおり、「尊重する心」「感謝する心」「協力する心」の3つの心を、きちんと心のなかで唱えて3秒間かけてしっかり礼をする。礼をしたあとにあいさつをする。授業の前に礼をしてから「お願いします」。終わりましたら、「ありがとうございました」。そういうあいさつをかならずするように指導を行っています。

そのほか、現在の子どもたちに不足している読書やコミュニケーション能力、プレゼンテーション能力をしっかり高める指導をしていくということを進めています。

【Q】入学したばかりの生徒さんが学校になじめるように、なにか工夫をされていますか。

【上野先生】 中学の学習に慣れることが、いちばん重要な課題だと思っています。授業の取り組み方、ノートの取り方、予習・復習や定期考査の学習の方法などきめ細かい指導プログラムを準備しています。

早く友だちに慣れるという意味では、夏休みの2泊3日の八ヶ岳自然探究教室はとてもいい行事だと思います。富士山麓の清掃活動や自然探究活動など、数多くの体験をとおして集団生活をすることで、仲間づくりや団結力も生まれてきます。

多読やプレゼンなどで英語力を強化

【Q】どういうかたちで英語教育を行っていますか。

【上野先生】 英語の特徴は、土曜日

特色ある カリキュラム紹介

① リーダーシップが取れる人間を育成 そのためには文系・理系ともに学ぶ

世の中のリーダーシップを取るという観点から、文系や理系だけの勉強をしていたのではいけません。そのため、都立富士高校附属中のカリキュラムは国公立大進学に向けたものになっており、偏りのない勉強ができるように組まれています。

また、英語力の育成に力が入れられ、中2で英検３級、中3で英検準２級、中学段階からTOEIC Bridgeに挑戦しています。

夏季休業中には１日３時間、３日間の少人数（20人）による英語の講座があります。

教員と外国人講師で既習事項の定着をはかることはもちろんのこと、外国人講師との会話をとおしてコミュニケーション能力の育成にも熱心です。その際、学校の教材とは別に、専用のテキストを用意しています。中3では2泊3日で語学研修を行います。ふだん行うことのできないプログラムをとおして、ネイティブによる学習の環境をつくっています。

② 探究未来学

知性と教養を深めるために、基礎基本の定着に加え、大学との連携をとおして探究心を高めます。

大学との連携による最先端の科学学習は、生徒の興味・関心をよりいっそう引きだし、探究心を高めることにつながります。

また、東京都教育委員会より、理数フロンティア校に指定され、理系分野に興味を持ち、関心を高める生徒を増やす取り組みをしています。高校生のみならず、中学生も科学の甲子園に出場させる準備をしています。

生徒は興味関心を持ったことからテーマを設定し、その課題を追求し解決する課題探究学習を行います。中3、高2と2度発表を行い、大学の先生などの講師による指導助言などをとおして論文を作成します。

生徒の取り組む課題探究学習は社会貢献ひいては未来を創造する学習（未来学）であり、さらに、この未来学は将来の社会を創造できる人材を育成する学習であることを生徒に意識させています。

に多読の授業に取り組んでいることです。これは、赤ちゃんが自然に言葉を覚えていく過程と同じように、無理なく映像と言葉がいっしょになって記憶できるシステムです。

ですから、多読の教材は絵本から始まり、簡単な単語や会話から覚えていく授業となっています。

中学1年次で5万語を目標にして多読をさせており、中学段階で15万語の多読を達成させたいと考えています。1年で9万語を読破した生徒もおり、保護者にも体験してもらい大変好評でした。

中学校段階で2200語、中高をつうじて4000語の獲得をめざしています。また、英語は3年間習熟度別授業を実施し、夏季休業中のネイティブ講師との集中英語講座や、中2での語学研修旅行（ブリティッシュヒルズ）もあります。

最終的には英語でプレゼンテーションができることをめざしています。また、高校でのオーストラリア短期語学研修も目玉のひとつです。高1・高2で希望制によるオーストラリア短期語学研修、高2でマレーシア修学旅行を行います。また、事前研修として、神田外語学院と連携して、学校にいながら外国人講師と会話のできるシステムをつくっています。さらに、高1・高2で選択科目として、ドイツ語・フランス語・中国語を履修することができます。

学力向上をめざす 富士メイクアップ方式

【Q】このほかに取り組んでいることはありますか。

【上野先生】「富士メイクアップ」という学力向上をねらいとした考査と学び直しのシステムがあります。テストが評価のためだけのものではなく、真に学力向上につながるようにしています。考査は年間7回行っており、

・第1回　定期考査
・第2回　定期考査
夏季休業中に学び直し
・第3回　総合考査
前期の成績
・第4回　定期考査
・第5回　定期考査
冬季休業中に学び直し
・第6回　総合考査
・第7回　定期考査
後期の成績

年間行事

おもな学校行事（予定）

4月	入学式　対面式
5月	農業探究教室（中2）
6月	体育祭　キャリアセミナー（中2）東大教授による講義（中3）　東大研究所訪問・実験体験（中3）
7月	七夕飾り　レシテーションコンテスト 八ヶ岳自然探究教室（中1）
8月	短期集中英語講座（中1 ～中3）
9月	文化祭　農業探究教室（中2）
10月	環境セミナー（横浜国立大学との連携・中1） 修学旅行（奈良・京都）
11月	職場探究学習（中2）　芸術鑑賞教室
12月	エコプロダクツ見学（中1） キャリアセミナー（中2）
1月	キャリアセミナー（中3）　百人一首
2月	合唱祭　キャリアセミナー（中1）
3月	宿泊語学研修（中2） 探究学習発表会（中3）

というかたちになっています。

このように、短いサイクルで学び直しをさせて、総合考査で実力養成をはかります。毎回5教科の総合考査があり、前後期の成績に反映されます。

また、考査後には先生がたによる学力分析会や学力推移調査（全国版中高一貫校の模擬テスト）の分析を行い、教員の指導力の向上と生徒の学力向上につなげています。そのほか、週2回放課後の時間を使って「富士サポートシステム」という学習進度が遅れている生徒に対する補習・講習も充実しています。

本校では、幅広く進路を実現するため高2まで文理に分けず、広い教養を身につけていきます。また、高校生に対しては、数学・英語で希望制による発展的な学習（数学オリンピック・大学入試問題・ＴＯＥＩＣ受験など）を行い、高い目標を掲げて取り組んでいます。本校ではこのシステムを富士アカデミーと呼んでいます。

【Q】進路指導についてお聞かせください。

【上野先生】 6年間の進路シラバスに沿って、キャリア教育を実践し、生徒の進路実現をするようにきめ細かく指導しております。また具体例として、ＦＩＮＥシステムをすべての担任が活用しています。これにより生徒一人ひとりの課題が把握でき、学習時間や学習方法のアドバイスを行っています。

【Q】適性検査についてお教えください。

【上野先生】 基本的には読書習慣が大切です。いろいろな新聞のコラムや論説文などを読んで、それに対して自分の考えをまとめる練習も大事ですね。過去問や計算問題、時事問題にも取り組んだ方がいいと思います。

【Q】どのような生徒さんに入学してもらいたいですか。

【上野先生】 本校はスポーツ名門校でもあり、なぎなたや剣道は全国大会に出場していますし、元Ｊリーガーのプロコーチによるサッカー部指導など部活動にも力を入れています。やはり学習にも部活動にも、高い目標を掲げて、難関大学への合格に向かって一生懸命に取り組もうと思っている生徒さんにぜひ入学していただきたいと思います。

東京都立富士高等学校附属中学校

募集区分　一般枠

入学者選抜方法　適性検査（各45分）、報告書

やよい：方眼紙の右下に（ア）と書いて、「（ア）まで、このさいころを１ますごとに転がしたら、全部で何とおりの転がし方があるか。」という問題はどうかしら。

え　み：答えが何とおりもあるからおもしろそうね。でもたくさんありそうよ。

やよい：もっとも短い道のりでの転がし方を考えたらどうかしら。

え　み：ということは、９ます全部を通って転がしたら、もっとも短い道のりとは言えないわね。

やよい：そうね。これで問題が作れそうよ。

［問題１］　**図１**のように置いてあるさいころの位置から、（ア）までさいころを１ますごとにすべらないように転がしたとき、もっとも短い道のりは全部で何とおりあるか答えなさい。

え　み：もう一つ問題を作りましょう。今度は、転がす方向を決めて考えてみましょう。

※やよいさんとえみさんは、図４のさいころ一つと図５の６ますに（イ）、（ウ）、（エ）、（オ）を記入した方眼紙を用意しました。そして、転がす方向に矢印をつけました。

図４

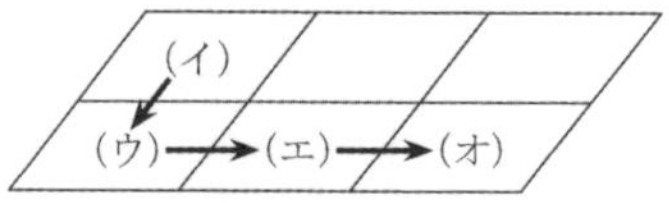

図５

やよい：このさいころを（イ）に置いて（オ）まで、矢印の方向に１ますごとにすべらないように転がしてみましょう。

え　み：１ますごとにさいころの上の目がいろいろ変わっていくわね。

やよい：このことから問題が作れないかしら。

え　み：たとえば、「このさいころを（イ）に置いて（オ）まで、矢印の方向に転がしたとき、１ますごとのさいころの上の目をたす。」という問題はどうかしら。

※やよいさんとえみさんは、次の問題を作りました。

［問題２］　**図４**のさいころを**図５**の（イ）に置き、（オ）まで１ますごとにすべらないように矢印の方向に転がします。このとき、さいころの上の目の和が最大になるためには、（イ）にさいころを置くとき、上の目が何に、手前の目が何になるように置けばよいか答えなさい。また、なぜそのように考えたのか、その理由を説明しなさい。

文章と資料を読み解く

文章と絵から、さいころが転がるようすを、問題文の要求に添って正しくイメージできているかが問われます。

問題を解決する力をみる

図５の動きと「上の目の和が最大」の意味を読み解き、また、自分の考えをわかりやすく伝えられるかをみています。

2015年度向け　東京都立富士高等学校附属中学校　適性検査Ⅲ（採用検討中）独自問題サンプルより

1　総合的な学習の時間に、やよいさんとえみさんは二人で行う自由研究について考えていました。

やよい：えみさん、どのような自由研究をしましょうか。
え　み：算数の時間に習った立体について調べるのはどうかしら。
やよい：そうね。さいころはどうかしら。
え　み：いいわね。
やよい：さいころでどんな研究ができるかしら。
え　み：さいころを使った問題をつくるのは、どうかしら。
やよい：そうね。その問題をみんなに考えてもらうのもいいわね。

※やよいさんとえみさんの前には、＜縦《たて》３ます・横３ます＞の全部で９ますのます目の書いてある方眼紙があります。その上には図１のように、さいころが上の目を１に、手前の目を２に、右の目を３にして置いてあります。

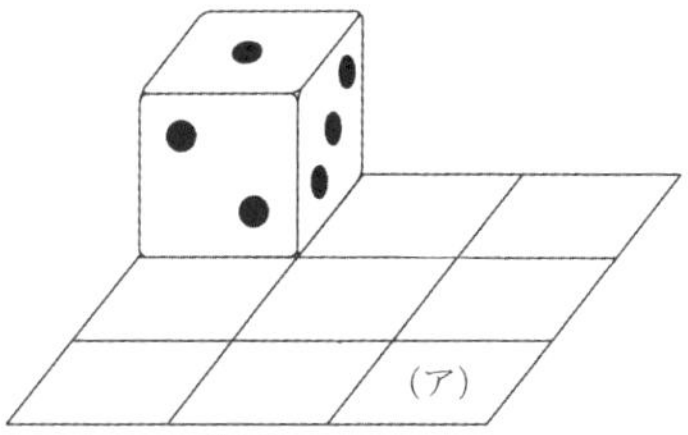

図１

やよい：えみさん、さいころと方眼紙を用意したけれど、これらを使って問題を作れないかしら。
え　み：そうね。さいころを１ますごとにすべらないように転がしてみましょう。
やよい：すべらないように転がすということは、どういうことなの。

※えみさんは、方眼紙の上に置いてあるさいころ（図２）を右に１ます、すべらないように転がしました。転がした図が図３です。

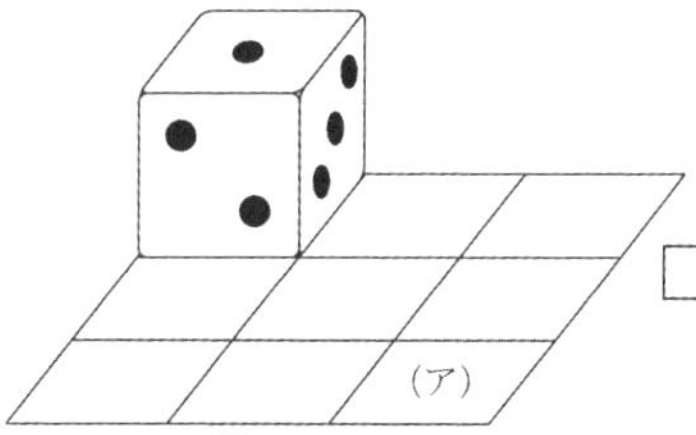

図２

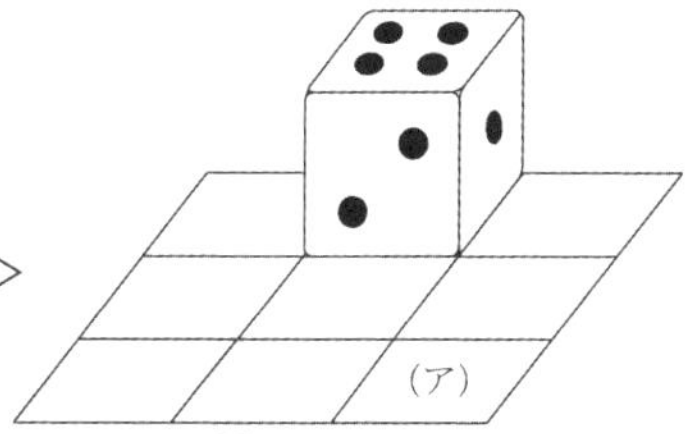

図３

やよい：さいころを右に１ます転がすと、サイコロの上の目は4になるということね。
え　み：そうね。さいころは、ある面の目とその面の反対側の面の目をたすと7になるように作られているからね。

解説

都立富士高等学校附属中学校の入学者選抜では、前年までは適性検査Ⅰ・Ⅱと報告書の評価比率は8:2でした。適性検査はどちらも100点満点ですが、換算してⅠを300点満点に、Ⅱを500点満点としていました。ですから報告書は200点満点ということになっていました。来年度については、検討中の適性検査Ⅲを含め詳細は9月に発表されます。

適性検査Ⅰでは文章を深く読み取り、内容を適切に把握し、自分の考えや感じたことを表現する力をみます。

適性検査Ⅱでは、資料などをもとに、課題を見つけたり、課題を解決したりする力をみるとともに、わかりやすく説明する力も試されます。その際、必要な漢字が正しく書かれているかどうかもポイントです。また論理的な表現力、たとえば、文章の主述がしっかりしているかなども評価の対象となります。

なお、富士高校附属では適性検査Ⅲを採用する方向で検討中です。そこで、そのサンプルを掲載しましたが、同校ホームページには、さらに詳しく公表されています。

東京都立 三《み》鷹《たか》中等教育学校

■中等教育学校

■2010年開校

「思いやりを持った社会的リーダー」を育成

自助・共助・公助の精神と高い目標を持って、限界までチャレンジし努力する生徒を育てている三鷹中等教育学校。学校独自の「人生設計学」など将来を見据えた教育を実践しています。

仙田《せんだ》 直人《なおと》 校長先生

学校プロフィール

開　　校…2010年4月

所 在 地…東京都三鷹市新川6-21-21

Ｔ Ｅ Ｌ…0422-46-4181

Ｕ Ｒ Ｌ…http://www.mitakachuto-e.metro.tokyo.jp/

アクセス…JR中央線「三鷹」「吉祥寺」・京王線「調布」「仙川」バス

生 徒 数…男子388名、女子400名

１ 期 生…5年生（高校2年生）

高校募集…なし

3学期制／週5日制（土曜授業 年18回）／50分授業

入学情報

・募集人員…男子80名、女子80名 計160名

・選抜方法…報告書、適性検査

高い目標を持って努力する生徒を育成

【Q】教育方針についてお教えください。

【仙田先生】 母体校である三鷹高等学校の教育目標にある「気力を起こして、わが身をためそう」の標語をふまえ、中等教育学校では限界までチャレンジする、自主的に意欲的に勉強する、高い目標を持って最後まで努力する生徒を育成します。

基本理念である「思いやりを持った社会的リーダーの育成」は、自分自身を助けられる「自助の精神」に加え、困っている人を助ける「共助の精神」を持ち、なおかつ、もっと広い視点である「公助の精神（私は広助とも言っています）」も持って国際社会で活躍する生徒の育成をめざすものです。

災害が起こった場合でも全体を考えられる生徒になってもらいたいのです。

将来については高い志を持ちつづけるようつねに言っています。自分で高い目標を設定し、少し背

伸びをしてでも、最後までチャレンジしてほしいと思っています。6年間という長い期間を過ごすなかで、どうしても最初に決めた目標が揺らいでしまうことがあります。

　しかし、最後まで目標を落とさずがんばることが自己実現につながると考えています。

三鷹独自の「人生設計学」

【Q】「人生設計学」について詳しく教えてください。

【仙田先生】「人生設計学」とは、どこの大学に入りたいかという目先の目標ではなく、自分は将来、どういう仕事に就きたいのか、大学をでてどんなことをやっていきたいのかを考えます。つまり、「大学のさきにある人としての生き方、在《あ》り方」を見据えるのです。

　そして、将来の目標を達成するためには、どういう大学へ進学するのがよいかを自分で考えていきます。したがって、大学に入ることだけを目的にして進路を選ぶことがないように指導しています。

　そのため、机上の空論だけで将来を決めてしまわないように、1・2年生のときにキャリア教育として職場見学や職場体験を実施しています。

　その際、職業体験をしたうえで、生徒に「職場見学や職場体験を経験して、どのような社会的リーダーになるか」をテーマに論文を書いてもらっています。

　このほかにも、校外学習などにおいても、自分たちがどうすれば問題を解決できるのかを考えさせ、振り返りの学習を行うことによって社会的なリーダーの資質を育んでいます。

　こうして職業観・勤労観を育成したうえで、論文の作成やディベートなども取り入れ、プレゼンテーション能力やコミュニケーション能力も培います。これが本校の「人生設計学」です。

【Q】御校独自の3つの科目「文化科学」・「文化一般」・「自然科学」についてご説明ください。

【仙田先生】これは本校が独自に設定した科目で、高い見識を得ることができる学習活動です。

　「文化科学」では、生徒たちに本を読んでもらい、よかった点を2～3分、クラスでプレゼンしてもらいます。そのプレゼンを全員

東京

特色ある カリキュラム紹介

① 教科・科目にこだわらない特色ある教育活動「文化科学」、「文化一般」、「自然科学」

ひとつの教科に限定せず、横断的にかかわりのある教科・科目に対し、「文化科学Ⅰ（国語）・Ⅱ（公民）」、「文化一般」、「自然科学Ⅰ（数学）・Ⅱ（理科）」という授業が設定されています。

前期課程の１年生では「文化科学Ⅰ（国語）」と「文化一般（芸術）」を学びます。「文化科学Ⅰ（国語）」では読解力、表現力、コミュニケーション能力の基礎を養い、日常生活や読書活動を材料にスピーチを行います。「文化一般」は、音楽や美術にこだわらない芸術についての基礎的な技能・表現力を学び、情操教育を行います。

また、２・３年生では「自然科学Ⅰ・Ⅱ」を、４年生では「文化科学Ⅱ」を学びます。

② 大学よりさきの人としての生き方、あり方を学ぶ総合学習・人生設計学

三鷹中が独自に行っている特徴的な総合学習が人生設計学です。これは、思いやり・人間愛を育む教育、キャリア教育、課題学習の３つの柱からなり、見学や体験、講演を聞くなどし、将来の目標や学ぶ意識を引きだしていく授業です。

学年に応じてステージが分かれ、それぞれのステージごとに３つの柱に沿ったプログラムが用意されています。たとえば、「思いやり・人間愛を育む教育」では１年生でホームルーム合宿、２年生で農業体験を行います。キャリア教育の面では、職場体験などがあります。

三鷹中等教育学校の近隣には天文台や大学、その他研究機関などが多くあり、それらの機関と連携しながら、本物を見て、触れ、体験して大学や社会を知っていきます。各ステージごとにまとめの論文を作成し、発表することでプレゼンテーション能力も養っていきます。大学に入ることをゴールにするのではなく、そのさきにある人と人との生き方、あり方を６年間で探求していき、個々の進路の実現に結びつけます。

で評価しあう、書評合戦（ビブリオバトル）などを行います。本校は「言語能力向上拠点校」として、朝読書など読書活動に力を入れており、その成果発表の場ともなっています。

「文化一般」は、芸術についての基礎的な技能や表現力を身につけることで、感受性豊かな情操を育みます。

「自然科学」は、数学分野、理科分野に分かれており、数学分野では、論理的に考え、筋道を立てて説明できる表現力の育成を、理科分野では、実験・観察やフィールドワークを取り入れ、自然に関する興味・関心を高めます。

「三鷹スタンダード」で目標設定

【Q】習熟度別授業などは行っていますか。

【仙田先生】 1年生から数学と英語で2クラスを3展開して行っています。そして学期ごとのテストが終わったところでクラス替えをします。

中等教育学校では、学力の保障が重要だと考えています。そのためには、学校がどの水準をめざし、生徒がどの到達度にあるのかを生徒や保護者に明示することが必要だと考え、「三鷹スタンダード」を策定しました。

「三鷹スタンダード」とは、3段階に設定した学習到達度のことで、学年・クラス・生徒個々の到達度を明らかにし、それを分析することで、進路実現がはかれる指導が可能となります。

目標水準を設定し、現在の到達度がわかると、教員たちは生徒に対して個に応じた指導ができます。また、生徒・保護者にとっても目標がわかりやすく、これからさきの進路選択にも役立つと考えています。

【Q】英検合格者数が大きく伸びていますね。

【仙田先生】 1・2期生は2級・準2級合格者が3年次末で全体の7割に達しました。後期課程では、TOEICにも挑戦し、いい結果をだすことを期待しています。

そして、この英語を実際に活用するため、国際理解教育を推進し、国際交流や海外研修なども導入しています。

国際的な視野を持つためには、いろいろな人とコミュニケーショ

年間行事

おもな学校行事（予定）

4月	入学式 対面式・新入生オリエンテーション
5月	農業体験（2年） 遠足（3～6年） 校外学習（1年）
6月	合唱祭　宿泊防災訓練（4年）
7月	夏季補習週間（1～3・5年） 勉強合宿（4年）
8月	部活動合宿
9月	体育祭　文化祭
10月	海外修学旅行（5年）
11月	職場見学（1年） 職場体験（2年） 修学旅行（3年）
12月	勉強合宿（5年） 芸術鑑賞教室（5･6年）
1月	
2月	適性検査
3月	芸術鑑賞教室（1～4年） 卒業式

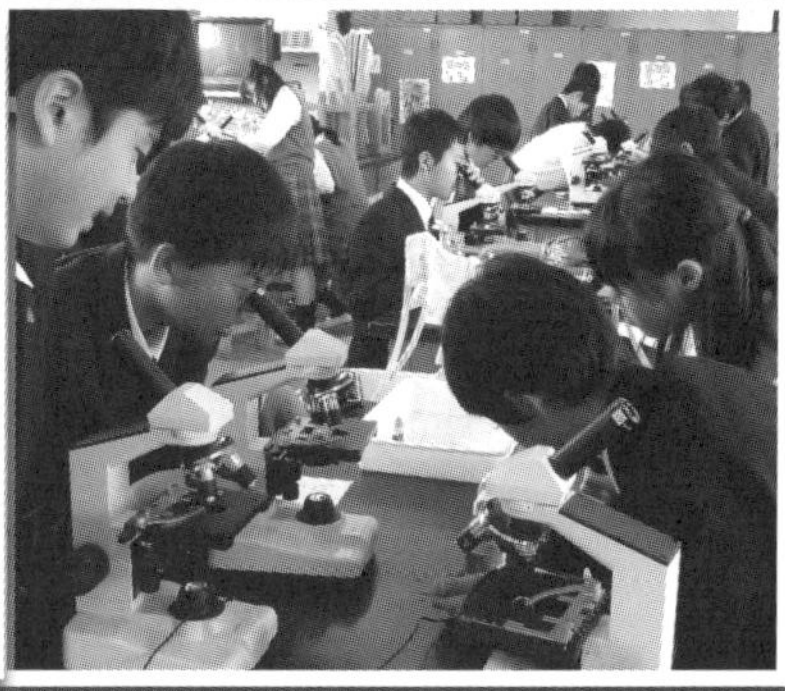

ンをとることが必要です。そのため、昨年度は2カ国から80名以上の生徒を受け入れました。そして今年度後期課程で実施するマレーシアへの海外修学旅行に結びつけていきます。

今後も「英語教育重点校」としてグローバル人材の育成につとめていきたいと思います。

【Q】学校施設についてお教えください。

【仙田先生】２０１２年度（平成24年度）には、新校舎と武道場、駐輪場、天窓がついた図書室などが完成し、昨年の8月にはグラウンドの改修工事も終わって、9月に校舎落成記念式典を実施しました。

本校は、4年間で１００冊読破を目標にしている読書マラソンや朝読書を行っているため、新しい図書室によって生徒たちの読書に対する意欲も高まりました。

土曜授業のある日は、すべて授業公開をしています。この新しいさまざまな施設を活用している生徒の姿を、ぜひ一度見に来てください。

【Q】5校連携とはどういったものですか。

【仙田先生】東京都でいちばん新しくできた都立中高一貫校である富士高等学校附属中、大泉高等学校附属中、南多摩中等教育学校と三鷹中等教育学校の4校に、今年度から立川国際中等教育学校を加えた5校で、百人一首合戦やスピーチコンテスト、バスケットボール大会などで連携事業を行っています。

今後は、さまざまな部活動などで対抗戦を行っていければと思っています。

最終的には、都立中高一貫校10校すべての取り組みになればと考えています。

【Q】御校を志望する生徒さんに向けてメッセージをお願いします。

【仙田先生】適性検査に関しては、だされた問題に対して、正対した意見を述べられるようになってください。また、自分でまとめられる力、幅広く考えることができる力をつけて挑んでもらいたいです。

そして、思いやりを持ったリーダーとしてがんばっていきたいという志を持った生徒さんには、ぜひ受検してもらいたいです。

みつこ：ルールBの問題点はわかったけれど、工夫《くふう》をすればルールAより並べる碁石の数を減らせると思うわ。

たかお：そうだね。新しいルールを考えてみよう。

ふたりは、新たにルールC（**表３**）を考え、ルールBの問題点が解決されたことを**先生**に確認《かくにん》してもらいました。

【問題２】 図２の学校をスタート地点とし、警察署《けいさつしょ》をゴール地点としたときに、４回の方位の指示で、最も道のりが長くなる道順となる碁石の並べ方をルールCを使って答えなさい。ただし、碁石は左から並べるものとし、方位を決めたら、距離《きょり》に関係なく指示された方位にある最初の地図記号にたどり着くまで進むものとします。

表３　ルールC

東	○○○
西	○○●
南	○●○
北	○●●
北東	●○○
南東	●○●
北西	●●○
南西	●●●

図２

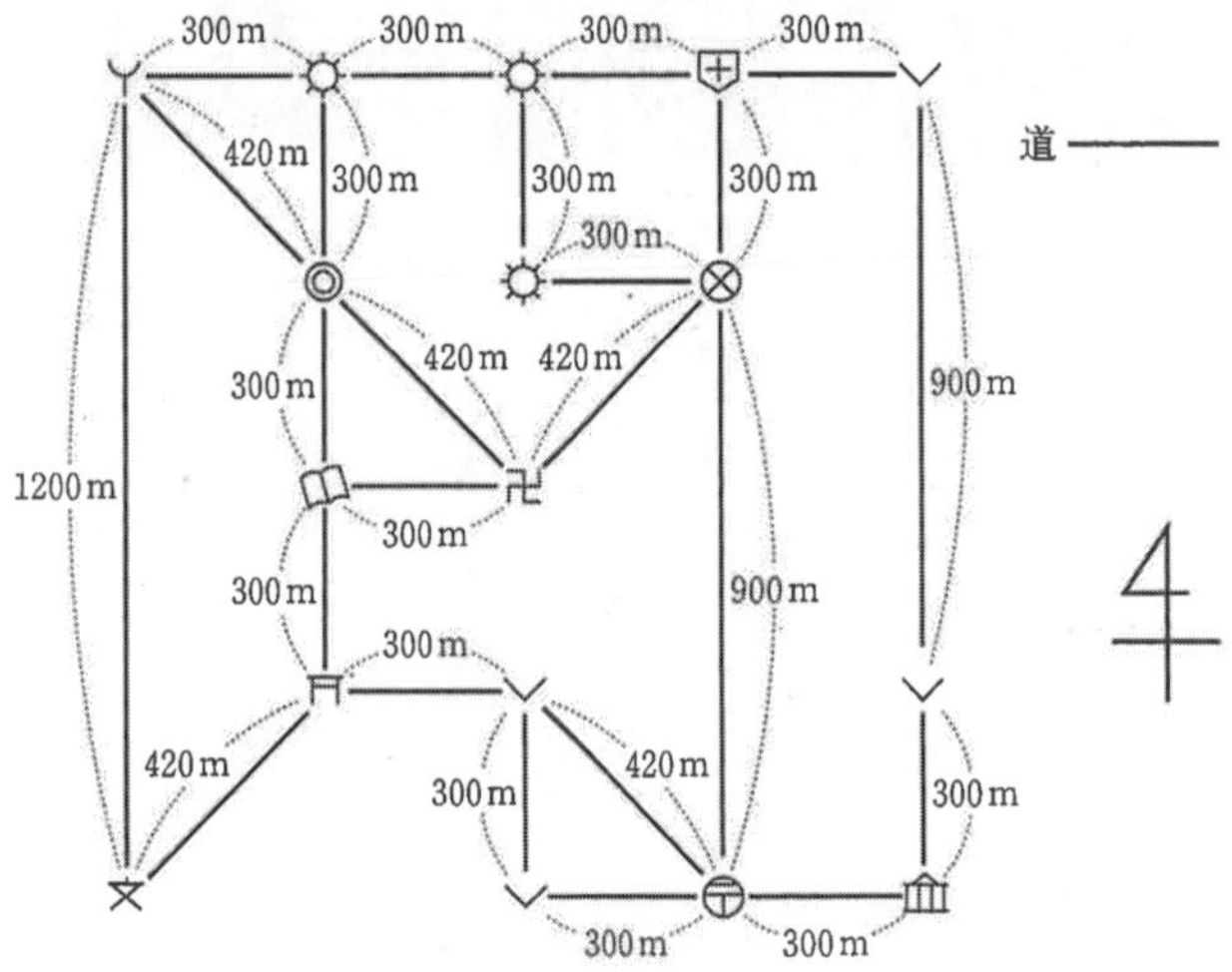

課題や資料を正しく分析する

資料を分析し、文章の意味を正しく理解し、必要な条件を読み取れるか。算数の力を試されていますが表現力も問われます。

論理的思考力が試される

【問題２】も算数的な問題ですが、地図記号を正しく覚えていなければ答えられない社会科的な要素も含まれた良問です。

募集区分　一般枠

入学者選抜方法　適性検査（各45分）、報告書

2015年度向け　東京都立三鷹中等教育学校　適性検査Ⅱ 独自問題サンプルより

たかおくんは、メモを見ながら碁石《ごいし》を机《つくえ》の上に一直線に並《なら》べています。

みつこ：**たかおくん**、どうして碁石を一直線に並べているの。
たかお：これは、白と黒の碁石を左から並べることで方位を表しているんだ。
みつこ：どうやって方位を表すの。
たかお：友だちと作った宝探《たからさが》しゲームのなかで、白と黒の碁石を並べて方位を表すルールＡ（**表１**）を決めたんだ。このルールＡは、碁石を４個使って八方位のそれぞれ一つを表しているんだ。
みつこ：白と黒の碁石の並べ方で方位を表すことができるのね。おもしろいわ。
たかお：いくつかの方位を続けて表すこともできるよ。例えば、最初は東、次に北、その次も北、最後に北東と順番に表すときは、**図１**のように碁石を並べるんだ。

表１　ルールＡ

東	●○○○
西	○●○○
南	○○●○
北	○○○●
北東	●○○●
南東	●○●○
北西	○●○●
南西	○●●○

図１

●○○○○○○●○○○●●○○●

みつこ：並べてある碁石を左から順番に見ればわかるのね。でも、碁石の数が多いわね。並べる碁石の数を減らすために、ルールＡの八方位を表す並べ方で、最初に出てくる黒い碁石の前にある白い碁石を全部省略してみたらどうかしら。

みつこさんは、新たにルールＢ（**表２**）の提案をしました。

表２　ルールＢ

東	●○○○
西	●○○
南	●○
北	●
北東	●○○●
南東	●○●○
北西	●○●
南西	●●○

みつこ：こうすれば、ルールＡに比べて北の方位を表す碁石の数が４個から１個に減らせるから、並べる碁石の数が減っていいと思うの。
たかお：でも、ルールＢだと表したい方位が正確に伝わらないこともあるから、問題があるね。

【問題１】 **たかおくん**が指摘《してき》したルールＢの問題点を、碁石を４個並べた図を一つ示して説明しなさい。

解説

都立三鷹中等教育学校では、適性検査Ⅰ・Ⅱと報告書の成績を換算して合否を決めます。

適性検査Ⅰは100点満点を換算して300点満点とします。適性検査Ⅱも100点満点ですが換算して500点満点とします。報告書は640点満点を200点に換算します。合計の満点1000点の総合成績で合否を判断します。適性検査Ⅱの比重が大きくその半分を占めるわけです。ただし、詳細は９月に発表されますので、かならず確認してください。

適性検査Ⅰでは、文章を深く読み取り、さらに、自分の考えをわかりやすく伝える表現力をみます。

適性検査Ⅰのサンプルを見ると、文章を読む問題が２問だされ、それぞれ記述式で答えます。自分の考えを交える記述は最大200字となっています。

適性検査Ⅱでは、国・算・社・理の考え方を組み合わせた出題で、課題や資料の内容を正しく分析し、論理的に思考・判断し、問題を解決していく力をみます。

東京都立 南《みなみ》多《た》摩《ま》中等教育学校

■中等教育学校

■2010年開校

「心・知・体の調和」を求める 人間力を大切にする

2010年（平成22年）4月に、多摩地区を代表する公立中高一貫校としてスタートした南多摩中等教育学校。地域の期待を背負い、人間力のある次世代リーダーを育成します。

押尾《おしお》 勲《いさお》 校長先生

学校プロフィール

開　校…2010年4月

所在地…東京都八王子市明神町4-20-1

ＴＥＬ…042-656-7030

ＵＲＬ…http://www.minamitamachuto-e.metro.tokyo.jp/

アクセス…京王線「京王八王子」徒歩3分、JR中央線「八王子」徒歩12分

生徒数…男子233名　女子246名

１期生…５年生（高校２年生）

高校募集…なし

３学期制／週５日制／50分授業

入学情報

・募集人員…男子80名、女子80名 計160名

・選抜方法…報告書、適性検査

「心・知・体」の調和のとれた人間教育

【Q】御校の沿革と教育目標についてお教えください。

【押尾先生】 東京都立南多摩中等教育学校は2010年（平成22年）4月に、多摩地区を代表する公立中高一貫校としてスタートしました。1期生は今年で5年生（高校2年生）になります。

設置母体である東京都立南多摩高等学校の創立は、1908年（明治41年）。東京府立第四高等女学校として開校してから、すでに100年を超える長い伝統を誇ります。

本校は中等教育学校です。したがって高校段階での募集はありません。2015年度（平成27年度）には南多摩中等教育学校が完成します。

教育目標に「心を拓く」「知を極める」「体を育む」という3つの言葉を掲げ、「心・知・体の調和」から生まれる「人間力」を大切にした教育を行っています。

【Q】御校の6年一貫教育の特長

をお話しください。

【押尾先生】 中高の6年間で、発達段階に応じた教育活動を展開しています。1・2年を「基礎・基本期」、3・4年を「充実伸張期」、5・6年を「応用達成期」の3期に分けて、学習内容の定着をはかっています。

高校募集は行わないので、そのぶんのゆとりをいかし、6年間一貫のカリキュラムで、生徒一人ひとりの可能性を伸ばします。

前期課程においては、各教科の基礎基本の習得と、意欲的に学習へのぞむ姿勢や、家庭学習の取り組み方を身につけることを重視しています。また、発展的な学習を行うとともに、総合的な学習の時間ではフィールドワークに関連する学習を各教科のなかに取り入れ、思考力を高める授業を展開しています。

後期課程の4・5年生は共通必修科目で学びます。2年間のキャリア教育などの活動をとおし、自分に合った進路をしっかりと見つけます。

6年生では文系・理系に分かれた選択科目を設定し、自己の進路の実現に向けて必要となる学力を最大限に伸ばすことを目的に、より高度な学習に取り組んでいきます。

また、4年生まで国語・数学・英語で少人数制授業を取り入れ、きめ細かな指導をしています。

補習については、専任委員や大学生が朝や放課後の時間を利用して行っています。各教科の授業で小テストを行い、生徒の到達度をはかり、進度が遅れてしまった生徒へのフォローや、授業でわからなかったことへの質問、発展的な学習など、各自の課題に対応しています。

6年一貫で無理のない先取り教育

【Q】各教科の教育課程についてお教えください。

【押尾先生】 教科別では、国語については、多くのジャンルや種類の文章を「読むこと」を重視し、読むことから「書くこと」「聞くこと」「話すこと」へと学びを広げています。話しあい活動などの体験をとおして、確かな言葉の力を身につける指導に力を入れています。

数学は、3年生の前半で中学で

特色ある カリキュラム紹介

① 気づき（課題発見力）を大切にする フィールドワーク

総合学習の時間や夏休みを利用して、歴史的、文化的遺産が多い身近な八王子の街にでて、たくさんの不思議を発見します。

「なんだろう」と考え、課題を見つけて学びが始まる授業です。

１年生で八王子の街を中心とした地域学習をスタートします。そして、２年生で人文科学分野、３年生では知床で自然科学分野とふたつのフィールドワークに取り組みます。

４・５年生になると、１～３年生の経験をいかし、研究テーマごとに分かれた少人数による分野別ゼミ研究で、より専門的な内容にチャレンジします。大学、企業、研究所などと連携し、各自が研究成果をリポートにまとめ、オリジナルの論文を発表します。

毎年３月には、各学年ですべてのグループが発表を行います。優秀なグループは、体育館で行われる成果発表会で発表します。

フィールドワークでは「気づき（課題発見力）」を大切にしながら、探究活動をとおしてものごとを多角的に眺める視点を育成しています。つまり、「コミュニケーション力」を基盤にした「情報収集力」と「分析力」を育成し、「クリティカル思考」や「創造的思考」を身につけていくのです。

学習すべき内容を終え、発展的な学習に移ります。さらに5年生の後半からは生徒の適性・進路希望に応じた学習を実施し、少人数制授業を取り入れてきめ細かく指導していきます。

英語は、コミュニケーション能力のすぐれた生徒を育成することをめざしています。6年間をとおしてALT（外国語指導助手）を活用し、生きた英語を学ぶ機会をたくさん設けています。1～3年生まで2クラスを3展開して行っています。

理科は、実験・観察を多く取り入れて、実験結果について話しあい、リポートにまとめます。科学的にものごとを見たり考えたりする力、実験結果を適切に処理する力、論理的に説明する力を育成します。前期課程では、1教室にふたりの教員がついて中学校理科から発展的な内容まで含めて学習し、物理・化学・生物・地学の基礎を身につけます。後期課程では、興味・関心や適性・進路希望に合った科目の選択制となっています。

社会は、地理・歴史・公民の3分野について、前期課程と後期課程のつながりを重視して学習を進めています。1～2年生で地理、1～5年生で歴史、3～6年生で公民を全員が共通で履修します。

ふつうの中学校より進度は早いですが、6年一貫教育として組まれたプログラムであり、高校受験がないぶん基礎力の定着と発展的な学習に費やすことができるので、けっして無理な先取り学習を行っているわけではありません。

また、高校受験はないのですが、3年生は8月に接続テストを行います。これは、中学生として身につけるべき基本的な内容が身についているかどうかを確認するためのテストです。基準に達していない場合は、その部分を2学期にしっかりと補っていきます。

夢を見つけて夢がかなう大学に

ことを行いますか？

【押尾先生】 前期課程では職業観や、将来どのように社会に役に立っていくのかを知ることを目的に、2年生で職場体験などを行っています。

後期課程は具体的な大学進学に

年間行事

おもな学校行事（予定）

4月	入学式　対面式
5月	体育的行事
6月	合唱祭
7月	
8月	
9月	文化祭
10月	
11月	成果発表会
12月	
1月	百人一首大会
2月	マラソン大会
3月	

ついてを含めて、いままさに研究中です。

フィールドワークなどで自分のやりたいことが見えてきたときに、どういう学校であれば自分の夢がかなうのか、そのためにはどんな学部学科に行けばいいのかを知る必要があります。そのためにも大学と連携し、大学でなにができるか、どこの大学に行けばやりたいこととマッチしているのか、そういうことがわかるようにしていく必要があります。

けっして行ける行けないではなく、自分のやりたいことができる大学かという視点で将来を考え、生徒ががんばれる仕組みをつくっています。

【Q】学校行事や部活動についてお話しください。

【押尾先生】 学校行事も充実しており、体育祭、文化祭、合唱祭は異年齢との交流を重視しています。

生徒たちは先輩たちとひとつのものをつくりあげる喜びを味わいながらさまざまな行事に取り組んでいます。

現在、前期課程の部活動は6つの文化部と8つの運動部があり、9割を超える生徒が入部しています。運動部は公式戦に参加し、都大会に進出する部もでてきています。また、文化部も全国コンクールに参加したり、文化祭や発表会などで活躍しています。

【Q】適性検査についてお教えください。

【押尾先生】 ２０１５年度（平成27年度）から適性検査問題が一部共通化されます。しかし、本校独自の問題では分析、考察する力や、課題に対して前向きに思考して判断、表現する力をみようと思います。

詳しくは本校のホームページをご覧ください。

【Q】最後に御校をめざす生徒のみなさんにメッセージをお願いします。

【押尾先生】 いろいろなものごとに興味や関心を持ち、それらについて、自分で勉強して、答えを見つけてみたいと思っている人にとって、南多摩中等教育学校での生活は楽しい時間になると思います。本校は、人生の方向をつかむことのできる学校です。

ぜひ、がんばって夢を手にしてください。

東京都立南多摩中等教育学校

募集区分 一般枠

入学者選抜方法 適性検査（各45分）、報告書

たかお：シシャモ１匹が１回に産む「卵のおよその数」は１３０００個にもなるのですね。実際に確かめてみたいな。

みつこ：でも１個ずつ数えるのは大変よ。何か簡単《かんたん》に数えられる方法はないのかしら。

先　生：授業で、オレンジ５個からとれるジュースの量を用いて、オレンジ１００個からとれるジュースのおよその量を求めましたね。そのときの考え方を思い出してください。

たかお：そうか。一部の数量から全体の数量を求めることができるのでしたね。

みつこ：シシャモの卵の場合も、工夫《くふう》すれば、１個ずつ数えなくても全体の数を求めることができそうね。

たかお：シシャモの場合は、はかりを使って重さを量ればいいのかな。

先　生：良いところに気がつきましたね。学校にある０.１ｇきざみの電子てんびんを使ってやってみましょう。

たかお：オレンジジュースの量を求めるときと同じように考えればよいのですね。

先　生：ただし、シシャモの卵はとても小さくて１個の重さを正確に量ることはできません。

みつこさんと**たかおくん**は、理科室に行きました。

みつこ：先生が教えてくれた手順にそって始めるわ。まず、シシャモ１匹分の卵全体の重さを量るのよね。

【問題２】 **みつこさん**と**たかおくん**はシシャモの卵のおよその数を、電子てんびんを使って求めています。**表２**は作業内容の一部です。**手順１**のあとの**手順２**と**手順３**の作業内容を書きなさい。さらに、**手順４**でおこなっている計算のしかたを説明しなさい。

表２

手順１	シシャモ１匹《ぴき》分の卵《らん》全体の重さを量ります。
手順２	
手順３	
手順４	シシャモ１匹分の卵全体のおよその数を計算で求めます。

※南多摩中等教育の適性検査Ⅱでは、サンプルとしての独自問題は公表されていません（7月10日現在）。ここでは共同作成問題を掲載しています。

資料を分析し考察する力をみる

卵の数と親の習性（子への世話の仕方）に規則性があるのか、また、その考えを伝える表現力も試されます。

論理的に表現する力をみる

経験がなくとも、手順を論理的に思い浮かべることができる想像力、それを伝える表現力も必要です。

2015年度向け　東京都立南多摩中等教育学校　適性検査Ⅱ 共同作成問題サンプルより

3　たかおくんとみつこさんは、先生と魚の卵《らん》の数について話をしています。

たかお：昨日の夕食のおかずにシシャモがでたよ。シシャモの卵の数はとても多いね。

みつこ：魚は、1匹《ぴき》が1回に産む卵の数が多いという印象があるわ。どの魚もみんな同じような数の卵を産むのかしら。

先　生：鳥などと比べると、魚は1匹が1回に産む卵の数は多いですが、魚によってその数はさまざまです。**表1**を見てください。

表1　魚1匹が1回に産む卵のおよその数、卵の産み方、卵や子に対する親の習性

魚の名前	卵のおよその数	卵の産み方	卵や子に対する親の習性
ブリ	1800000 個	水中に産む	そのまま何もしない
マダイ	1000000 個	水中に産む	そのまま何もしない
コイ	600000 個	水草に産みつける	そのまま何もしない
シシャモ	13000 個	川底の砂《すな》に付着させる	そのまま何もしない
サケ	3000 個	川底にほった穴《あな》の中に産み、うめる	そのまま何もしない
イトヨ	150 個	巣を作り、その中に産む	子にえさをあたえる
タツノオトシゴ	50 個	メスがオスのおなかの中にある袋《ふくろ》に産みつける	袋の中で卵をかえして、子が大きくなってから外に出す

（「原色日本魚類図鑑《ずかん》」などより作成）

たかお：イトヨやタツノオトシゴも魚ですか。

先　生：イトヨは全長4～5ｃｍの小魚で、タツノオトシゴは体を立てたまま泳ぐ魚です。

みつこ：「卵の産み方」や「卵や子に対する親の習性」によって「卵のおよその数」はずいぶん分違《ちが》うのね。

【問題1】　魚1匹が1回に産む「卵のおよその数」が少なくなるにつれ、「卵の産み方」と「卵や子に対する親の習性」はそれぞれどのような違いがみられますか。**表1**から読み取れることを書きなさい。

解説

都立南多摩中等教育学校では、適性検査Ⅰ・Ⅱと報告書の換算が複雑です。

適性検査Ⅰは100点満点を換算して200点満点、適性検査Ⅱは100点満点、これを合わせて300点満点とし、さらに800点満点に換算します。報告書は320点満点ですが換算して200点満点とし、総合成績は、これらを合わせて1000点満点で評価していました。ただし、来年度の詳細は9月に発表されます。

適性検査Ⅰでは、与えられた文章等を深く読み取り、課題に対して自己の経験や体験に基づき、自らの考えや意見を明確かつ論理的に表現する力をみます。

適性検査Ⅱでは、具体的資料を深く読み取り、分析･考察する力や、課題に対して思考･判断し的確に表現する力をみます。また、身近な地域で見ることができる事象に対して興味･関心を持ち、自然や社会現象に対して調査し考察する力もみます。

2015年度も、独自問題は、学力検査型に走らず適性検査らしい出題となるでしょう。

東京

東京都立

武《む》蔵《さし》高等学校附属中学校

■併設型

■2008年開校

守屋《もりや》　一幸《かずゆき》校長先生

中高一貫の6年間で育てる
社会に貢献できる知性豊かなリーダー

伝統ある都立武蔵高等学校の附属校として、2008年（平成20年）に産声をあげた武蔵高等学校附属中学校は、中高一貫の6年間を有効に使ったカリキュラムと進路指導で未来のリーダーを育てます。

幅広い教養教育で未来のリーダーを育成

【Q】御校の沿革および、教育理念についてお話しください。

【守屋先生】 東京都立武蔵高等学校に附属中学校が設置されたのが2008年度（平成20年度）です。この春、1期生が卒業しました。

教育理念として、幅広い教養教育の上に問題解決能力を育成するということを掲げています。

そして、都立武蔵高の理念を継承するかたちで「豊かな知性と感性」「健康な心と体」「向上進取の精神」の3つの教育目標があります。こういった教育理念、目標のもとで、「社会」に貢献できる知性豊かなリーダーを育てていきたいと考えています。

【Q】御校のカリキュラムの特徴をお教えください。

【守屋先生】 本校は併設型ですので、都立武蔵高と連動したかたちになり、2学期制です。ただし、定期考査は年間5回行って学習をしやすくしています。また、中・高ともに発展的学習を取り入れて

学校プロフィール

開　校…2008年4月

所在地…東京都武蔵野市境4-13-28

TEL…0422-51-4554

URL…http://www.musashi-fuzoku-c.metro.tokyo.jp/

アクセス…JR中央線・西武多摩川線「武蔵境」徒歩10分、西武新宿線「田無」・西武池袋線「ひばりヶ丘」バス

生徒数…男子169名、女子190名

1期生…2014年3月卒業

高校募集…あり

2学期制／週5日制／50分授業

入学情報

・募集人員…男子60名、女子60名 計120名

・選抜方法…報告書、適性検査

いて上位学年の内容を学習します。たとえば数学などでは、高2の前期でおおむね2年の内容を終え、後期から高3の分野や問題演習に入ります。

授業では、将来の難関大学進学にも対応した教養教育を進め、実践的で発展的な内容を多く取り入れるとともに、地球規模の環境問題や社会問題を考える「地球学」という講座を設定しています。また、高校では、「奉仕」の授業などで、自分の得意分野をいかした社会貢献活動を展開しています。

【Q】1学年の人数は120名ですが、クラス編成はどうなっていますか。

【守屋先生】中学は120名を40名ずつの3クラスに分け、男女はおおむね半々となっています。後期課程（高校）からは2クラスぶんの生徒が新たに加わります。そして高1の段階では中入生と高入生は別々のクラス編成で、高2から同じクラスとしています。これは、中入生の学習進度が早いため、高入生のカリキュラムを別にし、数学を増単位するなどして1年で同じ進度に合わせるためです。

さらに高3から多様な選択科目を設定し、理系の大学・学部を志望する生徒は理系科目を多く選び、文系の大学・学部を志望する生徒は文系科目を多く選ぶというかたちで分かれていきます。

【Q】習熟度別授業や補習、土曜授業などは行われていますか。

【守屋先生】3学年とも国語の一部と数学、英語で1クラスを2展開した少人数・習熟度別授業を実施しています。

補習は考査や小テストのあとなどに行いますが、毎朝始業前の10分間は朝学習・朝読書を行っています。その時間に自分に必要な学習ポイントをチェックしたり、選んだ本を読んだりしています。

また、本校では「学習ポートフォリオ」というものを使い、これに基づいた各単元ごとの水準を教師が各生徒にしめしています。定期考査でクリアできなかった場合には、課題や補講などで、学習のつまずきをできるだけ速やかに補充指導しています。

土曜日は隔週で授業がありますが、ふたつの使い方があります。ひとつは平日に行事などが入り、授業がなくなった場合の補充として使う場合。もうひとつが土曜講

特色ある カリキュラム紹介

① 教材はさまざま 環境問題や社会問題を学ぶ「地球学」

都立武蔵中のユニークな取り組みのひとつに「地球学」があります。総合的な学習の時間を使い3年間で体系的に行われるもので、自然・人間・社会にかかわる内容を総合的にあつかい、さまざまな問題への解決法などを学びます。対象は「地球」に関することなので、森羅万象いろいろなことがらがテーマです。

たとえば、これまでに中・高合同で、ボランティアで古着を2.5t集め、それを生徒たちが男物・女物・夏用・冬用・着られるもの・ダメなものなどに分け、難民キャンプに送る、などといったことを行っています。

ほかにも近隣の雑木林で生物観察をしたり、身近にいる魚の解剖など、ほんとうにいろいろなものごとを教材にして学んでいきます。

中3までにたくさんの知識を得て、高校からはそれをふまえて、自分はなにができるのかを考え、実践していきます。

中3の後期にはこれまでの集大成として地球学発表会を実施します。

② 勉強の習慣づけや大学入試対策 節目で行われる勉強合宿

都立武蔵中には中1のサマーキャンプを筆頭に、さまざまな合宿があります。これらの合宿をとおして生徒は学習の習慣を身につけ、生徒同士のきずなを深め、大学入試へ向けた学力を養成していきます。

中1のサマーキャンプでは、体験学習や、キャンプファイヤーなどが行われ、自然のなかでクラスの友好を深めます。中2では農家に宿泊して田植えなどの農作業体験をする「結い」農業体験学習があります。中3の修学旅行では、京都・奈良の文化遺産に触れ、伝統文化を学びます。

また、班別行動の計画を立て、実践することで自主自律の態度を養います。

高1では6月にスプリングセミナーがあり、ここでは高入生と打ち解けあい、さらに高校からの学習についての習慣をつける場が用意されています。

高2のウィンターセミナーは3泊4日で行われます。これは難関大対策の学習で、この合宿中に自分の限界まで挑戦することで真の学力を伸ばすことが目的です。

習です。土曜講習は午前中４時間で、生徒は全員参加します。高校の教師が中学生に教えるなどいろいろなかたちがあり、特設単元を設定して中学で学んでいることを発展させたものとなっています。

また、夏休みの終わりの時期には国・数・英の夏期講習を組んでいます。それまでの学習の補習的なものと発展的なものの両方があり、さらに希望制と指名制の講習があります。

中３生には、中だるみを防ぐ目的で、夏休み明けに都立高校の自校作成問題を使ったテストも行っています。高校から入ってくる生徒がどのくらいのレベルの問題を乗り越えてきているかというのを実感してもらうのと、学年としてどのあたりの学習が足りないかをチェックして、後期でその部分をフォローしていくためというふたつの意味があります。

キャリア・デザインは6年を3段階に分ける

【Q】進路・進学指導についてお教えください。

【守屋先生】 本校としては、授業や行事などすべてがキャリア教育につながっていると考えているのですが、具体的な進路指導としては、６年間を「基礎力養成期」（中１・中２）「充実期」（中３・高１）「発展期」（高２・高３）の３つに分けてキャリア・デザインを行っていきます。

まず「基礎力養成期」に「進路ポートフォリオ」を作成し、６年間さまざまな機会での振り返りに活用します。また、職業調べ、職場訪問、「結い」農業体験、大学見学など、自分の興味・関心はどこにあるかを知ることをおもな目的としています。

「充実期」は、蓄積されたポートフォリオを使いながら、職場体験学習や、大学教授や企業人、卒業生などを招いて開くさまざまな進路講演会、勉強合宿（スプリングセミナー）などをつうじて自分の得意分野を見つけることがメインになります。

そして「発展期」では、それまでの４年間をもとに、進路を選び取っていきます。専門の講師による進路ガイダンスや模擬試験とその分析会、勉強合宿（ウィンターセミナー）、大学入試センター試験対策などを頻繁に行い、生徒が

年間行事

おもな学校行事（予定）

4月	入学式　新入生オリエンテーション
5月	「結い」農業体験学習（2年）
6月	音楽祭
7月	サマーキャンプ（1年） 職場体験（3年）
8月	奉仕体験活動
9月	武蔵祭（文化祭）　体育祭
10月	修学旅行（3年）　職場体験（2年）
11月	
12月	社会科見学（1・2年） キャンパス訪問（3年）
1月	
2月	職場訪問（1年）　マラソン大会
3月	卒業式

希望する進路を選び取れるようバックアップしていきます。

　近年、国公立大や難関私立大への合格実績が大きく伸びているのは、こういった取り組みの成果だと思います。

中・高合同の3大行事 部活動も非常にさかん

【Q】学校行事や部活動についてお話しください。

【守屋先生】本校には3大行事があり、第1は音楽祭です。中・高合同で、中1は全員で校歌を歌い、中2からはクラス対抗で歌います。中学生は高校生が歌うのを聞いて感心していますね。総合優勝は中・高合わせたなかから決まります。

　第2が文化祭で「武蔵祭」と呼ばれています。中学は学習成果の発表を行っています。中1はサマーキャンプ、中2は「結い」農業体験の発表で、中3では修学旅行の事前学習や職場体験の発表をしたり、演劇同好会のようなかたちで参加したりと多彩です。

　第3が体育祭です。中・高いっしょに行い、中学生の種目は中学生の体育祭実行委員が、高校生の種目は高校生の実行委員が考えます。高校生と対等にできているという感じになってきましたね。

　部活動も非常にさかんで、兼部を含めて中・高ともに加入率が100%を超えています。他校の中学生は中3の夏休みぐらいで引退だと思いますが、本校は併設ですので、中3の後期からは長期体験入部として高校の方で部活動をすることができます。

【Q】最後に受験生に向けて、適性検査についてのアドバイスと、メッセージをお願いします。

【守屋先生】適性検査というのは、小学校での日常の学習をもとにして、そのうえで、図表などの資料から読み取ったことを自分の考えとして筋道立てて表現する問題が多いので、まず小学校の勉強を大切にしましょう。そして、日常で図表などの資料を見たときに、そこから自分の考えを書いて表現してみましょう。

　好奇心旺盛で人や世の中のことを考えようとする生徒さんに来ていただきたいですね。さきほどの適性検査の部分でも触れましたが、ふだんからいろいろなことを考える習慣をつけてみてください。

東京都立武蔵高等学校附属中学校

募集区分 一般枠

入学者選抜方法 適性検査（各45分）、報告書

〔問題１〕　ふゆみさんは、「一つの場所を使える回数は、どのクラスも、５日間で１回か２回になります。」と言い、あきおくんは、「どのように計算をして、考えたのですか。」と言っています。あなたがふゆみさんなら、どのように説明しますか。解答らんに言葉と式を使って答えなさい。

なつよ：朝、昼休み、放課後では、使用できる時間の長さは同じですか。
はるき：いいえ。朝は30分間、昼休みは20分間、放課後は40分間です。
あきお：それでは、５日間の練習時間の合計が、どのクラスも同じになるように割り当てを決めるべきだと思います。
ふゆみ：その場合、同じクラスが放課後ばかりになるなど、かたよりが出ることになりませんか。
はるき：練習時間の合計が同じになるようにする方が大切なので、かたよりが出てもよいことにしましょう。

〔問題２〕（１）　それぞれのクラスが使える５日間の練習時間の合計を同じにするためには、１クラスの５日間の練習時間の合計を何分間にすればよいでしょうか。解答らんに数字で答えなさい。

（２）　**表１**の割り当て表を完成させるために、あなたなら木曜日と金曜日の割り当てをどのようにしますか。球技大会実行委員の話し合いの結果をもとに、解答らんの（　　）内に数字を書いて答えなさい。

数理的に分析する力をみる

適性検査Ⅲは私立中学の算数の問題と見まがうような問題ですが、実際の場面をイメージできるかどうかが問われます。

問題を解決する力をみる

私立中学受験の学習をしていればやさしいように思えますが、問題１はどのように表現できるかという部分が大切です。

2015年度向け　東京都立武蔵高等学校附属中学校　適性検査Ⅲ　独自問題サンプルより

[1]　はるきくんたちの中学校では、全校で、クラス対こうの球技大会が行われます。球技大会実行委員のはるきくん、なつよさん、あきおくん、ふゆみさんの４人は、大会直前の練習場所の割《わ》り当てを決めるために話し合いをしています。

はるき：球技大会直前の月曜日から金曜日までの５日間は、朝の授業の始まる前、昼休み、放課後の三つの時間帯にクラスごとの練習をすることができます。使える場所は、体育館、中庭、校庭の３か所です。割り当て表を途中《とちゅう》まで作ったので見てください（**表1**）。今日は、まず、まだ決まっていない木曜日と金曜日の割り当てを決めたいと思います。

表１　はるきくんが途中まで作った割り当て表

体育館

	月	火	水	木	金
朝	１年１組	２年２組	３年３組		
昼休み	１年２組	２年３組	３年１組		
放課後	１年３組	２年１組	３年２組		

中庭

	月	火	水	木	金
朝	２年１組	３年２組	１年３組		
昼休み	２年２組	３年３組	１年１組		
放課後	２年３組	３年１組	１年２組		

校庭

	月	火	水	木	金
朝	３年１組	１年２組	２年３組		
昼休み	３年２組	１年３組	２年１組		
放課後	３年３組	１年１組	２年２組		

なつよ：雨が降《ふ》って、中庭や校庭が使えないときはどうしますか。
はるき：雨が降ったら別の場所が使えるので、今日はこの表を完成すればよいことにします。
ふゆみ：一つの場所を２クラスが同時に使ったり、一つの時間帯を前半と後半に分けて使うことはできますか。
はるき：どちらもできません。
あきお：どのクラスも、毎日必ず練習できますか。
ふゆみ：１年生から３年生まで、それぞれ３クラスだから、できるはずです。
はるき：では、どのクラスも毎日必ず練習できるように割り当てましょう。
あきお：練習場所の割り当て方は、同じ場所ばかりを割り当てられるクラスが出ないようにした方がいいですね。
はるき：そうですね。
ふゆみ：一つの場所を使える回数は、どのクラスも、５日間で１回か２回になります。
あきお：どのように計算をして、考えたのですか。

解説

都立武蔵高等学校附属中学校の入学者選抜では、報告書と適性検査Ⅰ・Ⅱのほかに適性検査Ⅲが課されるのが特徴です。適性検査と報告書の評価比率は3:1です。適性検査はいずれも100点満点ですが、それぞれ４倍し1200点満点、報告書は400点満点です。総合成績は1600点満点で選抜します。来年度の詳細は9月に発表されます。

適性検査Ⅰでは文章を深く読み取る力、自己の体験に基づいて論理的な文章をつくる力をみます。

適性検査Ⅱでは資料を分析し考察する力、資料の読み取りに基づいた論理的な思考力、表現力などをみます。適性検査Ⅱは、ほかの都立中高一貫校より問題の量が多く、私立中学受験生を意識した内容に見えますが、じつはPISA型に近い良問です。

独特の適性検査Ⅲではリーダーとして必要な計画する力、問題を解決する力、数理的に分析し課題を見出す力などをみるとしていますが、適性検査Ⅲは算数と理科の視点を試されるといってよいでしょう。

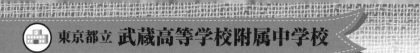

東京

東京都立

両《りょう》国《ごく》高等学校附属中学校

■併設型

■2006年開校

大井《おおい》　俊博《としひろ》 校長先生

「自律自修」を教育方針に掲げ 国際社会で活躍できるリーダーを育成

伝統である「自律自修」を教育方針に、質の高い教育活動を展開しています。東京東部地区のみならず、都立を代表する進学校として、高い学力、広く深い教養・知性を育む両国高等学校附属中学校です。

学校プロフィール

開　　校…2006年4月

所 在 地…東京都墨田区江東橋1-7-14

T E L…03-3631-1878

U R L…http://www.ryogoku-fuzoku-c.metro.tokyo.jp/

アクセス…JR総武線・横須賀線・地下鉄半蔵門線「錦糸町」徒歩5分、都営新宿線「住吉」・「菊川」徒歩10分

生 徒 数…男子169名、女子190名

1 期 生…2012年3月卒業

高校募集…あり

3学期制／週5日制（土曜授業 年20回）／50分授業

入学情報

・募集人員…男子60名、女子60名 計120名

・選抜方法…報告書、適性検査

自らを厳しく律し 自ら進んで学ぶ

【Q】御校の沿革ならびに中学校創立の経緯をお話しください。

【大井先生】 東京都立両国高等学校は、東京府立第三中学校として1901年（明治34年）に設立され、2006年（平成18年）に中学校が開校しました。創立から110周年を超え、東部地区を代表する歴史と伝統ある進学校としてレベルの高い教育を実践しております。

3学期制・週5日制で授業時間は50分。附属中学校の生徒数は1学年3クラス、120名となっており、中学生はそのまま両国高等学校へ進学します。高校からは新たに2クラスぶんの約80名を募集し、5クラスとなります。

中入生と高入生のクラス分けは行っていません。これは、お互い刺激しあって切磋琢磨することで、よりいっそう学力や意欲を高めることがねらいにあるからです。

【Q】教育方針の「自律自修」とはどういったものでしょうか。

【大井先生】「自律自修」とは、「自らを厳しく律し、自ら進んで学ぶ」ということで、いわゆる自立した若者を育成するための教育方針として掲げています。

また、２００６年（平成18年）の中学校開設時に、中高一貫教育を両国で行うにあたり、高校で掲げている「自律自修」を中学生にもわかりやすく「自ら考え、自ら学ぶ生徒」「高い志と使命感を持った生徒」「健康で明朗な生徒」の３つに置き換え紹介しています。

【Q】御校はどのような雰囲気の学校ですか。

【大井先生】本校の中学生は、創造力にあふれ、しなやかな感性を持っていると感じます。中学生と高校生ではまったく異なった雰囲気があります。授業の反応も、中学生は伸びやかで元気がよい印象ですが、高校生は受験をめざして自分自身を高めていくという明確な目標がありますので、落ちついた真剣な雰囲気を感じます。

中学生と高校生のちがいを見ていると、「6年間でいかに生徒の伸びやかな個性を育て、そのさきの進路希望実現へつなげるか」という部分に本校の使命があると思っています。

【Q】教科のカリキュラムについて具体的にお話しください。

【大井先生】東京都の中高一貫教育は、社会貢献や使命感、倫理観、つまり社会のリーダーになるような人材を育成するために、総合的な学力を培い、教養教育を行うことがコンセプトにあります。

それに基づき本校では、「言語能力の育成」、それから「英語によるコミュニケーション能力の育成」、「理数教育の充実」を基本構想としています。

まず、「言語能力の育成」です。これまでは「国語力の育成」としていましたが、一昨年度より本校が東京都の言語能力向上推進校に指定されたため、国語だけにとどまらずすべての教科をつうじて言語能力を高める取り組みを行っています。具体的には、「読む・書く・聞く・話す」能力のバランスの取れた伸長をめざし、授業のなかでディベートやプレゼンテーションなど発表の場を多くつくり、自分の意見を表現し、相手に伝える能力を磨く機会を設けます。

「英語によるコミュニケーション能力の育成」については、生徒

特色ある カリキュラム紹介

① 進路を早期に分けないカリキュラムで幅広い進路選択が可能になる

両国では1･2年を「基礎学力定着期」、3〜5年を「応用発展期」、6年を「確立期」としています。特徴的なのは「応用発展期」を3年間として、最後の「確立期」が6年の1年間になっているところです。

多くの学校は3つの期間を2年間ずつに分けていますが、両国はちがうかたちをとっています。それは、早期に進路を決定するのではなく、「確立期」に入る前になるべく多くの教科を勉強することで、将来の進路を幅広く選択できるようにしているからです。

「応用発展期」の高2の選択で、初めて文系と理系とで選択授業が少し変わってきます。それでも共通履修科目が大部分を占めています。そして高3の「確立期」になってから、進路希望により、文系と理系に分かれます。

カリキュラムでは、高1は国語・数学・英語の単位を増やしています。高2は地歴（世界史か日本史）か理科（物理か化学）を選択。高3では文系と理系に応じてさまざまな科目を選択します。

文系の私立大志望だから数学を勉強しなくてもいいということはまったくありません。基礎学力は知らず知らずについていますので、両国ではほぼ全員が大学入試センター試験を受験します。

のなかには、読み書きはできても英会話は苦手という場合があります。社会では話せる英語が求められていますので、英語をコミュニケーションの手段として国際社会で活躍できるリーダーの育成をめざします。ネイティブの教員による授業はもちろん、オールイングリッシュの授業、ICT（情報コミュニケーション技術）やBGMを使い全員参加型の授業で学び、実用できる英語力を中学の段階からしっかりと養います。

「理数教育の充実」では、生徒の興味・関心をひくための体験学習を重視し、教科書に載っている実験・実習はすべて行っています。

数学では、数学的な見方や考え方を重視し、1クラスを2つに分けた少人数授業を行い、基礎・基本の確実な定着をはかっています。

独自のキャリア教育「志学《こころざしがく》」を実施

【Q】習熟度別授業は行われていますか。

【大井先生】 高校の数学と英語で実施しています。中学では数学で1クラスを2展開し、少人数で授業を行っています。

【Q】補習や土曜授業、夏期講習などはどうされていますか。

【大井先生】 まず、毎日行う朝学習は中学から高校まで全学年で実施し、ホームルーム前の15分間にドリルなどを用いて学習を行います。曜日によって取り組む教科が変わり、中学生では朝日新聞の社説「天声人語」を書き写すユニークなものもあります。書き写すことでより深く内容を理解させるねらいがあります。

高校では希望制で放課後に講習を実施し、土曜日は中・高ともに隔週で午前中に授業があります。

夏期講習も中・高で実施しています。夏期講習は希望制で、生徒が自分の希望する講座を選択し受講しています。中学生は基礎的な内容がおもですが、高校生は受験に向けて基礎から高いレベルのものまで用意しています。

【Q】進路・進学指導についてお話しください。

【大井先生】 総合的な学習の時間を使い、「志学《こころざしがく》」という進路や生き方について意識を深める学習を行っています。その一環として、さまざまな方面で活躍しているかたを年間で10人程度お招きして講

年間行事

おもな学校行事（予定）

4月	入学式
5月	遠足（2年は大使館めぐり）
6月	体育祭
7月	林間学校（1年） 海外語学研修（3年） 外国語宿泊研修（2年）
8月	進路体験学習（3年）
9月	文化祭
10月	
11月	職場訪問（1年） 職場体験（2年）
12月	
1月	百人一首大会
2月	合唱コンクール
3月	芸術鑑賞教室 球技大会 卒業式

義をしてもらい、高校卒業後の将来を意識させています。まさに高い志を抱かせるプログラムが「志学」だと考えています。「志学」を総合学習で行い、中1で職場訪問、中2で職場体験、中3で進路体験学習を行い、将来の志や使命感を中学の3年間で育てます。

高校の進路指導では、普段の定期考査のほかに、外部模試を3回、両国内部でつくった実力テストを3回の計6回の模試を年間に実施しています。このようにきめ細かくテストが行われているので、学力の伸びやスランプなども確認しやすくなっています。また、年間に数回の面接や三者面談を実施しており、生徒のための進学指導のバックアップも万全です。

さらに、本校では予備校や塾に行かず学校の授業や講習だけで大学受験に対応できる学力をつけさせることをめざし、授業内容の充実を目標に教員同士で授業見学や授業研究がさかんに行われています。

夢や希望を持った生徒に来てほしい

【Q】いつも生徒に話されているお言葉はありますか。

【大井先生】 中学では毎月朝礼があり、そこで話をしています。月ごとにテーマを決め、それを書として書いたものを生徒に見せながら話してます。私が話した言葉をよく理解して、自ら学び自ら考えて行動できる人間になってほしいというメッセージをこめています。

また、毎朝生徒の登校時間に門の前に立って登校してくる生徒にあいさつをしています。あいさつをとおして生徒とのコミュニケーションを大切にしています。

【Q】最後に、どんな生徒さんに来ていただきたいですか。

【大井先生】 これからどんな人間になりたいのか、夢や希望をしっかり持っている、志の高い生徒さんに来ていただきたいと思っています。

本校では生徒と先生が、1時間1時間の授業に真剣に取り組んでいます。そんな本校での勉強・学校行事・部活動などの教育活動のなかで友情を育み、先生とのきずなを深めしっかりと学び、自分を高め、将来国内外でリーダーとして活躍できる人材に育ってほしいと願っています。

東京都立両国高等学校附属中学校

募集区分　一般枠

入学者選抜方法　適性検査（各45分）、報告書

資料１

成長段階《だんかい》	発育日数	生存《せいぞん》個体数	行動の様子	生存個体数が減る主な原因
卵	１２	４２８７	葉の裏	病気
初れい幼虫	２３	３４０７	巣の中で集団行動	病気、クモの*ほ食
２れい幼虫		２２１０	巣の中で集団行動	クモのほ食
３れい幼虫		１８７７	巣の中で集団行動	クモのほ食
４れい幼虫	２４	１４１４	巣から出て単独行動	アシナガバチの*寄生、小鳥やカマキリのほ食
５～７れい幼虫		４１	巣から出て単独行動	
さなぎ	２３	９	巣から出て単独行動	ヤドリバエによるほ食や寄生
成虫	７	７	巣から出て単独行動	鳥のほ食、寿命《じゅみょう》

（農業環境《かんきょう》技術研究報告書より作成）

*ほ食…生きものが他の生きものをつかまえて食べること。

*寄生…生きものが他の生きものの体に住みついて、その体から養分などをとって生きていくこと。

（問題１）りょうくんの記録ノートを、理科の観察記録としてよりよいものにするために、あなたならどのようなアドバイスをしますか。２つ書きなさい。

りょう：資料をみていたら、成長段階とその段階で生きている数を表す生存個体数が書いてあったんだ。算数の授業で勉強した「割合《わりあい》」を使って、ある成長段階から、次の成長段階に生き残る割合を求め、**表１**にまとめてみたよ。

みさき：資料に工夫《くふう》をするなんてすごいね。

表１

成長段階	生存個体数	生き残る割合（％）
卵	４２８７	７９．４７
初れい幼虫	３４０７	６４．８７
２れい幼虫	２２１０	①
３れい幼虫	１８７７	②
４れい幼虫	１４１４	２．９０
５～７れい幼虫	４１	２１．９５
さなぎ	９	７７．７８
成虫	７	

（問題２）

（１）**表１**の空らん①２れい幼虫、②３れい幼虫、のどちらかを選び、次の成長段階に生き残る割合を百分率で求めなさい。ただし、計算の結果は小数第三位を四捨五入《ししゃごにゅう》して、小数第二位まで求めなさい。

（２）りょうくんの記録ノートと**資料１**と**表１**から生き残る割合が大きく変化する原因として、考えられることを書きなさい。

論理的に考える力をみる

資料を読み取り、論理的に考え、条件を整理し能率的に処理する力をみています。根気よく考える力も必要です。

課題を解決する力をみる

課題、問題点を分析する力、その問題を解決するべく考える力をみています。考えをわかりやすく説明する表現力もみています。

2015年度向け　東京都立両国高等学校附属中学校　適性検査Ⅲ（採用検討中）独自問題サンプルより

1

　りょうくんとみさきさんが通う小学校では、夏休みの宿題の１つに理科の自由研究があります。夏休みのある日、**りょうくんはみさきさん**に資料やノートを見せて話しています。

りょうくんの記録ノート

8月　1日：サクラの木の葉の裏《うら》に大量の卵《たまご》を見つけた。色はうすい黄色であった。

8月　7日：卵がいっせいにかえって、非常に小さな幼虫《ようちゅう》になった。幼虫はみんなで糸を出して葉の表や裏に大きな巣を作り、その中にいた。

8月１２日：葉を食べながら集団で動いていた。体の長さが５mm程度になっていた。移動後には、８月７日の観察と同じように、糸を出して巣を作っていた。

8月１４日：１０mm程度になっていた。糸を出して巣を作っていた。クモが幼虫をつかまえているところも観察できた。糸のうすいところがねらわれていた。

8月１６日：１２mm程度になっていた。糸を出して巣を作っていた。ハチが幼虫をつかまえているところも観察できた。糸のうすいところがねらわれていた。

8月２１日：２０mm程度になっていた。糸を出して巣を作っていた。クモが幼虫をつかまえているところも観察できた。

みさき：**りょうくん**、これは何の幼虫の観察記録なの。

りょう：ガの幼虫だよ。庭の木に産み付けられた卵を観察してノートに記録していくことにしたんだ。卵からかえってしばらくは巣の中で行動していたんだけど、成長すると巣の中からいなくなって観察ができなくなってしまったんだ。

みさき：それは困《こま》ったわね。

りょう：でも、このガについて図書館でいろいろと調べたら、おもしろい資料（**資料１**）を見つけたんだよ。数回のだっ皮《ぴ》をすると、単独で行動をはじめるということが分かったよ。

みさき：「だっ皮」ってなあに。

りょう：ヘビやこん虫などが育つにつれて古い皮をぬぐことだよ。

みさき：何回ぐらいだっ皮をするの。

りょう：６回だよ。卵からかえったばかりの幼虫を「初れい幼虫」といって、１回だっ皮をすると「２れい幼虫」、次が「３れい幼虫」というんだ。生物によってだっ皮の回数は決まっているんだよ。資料をみているとほかにも色々なことが分かったから、そのことをレポートにまとめて提出するつもりだよ。

解説

　都立両国高等学校附属中学校の入学者選抜では、報告書（換算後200点）、適性検査Ⅰ（換算後300点）、適性検査Ⅱ（換算後500点）の総合成績1000点で評価する予定です。ただ、これらの換算式等は、正式には９月に発表されます。
　適性検査Ⅰ（満点100点）は文章を読み取る力、自分の考えを適切に表現する能力をみます。国語の読解力がなければ、問題文を読みこむだけでも苦労させられます。すべて記述式で、最後の問題は350～400字の作文を求められます。
　配点の大きい適性検査Ⅱ（満点100点）は、問題を分析する力、思考力、判断力、また課題を解決する総合的な力をみます。これまでの適性検査Ⅱは算数・理科・社会の３科目がバランスよく融合された出題でした。ただ、読解力がなければ、問題そのものを読み取れません。
　なお、両国高校附属では適性検査Ⅲを採用する方向で検討中です。ここでは、そのサンプルを掲載しましたが、同校ホームページには、さらに詳しく公表されています。適性検査Ⅲが採用されれば冒頭の換算式は大きく改められます。

神奈川県立

相《さ》模《がみ》原《はら》中等教育学校

■中等教育学校　■2009年開校

自分を探し、自分をつくる　相模原の6年一貫教育

加賀《かが》　大学《だいがく》　校長先生

しっかり学び、じっくり育て、ゆっくり探る相模原中等教育学校の6年一貫教育。生徒一人ひとりの個性をいかし、思考力・判断力・表現力を育て、生徒自身が主体的に学ぶ姿勢を養います。

学校プロフィール

開　　校…2009年4月

所 在 地…神奈川県相模原市南区相模大野4-1-1

T　E　L…042-749-1279

U　R　L…http://www.sagamihara-chuto-ss.pen-kanagawa.ed.jp/

アクセス…小田急線「相模大野」徒歩10分

生 徒 数…男子239名、女子240名

1 期 生…6年生（高校3年生）

高校募集…なし

2学期制／週5日制／45分授業

入学情報

・募集人員…男子80名、女子80名　計160名

・選抜方法…適性検査（Ⅰ・Ⅱ）、グループ活動による検査、調査書

3つの『めざす生徒像』育てたい3つの力

【Q】教育目標「人格の完成をめざし、高い知性と豊かな人間性を備え、心身ともに健全な、次世代を担う人材を育成する」についてお教えください。

【加賀先生】本校は、次世代を担うリーダーの育成をめざすことをコンセプトにしている学校です。『めざす生徒像』として具体的に「これからの国際社会に対応する幅広い教養と社会性・独創性を備える生徒」「豊かな人間性とリーダーシップを備える生徒」「よりよい社会の構築に貢献できる生徒」を目標に掲げています。私たち教師はこの目標をしっかりと考えながら、実際の教育現場で展開していきたいと考えています。

【Q】御校では「育てたい3つの力」がしめされていますが、それについてお話しください。

【加賀先生】3つの力とは、①科学・論理的思考力　②表現コミュニケーション力　③社会生活実践力です。

まず科学・論理的思考力については、次世代を担うリーダーを育てるためには、当然ものごとに対して科学的な論拠に基づき、しっかり考察・分析していく力が求められます。さまざまな事象を論理的に理解し、順序立てて説明する力が必要だということです。

表現コミュニケーション力は、相手の主張を的確に把握し、自己の考えや行動をその場にふさわしい方法で表現し、相手とお互いによいものをつくりだしていけるような表現力、コミュニケーション力の育成をめざしたいということです。

社会生活実践力は、学校で勉強したことを実際に社会にでてから活用していけるような力を身につけることです。さまざまな社会現象を多面的にとらえる知識や技能を持ち、課題解決のために活用できる実践力を身につけてほしいということです。

6年間を3期に分け段階的に学力を養成

【Q】御校は2学期制を採用しておられますが、その意図をお教えください。

【加賀先生】 2学期制にしたのは、前期・後期という大きなくくりのなかで授業時間をできるかぎり多く確保したいからです。そして行事などを前期・後期でバランスよく取り入れる面からも年間をとおして構成しやすいという点があったからです。

【Q】6年間を「基礎期」「充実期」「発展期」と3期に分けた教育が行われていますね。

【加賀先生】 本校では、6年間を発達段階に応じて3期に分け、生徒一人ひとりの個性に応じてじっくりと指導することで、中高一貫校の強みをいかしています。

「基礎期」「充実期」「発展期」それぞれに〈学習〉＝しっかり学び、〈生活〉＝じっくり育て、〈キャリア教育〉＝ゆっくり探る、といった3つの力を育む教育活動を展開し学びを深めていきます。

まず、「基礎期」（1・2年）は、学習習慣の定着に主眼をおいた指導をきめ細やかに行います。国語・数学・英語に重点をおき、6年間の学びの基礎を定着させます。「充実期」（3・4年）からは、数学において習熟度別小集団学習を行い、数学・英語において高校の内

神奈川

特色ある カリキュラム紹介

① かながわ次世代教養

1年次から6年間かけて次世代のリーダーに求められる「科学･論理的思考力」、「表現コミュニケーション力」、「社会生活実践力」を体系的・継続的に学習し、自らが設定した課題を解決する探究活動を行います。

前期課程では、ＩＴ活用スキルの習得や伝統文化･歴史、地球環境というテーマについて学習を深め、グローバルな舞台でプレゼンテーションと質疑ができるための英語コミュニケーション力を3年間かけて育成します。

後期課程では、6年次で行われる研究発表会に向けて、自らがさまざまな分野における課題を設定し、探究活動を進めます。

知的好奇心を刺激し、将来にわたって学習する意欲や態度を育成し、大学での研究活動につなげています。

② 6年間で「しっかり学ぶ」

前期課程では、「読書･暗誦･ドリル」、「発表･質疑応答･レポート」、「探究・ディベート」の3つのメソッドを柱とし、基礎的な知識・技能を習得させる授業が展開されています。

たとえば、英語ではネイティブスピーカーの発音に慣れながら暗誦し、スキットなどで自分の言葉として発表する機会を設けています。自分の考えを英語で相手に伝えることで、表現する喜び、達成感が感じられる授業展開が行われているのです。

また、理科では科学研究の基礎・基本を学ぶために、実験や観察を数多く行い、知的好奇心を刺激します。

そして、結果や考察をみんなの前で発表し、質疑応答を行うことで、科学・論理的思考力を深め、後期課程の学習につなげます。

このように、相模原中等教育学校の生徒は、発表することや質疑に応えることなどにより、課題を解決するために必要な思考力・判断力・表現力を育成し、主体的に学ぶ意欲を養っていきます。

後期課程では、前期課程で育成した力を基に、中等教育学校のカリキュラム編成の特例をいかして、6年間で効率よく「学び」を深めていきます。

容を先取りして学習します。「発展期」（5・6年）の5年次には、選択科目を取り入れながら授業を行います。6年次は、現代文、体育、英語以外の教科は自分の進路を見据えて、進路希望別に自由選択科目を選んで学習していきます。

土曜講座や 夏期・冬期講座が充実

【Q】土曜講座についてご紹介ください。

【加賀先生】 土曜講座は、月曜日から金曜日までの学習を補完していくための講座を中心に、発展的な内容を加えながら学習します。また、大学の先生がたを講師とし、さまざまな研究分野について講義をしていただいたり、学校外へ歴史散策や大使館訪問をするなどの特別土曜講座を設定しています。

【Q】長期休業中にはどのようなことをされていますか。

【加賀先生】 夏期講座・冬期講座を設けて、5教科を中心に授業の復習講座や進学に向けた発展的内容の講座を開講し、生徒の学ぶ意欲に応えています。

また、4年次には自己発見チャレンジと称して、大学などで行われる研修や講座、講演会に参加したり、興味関心のある職業について体験し、レポートをまとめる活動を行います。

6学年が一体となった 体育祭・文化祭

【Q】蒼碧祭についてご紹介ください。

【加賀先生】 中等教育学校の6学年が一体となって行う学校行事です。体育部門と文化部門を合わせて蒼碧祭と言っています。

体育部門はクラスに関係なく抽選で赤、青、黄、緑の4つの団に分かれて競いあいます。色別学年リレーや綱引き、応援合戦など多くの種目は6学年全体で行いますが、騎馬戦や棒倒しなどは後期生のみで行い、迫力のある種目となっています。

文化部門では、1・2年生では学習発表や展示を行い、上級生は各クラスを中心に参加します。また、文化部を中心とした発表やメインステージでのアトラクションを行う予定です。今後、蒼碧祭がどのように進化していくのか楽しみです。

【Q】大きな行事としては芸術祭

年間行事

おもな学校行事（予定）

4月	入学式　新入生オリエンテーション 合宿（1年生）
5月	社会見学（2～6年生）
6月	蒼碧祭（体育部門）　出張授業（1年生） 農村体験（2年生）
7月	かながわ次世代発表会（6年生）
8月	
9月	蒼碧祭（文化部門）
10月	事業所見学（1年生）
11月	研修旅行（5年生）
12月	芸術祭（合唱部門）　芸術祭（展示部門）
1月	マラソン大会
2月	スキー教室（1年生希望者） イングリッシュキャンプ（3年生）
3月	成果発表会　球技大会 海外研修旅行（4年生希望者）

もありますね。

【加賀先生】 クラス全員で行う合唱部門と、美術の授業でつくった作品の展示を行う展示部門があり、芸術表現の多様性や芸術全体への理解を深めるよい機会とします。

展示は12～1月まで行われ、12月に全クラスの合唱祭が学校に隣接する「グリーンホール」を会場に実施され、優秀な指揮者・伴奏者・クラスには表彰があります。審査員として鹿児島大学教育学部准教授の日吉武先生をお招きしましたが、先生の講評では、説得力のある表現などについて評価をいただき、今後の合唱表現の追及の仕方を教えていただきました。

6年間で『じっくり育てる』

【Q】新入生入学時に特別な行事は行っていますか。

【加賀先生】 入学後4月下旬ごろに2泊3日の新入生オリエンテーション合宿を実施しています。ここでは、まず集団生活をとおして友情を深める仲間づくりとともに、中等教育学校での生活がどのようなものかを理解し、学習法講座や地理巡検、体験学習など盛りだくさんの内容が組みこまれています。

5月に入ると、担任との二者面談週間があります。また、7月に入ると三者面談週間があります。

私が新入生によく話すことは、6年間の自分を見つめて、最初は18歳の自分をイメージしてもらっています。それから10年後、20年後の自分をイメージしてもらいます。そのころにはおそらくしっかりと仕事に就いている、成長している自分をイメージできると思います。

6年間は自分探しだけで終わらずに、自分づくりまでやってほしいと願っています。

【Q】最後にどのような生徒さんに来てほしいかお教えください。

【加賀先生】 社会のさまざまなことに関心を持ち、そうしたことに積極的にかかわろうという意欲ある生徒さんです。

本校は交通至便な場所にあり、空調設備や生徒用パソコン160台も整備されており、学習に打ちこめる環境が整ってきたと思います。6年間一貫で行う本校の教育指導を、理解してもらえる生徒さんを待っています。

神奈川県立相模原中等教育学校

募集区分 一般枠

入学者選抜方法 適性検査Ⅰ（45分）、適性検査Ⅱ（45分）、グループ活動による検査（40分）、調査書

イ　さとしさんは，〔図２〕の標識のある坂道をのぼり始めたところから，のぼり終わって少し進んだところまでの，バスの走った時間とバスの速さとの変化の関係を５つの場面に分けてまとめました。〔資料〕の[1]～[5]は，さとしさんが場面ごとにまとめた内容です。〔グラフ〕は，〔資料〕をもとに，バスの走った時間とバスの速さの関係をかいたもので，[1]，[2]，[5]の始まるところは点（●）でかかれていますが，〔資料〕の[3]，[4]の始まる点はかかれていません。〔資料〕をもとに，解答欄《らん》に[3]，[4]の始まるところを点（●）でかき，さらに，[1]のように，となり合う点を結ぶ直線（――）をかき，[1]～[5]までの〔グラフ〕を完成しましょう。ただし，バスの速さは一定の割合で変化するものとします。

〔資料〕

[1] はじめの４秒間で，速さが時速 45 kmから時速 36 kmまで遅くなり，その間に進んだ距離《きょり》は 45 mでした。
[2] 時速 36 kmのまま，60 m進みました。
[3] 時速 54 kmまで速さを上げ続けながら，150 m進みました。
[4] 時速 54 kmのまま 75 m進み，坂道をのぼり終わりました。
[5] 坂道をのぼり終わったので，速さを少しずつ上げました。

〔グラフ〕　バスの走った時間とバスの速さの変化

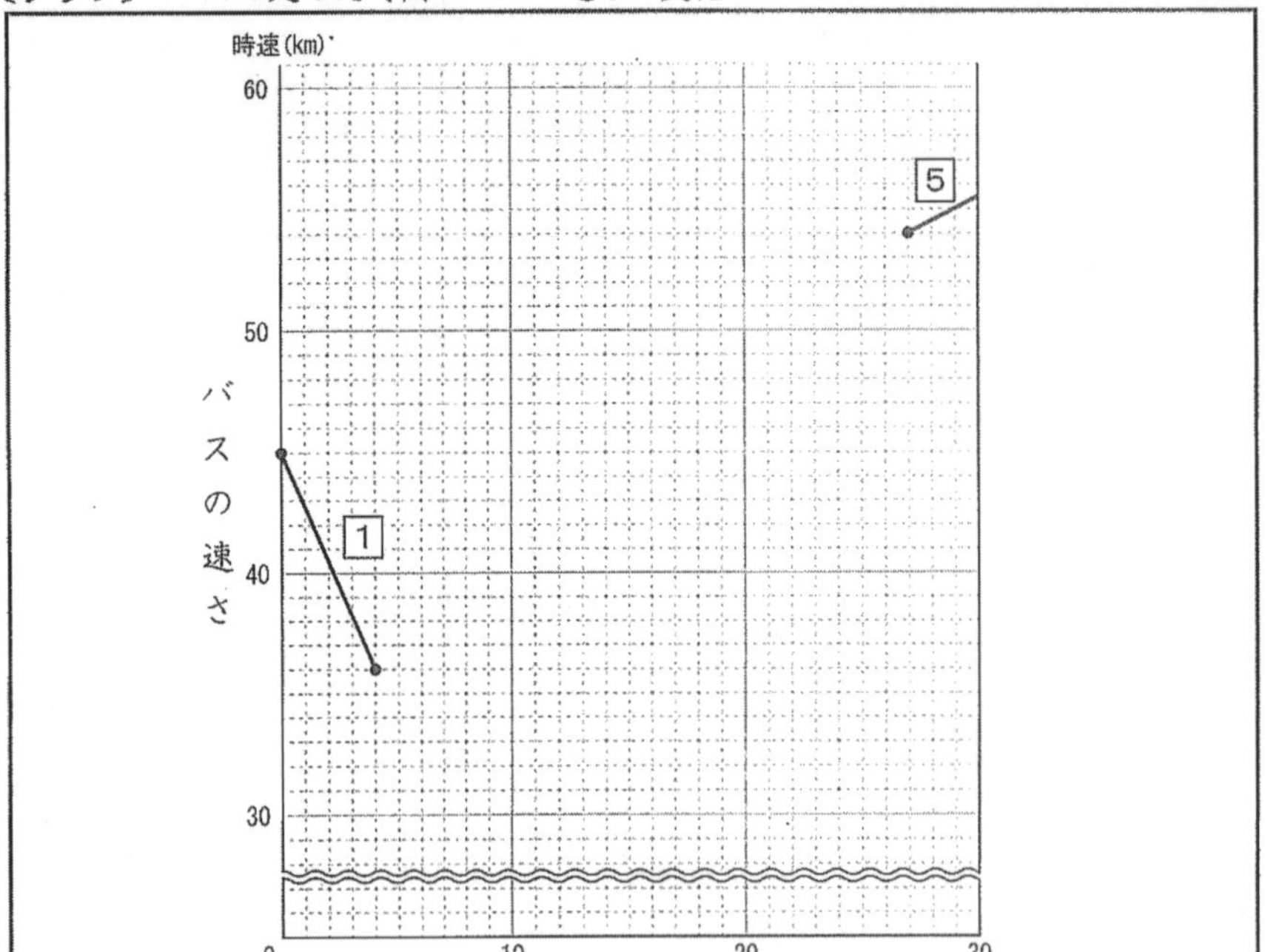

身近なものから思考を発展させる

道路標識を題材に、論理的思考力や社会生活実践力の基礎力をみます。標識とカーブの関連を理解できたかが重要です。

資料の情報を読み取って表現

資料の情報を正しく読み取り、バスの速さとバスが走った時間の関係をグラフとして、正しく表現できるかをみます。

2014年度 神奈川県立相模原中等教育学校 適性検査問題Ⅰより（神奈川共通）

問４　さとしさんとなおこさんは，遠足の日にバスの中から見かけた２種類の道路標識について，先生と話しています。〔図１〕，〔図２〕は，なおこさんたちが見かけた道路標識です。〔会話文〕は，そのときの会話の内容です。〔会話文〕と〔図１〕，〔図２〕を見て，あとの（１），（２）の各問いに答えましょう。

〔図１〕

〔図２〕

〔会話文〕

なおこ	「〔図１〕の標識の『R＝310』とは，どういう意味ですか。」
先生	「この道路のカーブが，『半径310ｍの円の円周と同じ曲線』という意味です。」
なおこ	「ということは，『310ｍ』の数の部分が［　A　］なればなるほど，急なカーブの道路ということですね。」
さとし	「〔図２〕の標識は，道路が坂になっているということを表しているのですか。」
先生	「そうです。標識の『８％』は，水平に進んだ距離《きょり》に対して，坂道の高さが高くなる割合を表しています。」
さとし	「ということは，この『８％』の坂道の場合は，水平な距離《きょり》で425ｍ進むとすると，［　B　］ｍ高くなるということですね。」

（１）〔会話文〕の中の［　A　］に最もあてはまる語句を，解答欄《らん》の「大きく」，「小さく」のどちらか１つを選んで線で囲み，［　B　］には，あてはまる数を書きましょう。

（２）さとしさんとなおこさんは，遠足で通った道路のカーブや坂道での速さについて，家に帰ってからまとめてみました。次のア，イの各問いに答えましょう。

ア　〔図３〕は，なおこさんが〔図１〕の標識をもとに円をかき，その円周上をバスが走るものとして，図に表したものです。バスは，〔図３〕の円の円周上を，矢印（⟶）の向きに時速45㎞で38秒間走りました。〔図３〕のaはなおこさんが時間を計り始めた地点，bは38秒後の地点，cは円の中心とします。またa，bをそれぞれcと結んだ線と，円周上のバスが走った部分とでできるおうぎ形の中心角をdとします。このとき，角dは何度になるか，書きましょう。バスの速さは一定であるとします。また，円周率は3.14として計算し，答えが小数になる場合は小数第１位を四捨五入して，がい数で書きましょう。

〔図３〕

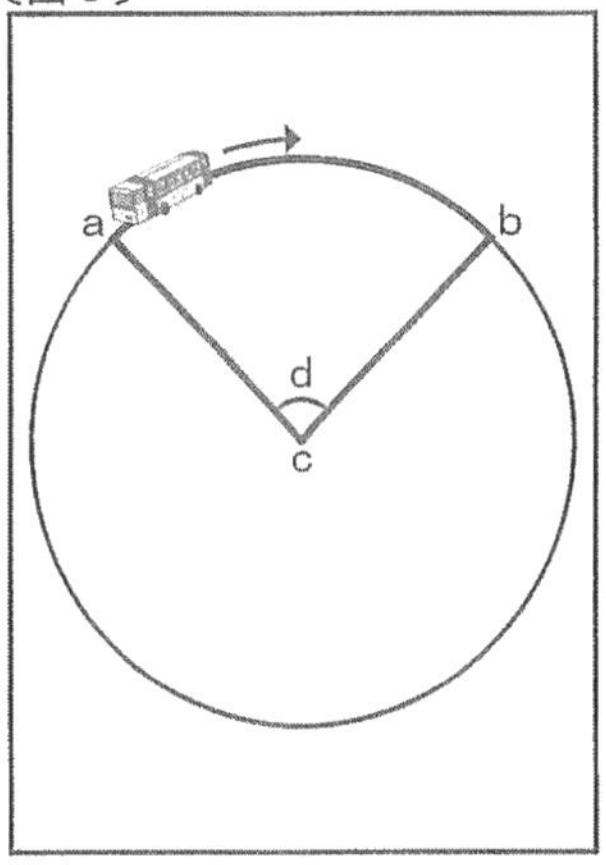

解説

神奈川県立の中等教育学校２校（相模原中・平塚中）は同じ問題で検査をします。適性検査Ⅰ・Ⅱでは、これからの社会に必要な力をはかるとされていて、他者の考えや発言を類推し、わかりやすく表現する力、資料を見ながら論理的に分析し、順序立てて表現、説明する力、身のまわりの事象に対する課題意識の有無などをみます。

適性検査Ⅰ・Ⅱは国・算・社・理、４教科の融合問題で、検査時間に比べてボリュームがあります。家庭にあってもふだんから新聞やニュースに触れ、問題点を読み取ったり自分の意見をまとめ、筋道立てて説明できるようにしたいものです。家庭でもさまざまな角度から話し合うような習慣をつけるとよいでしょう。

なお、2010年度まで実施していた「作文」は取りやめ、検査の日程が１日に短縮されています。

「グループ活動による検査」については、平塚中等教育学校の項（106～107ページ）をご参照ください。

神奈川

神奈川県立

平塚《ひらつか》中等教育学校

■中等教育学校

■2009年開校

かながわから世界とつながる 次世代のリーダーを育てる

2009年（平成21年）に神奈川県初となる公立中高一貫校として誕生した平塚中等教育学校。「かながわ次世代教養」をとおして世界へ羽ばたく人材を育てています。

鈴木《すずき》 靖《やすし》 校長先生

3つのLで次世代のリーダーを

【Q】御校は2009年（平成21年）4月に、神奈川県初の公立中高一貫校として開校されましたが、沿革をお教えください。

【鈴木先生】 本校は県立大原高等学校の敷地内に開校し、今年で6年目を迎えました。1期生は現在6年生（高校3年生）です。

取り組みの柱のひとつに、「かながわ次世代教養」があります。これは総合的な学習の一貫として次世代のリーダーを育成し、神奈川（平塚）から日本や世界を支えていこうというものです。そこで「表現コミュニケーション力」「科学・論理的思考力」「社会生活実践力」という3つの力の育成・伸長を重視した教科指導を行っています。そのなかでも本校は「表現コミュニケーション力」の育成に力を入れています。

【Q】教育理念である3つのLについてお教えください。

【鈴木先生】 これは創立当初からの学校理念です。次世代のリーダ

学校プロフィール

開　校…2009年4月

所在地…神奈川県平塚市大原1-13

ＴＥＬ…0463-34-0320

ＵＲＬ…http://www.hiratsuka-chuto-ss.pen-kanagawa.ed.jp/

アクセス…JR東海道本線「平塚」バス10分徒歩7分または徒歩30分、小田急線「伊勢原」バス18分

生徒数…男子239名、女子238名

１期生…6年生（高校３年生）

高校募集…なし

２学期制／週５日制／45分授業

入学情報

・募集人員…男子80名、女子80名 計160名

・選抜方法…適性検査（Ⅰ・Ⅱ）、グループ活動による検査、調査書

ーとなれる人材、人間性豊かで社会貢献ができる人材を育てることをめざし、そのための理念として「生きる（Live）―深い洞察と鋭い感性―」、「慈しむ(Love)―高い志と豊かな人間性―」、「学ぶ(Learn)―幅広い教養と光る知性―」という「3つのL」を掲げました。この教育理念は生徒たちにしっかりと浸透し、クラス写真を撮影するときなど、みんな自然に、Lの字の指のポーズをつくっています。

【Q】御校の教育カリキュラムについてお教えください。

【鈴木先生】2学期制、45分授業で1日7時間が基本のスタイルです。後期課程は単位制になっています。6年間を3期に分け、一貫した教育を行っています。

1～2年は基礎基本を充実させる「基礎・観察期」とし、1年のみ1クラス32名の少人数編成です。3～4年は「充実・発見期」として中高一貫の特徴を大切にし、中学と高校との〝線〟を引かずに学びます。そして、5～6年は「発展・伸長期」として、将来像を描きながら、次の進路をめざした取り組みを行っています。

中学校段階では、学習指導要領に定められている標準時間より、週4～5時間多くの授業を行っています。その増えた4～5時間は国語・数学・英語にあて、無理なく発展的な学習を行います。教科によっては、1・2年生で高校カリキュラムの内容を勉強することもあります。たんに上級の学年の学習範囲を先取りして勉強するということはなく、中高一貫の6年間で体系的なカリキュラムとなっています。こうして5年次段階で高校課程を修了する科目もありますが、6年次の1年間で、体系的に復習し、さらに深い発展的な学習を行っていきます。

数学と英語で習熟度別授業を取り入れ、少人数で段階に応じた学習を行い、ふだんの授業で論理的思考力の育成に力を入れています。昨年から3年生以降の学年の数学と英語はすべて習熟度別で行っています。また今年度から2年生を4クラスにし、習熟度別授業を充実させています。

また、朝のショートホームルームの前に、〝モーニングタイム〟という10分間の「朝の読書活動」を行っています。

特色ある カリキュラム紹介

①多彩な取り組みが注目の「かながわ次世代教養」

「かながわ次世代教養」は、「伝統文化・歴史」、「地球環境」、「英語コミュニケーション」、「ＩＴ活用」の４つの分野を、かながわの地域の特性をいかしながら体系的に学ぶことで、未知の事態や新しい状況に対応できる力を養っていくことを目的としています。

平塚中では、この４分野を１～６年まで週２時間ずつ学んでいきます。１年生では自分でプログラミングまでするロボットを制作。２年生は地球環境について学ぶ講演会が行われています。また、地元の相模人形芝居を体験したり、２泊３日英語だけを使って過ごすイングリッシュキャンプなど、授業だけではなく、さまざまな行事をとおして、各学年で好奇心を育み、子どもたちの世界を広げていく取り組みが行われています。そして、最終的に６年生で卒業論文にまとめていくことになります。

「かながわから日本へ　そして日本から世界へ」と、世界へ羽ばたいていく新しい時代のリーダーを育てています。

②「英語コミュニケーション」は充実した行事が目白押し

国際的に活躍できる人材育成というキーワードのもと、「英語コミュニケーション」を１年生から取り入れ、６年間をとおして英語力を磨いていきます。

１年生で自由参加のイングリッシュワークショップが行われ、２年生では全員参加の２泊３日のイングリッシュキャンプがあります。ここでの会話はすべて英語で行われます。そのほか、４・５年生を対象としたエンパワーメントプログラムでは国内において日本に来ている留学生と小グループをつくってディベートを行います。４年生では希望制でイギリス語学研修があります。約２週間ホームステイを行い、現地の人と交流し、日本文化を紹介します。そして、集大成として５年生でグアムでの海外研修旅行があります。

こうした６年間のさまざまなプログラムにより、英語に慣れ親しみ、英語で発信し受け取れる力を磨いていきます。これらの経験から海外の大学への進学を希望する生徒もでてきています。

【Q】3つの力の育成というお話がありましたが、どのように学習に取り入れているのでしょうか。

【鈴木先生】 本校の学習活動では、授業や行事などに横断的に組み込み、〝キャリア教育グランドデザイン〟としてしめしています。

たとえば、「表現コミュニケーション力」の学びは、授業や特別活動など、あらゆる場面にあります。本校では1年生からグループや個人で発表する機会を多く設けています。文化祭や学習成果発表会、弁論大会や課題研究の発表など、クラスごとに発表があり、優秀者は全校生徒の前で発表します。こうした発表を見聞きし、自分の考えをまとめて発表することの大切さを、それぞれの生徒が受けとめていると感じます。

世界にでるために日本の伝統文化を知る

【Q】「かながわから日本へ　そして日本から世界へ」というスローガンがありますが、具体的にどのような活動をされていますか。

【鈴木先生】 国際社会で活躍するためには、英語が使えるようになるのはもちろんですが、世界にでていく人間にとって、自分の国の伝統文化を知ることは必要不可欠です。そのために、1年生では地域の伝統芸能である相模人形芝居体験、2年生で鎌倉での歴史探訪、3年生で京都・奈良の伝統文化に触れ、百人一首大会や歌舞伎見学なども実施しています。

こうした取り組みは、かながわ次世代教養の時間を使って事前学習を行い、文集や新聞形式にまとめる振り返り学習を行います。

こうして身近なところから日本の伝統文化を知り、4年生のイギリス語学研修（希望制）や、5年生全員のグアムでの平和学習や国際交流活動につなげていきます。

【Q】3・4年生での勉強合宿についてお教えください。

【鈴木先生】 これは2泊3日で行うもので、今年の4年生は5月に行きました。

中高一貫教育では高校受験という大きな山を越えることがないので、人生のひとつの緊張感をつくりだしてあげるのが目的のひとつです。ふつうの公立中学校の3年生は高校受験を控える時期です。〝真の学び〟を体験するために、授業を含めて1日10時間の勉強に

年間行事

おもな学校行事（予定）

4月	入学式 オリエンテーション合宿（1年）
5月	鎌倉歴史探訪（2年） 大学・博物館訪問（3年）
6月	翠星祭体育部門　七夕
7月	歌舞伎鑑賞（4年）職場体験（3年）
8月	
9月	芸術鑑賞
10月	翠星祭文化部門
11月	かながわ探究　地域貢献デー
12月	研修旅行 イングリッシュキャンプ（2年）
1月	百人一首大会　合唱コンクール
2月	
3月	歩行大会　イギリス語学研修（4年） スポーツ交流会

挑戦します。ふだんはなかなかこれだけ勉強できませんから、「10時間も勉強できた」という自信と達成感を身につけさせたいという意図があります。あとは、ひとりではなく、みんなで切磋琢磨するという経験ですね。4年生で実施するのは、高校段階に入り10時間という物量的な勉強時間を乗りきり、自分の進路となる大学進学を意識させるためでもあります。

【Q】キャリア教育はどのようなことを行っていますか。

【鈴木先生】授業を含め、さまざまな行事が生徒一人ひとりのキャリア教育につながっていると考えています。

わかりやすい例として、3年生で行う東京探訪では、裁判所に見学に行ったり、教養を深めるために美術館や博物館にでかけます。また、東京大や慶應義塾大などのキャンパスを訪れ、大学のようすを学生さんに尋ねたり調査したりします。ふつうの中学3年生であれば、高校受験を考えているわけですが、本校は中高一貫ですので、その期間にすでに大学のことを身近に考えるチャンスがあるわけです。

もちろん、それがすぐに将来の進路につながるわけではありませんが、大学のようすを知る（学ぶ）ことで憧れの対象となったり、大学を知る入り口になります。さまざまな仕組みを前倒ししながら、体系的に継続したつながりを持った中高一貫教育を行っています。

【Q】今後どのような生徒さんに入学してほしいですか。

【鈴木先生】私は日ごろ、「夢を2つ3つ持ってほしい」と話しています。入学時分は、まだ中学生なので自分でも自分のことがわからないと思いますし、夢が見つからない生徒もいるでしょう。〝夢に向かって生きる〟そのきっかけをここでつかんでほしいのです。

夢はこの学校だけで達成できるものではありませんから、将来に向かってやりたいことを追い求めて挑戦する、チャレンジャーになってほしいですね。

この学校は、成長段階に合わせた夢を見つけるための入り口が、いつでも、どこにでも転がっています。本校には6年間をとおしてそういう仕組みがあり、入学してくれた生徒たちに、そのお手伝いをしてあげたいと思っています。

神奈川県立平塚中等教育学校

募集区分 一般枠

入学者選抜方法 【一般枠】適性検査Ⅰ（45分）、適性検査Ⅱ（45分）、グループ活動による検査（40分）、調査書

グループで話し合いをする。

（35分）

（2）あなたの考えと，そのように考えた理由を，1分ぐらいで発表しましょう。

（3）それぞれの発表をもとに，あなたの学級と6年次生の1学級とが行う交流の「具体的な活動」を考え，グループとして1つの案をつくりましょう。必要があれば，画用紙とフェルトペンを使いましょう。

第3回検査の課題

課 題　次の文章を読んで，あとの（1）～（4）に取り組みましょう。

あなたは，神奈川県立中等教育学校に入学した1年生とします。県立中等教育学校では，開校6年目の今年，すべての学年の生徒がそろいます。そこで，6つの学年の生徒が力を合わせてこの中等教育学校をよりよくするために，学年をこえての交流を深める活動を計画します。

6つの学年の生徒が力を合わせてこの中等教育学校をよりよくしていくために，あなたは中等教育学校の6年間で，どのようなことを心がけて学校生活を送りたいと考えますか。また，あなたの学級と6年次生の1学級との交流の時間の活動内容を，あなたのグループが中心になって案を考え，学級会に提案することになりました。交流の時間は2時間です。校内のグラウンド，または体育館を使った活動を計画します。できるだけたくさんの人と交流を深めることができるような具体的な活動を計画しましょう。

【編集部・注】

2014年度入試では3回に分けて「グループ活動による検査」が行われましたが、最終組の「第3回検査」では、具体的な活動場所が「校内の教室等」ではなく、上記のように「グラウンドや体育館」との記述に差し替えられていました。

まず自分の考えを構築する

与えられた課題に対し、まず自分の考えを構築して、はっきりと述べられるようにすることが大切です。

みんなの意見としてまとめる

グループの考え（案）としてまとめようとする意欲、みんなで話しあう進め方もみられ、リーダー力も問われます。

2014年度 神奈川県立平塚中等教育学校 グループ活動による検査より（神奈川共通）

第１回・第２回検査の課題

課 題　次の文章を読んで，あとの（1）～（4）に取り組みましょう。

　あなたは，神奈川県立中等教育学校に入学した１年生とします。県立中等教育学校では，開校６年目の今年，すべての学年の生徒がそろいます。そこで，６つの学年の生徒が力を合わせてこの中等教育学校をよりよくするために，学年をこえての交流を深める活動を計画します。

　６つの学年の生徒が力を合わせてこの中等教育学校をよりよくしていくために，あなたは中等教育学校の６年間で，どのようなことを心がけて学校生活を送りたいと考えますか。また，あなたの学級と６年次生の１学級との交流の時間の活動内容を，あなたのグループが中心になって案を考え，学級会に提案することになりました。交流の時間は２時間です。活動では，普通の教室のほかに校内の音楽室や家庭科室，図書室のような特別な教室も使うことができます。できるだけたくさんの人と交流を深めることができるような具体的な活動を計画しましょう。

自分の考えをまとめる。（５分）

（1）みんなに発表できるように，あなたの考えと，そのように考えた理由を下の欄《らん》に書きましょう。

あなたの考えとその理由

○　６つの学年の生徒が力を合わせてこの中等教育学校をよりよくしていくために，あなたは中等教育学校の６年間で，どのようなことを心がけて学校生活を送りたいと考えていますか。

○　６年次生の１学級との交流の「具体的な活動」は，どのような内容にしたらよいでしょうか。

解説

　神奈川の中等教育学校２校（相模原中・平塚中）は同じ問題で検査をします。開校当初行われていた「作文」を取りやめ、検査の日程が１日に短縮されています。これは受検生の負担を軽減するのがねらいとのことです。

　作文で評価していた「学習意欲」「表現力」については、「グループ活動による検査」のなかで見極めていきます。これにより、「グループ活動による検査」での評価の比重が高くなったのではないかと言われています。

　「グループ活動による検査」は男女別に８人程度のグループで行われ、課題をふまえて40分で検査されます。出題のねらいは「与えられた課題について、自分の意見をまとめ、グループでの話しあいや作業を行い、活動へのかかわりをとおして、集団のなかでの人間関係構築力の基礎的な力をみる」とのことです。

　適性検査Ⅰ・Ⅱについては、相模原中等教育学校（100～101ページ）でも解説しています。

横浜市立

南《みなみ》高等学校附属中学校

神奈川

■併設型

■2012年開校

2012年4月に開校した横浜市初の中高一貫校

2012年、横浜市に初となる公立中高一貫校が誕生しました。国語教育を中心に、9教科をバランスよく学ぶカリキュラムを構築。基礎学力養成を徹底するとともに、独自の総合的な学習の時間「EGG」により、高い学力と豊かな人間性を育成します。

高橋《たかはし》　正尚《まさなお》 校長先生

横浜市民に中高一貫という新たな教育サービスを

【Q】2012年（平成24年）4月に御校が開校されました。設立にいたった経緯をお教えください。

【高橋先生】 横浜市の教育委員会では高等学校の再編整備を行っており、そのなかで、2009年（平成21年）に横浜サイエンスフロンティア高校の開校、2010年（平成22年）に市立金沢高校への特進コースの設置、そして市立南高校に横浜市初の公立中高一貫校をつくることになりました。これは、横浜市民に対して、多様な選択肢を用意する行政サービスのひとつとなっています。

【Q】開校して2年が経ちました。現状をどのようにお考えですか。

【高橋先生】 学校側が考えていた以上に、学力レベルの高い生徒たちが入学してきています。そうした生徒たちが、9教科すべての学習にバランスよく取り組み、合唱コンクールや体育祭などの教育活動にも意欲的に取り組んでいます。

学校プロフィール

開　校…2012年4月

所在地…神奈川県横浜市港南区東永谷2-1-1

T E L…045-822-9300

U R L…http://www.edu.city.yokohama.jp/sch/hs/minami/jhs/

アクセス…横浜市営地下鉄「上永谷」徒歩15分、京浜急行・横浜市営地下鉄「上大岡」・横浜市営地下鉄「港南中央」バス

生徒数…男子232名、女子242名

1期生…中学3年生

高校募集…あり

2学期制／週5日制／50分授業

入学情報

・募集人員…160名（男女概ね各80名）

・選抜方法…調査書、適性検査（Ⅰ・Ⅱ・Ⅲ）

さらに感じるのは、生徒たちはこの学校の生徒であることに誇りを持っているということです。これまでの南高校の伝統を受け継ぎながらも、自分たちが新しい歴史をつくっていくんだ、という意欲を持っています。

【Q】教育理念としている「知性・自主自立・創造」についてお教えください。

【高橋先生】 私たちは、現在、6年後の子どもたちに、「豊かな人間性」と「高い学力」、このふたつを兼ね備えた人間になってほしいという願いがあります。

このふたつを実現するためには、「知性・自主自立・創造」の3つの教育理念が大切だと考えています。

そして、これらの理念を具現化するために、「学びへの飽くなき探究心を持つ人材の育成」「自ら考え、自ら行動する力の育成」「未来を切り拓く力の育成」という教育目標を掲げています。

中学校の開校にともなって、3つの中期目標を設定しました。それが「コミュニケーション力の育成に対応した教育内容への生徒・保護者の満足度を90%以上」、「生徒の授業満足度を90%以上」、「将来、国公立大学入学者80名以上（1学年160人）をめざし6年間で基礎学力・学習習慣・強い意志を育成する」の3つです。

高い学力の習得に向け 国語教育の充実を重視

【Q】「高い学力の習得」に向けた具体的な内容をお教えください。

【高橋先生】 中高の6年間で一貫した教育を行うにあたり「養成期」（中1・中2）、「伸長期」（中3・高1）、「発展期」（高2・高3）と3期に分けています。「養成期」は、基礎を固め、学習習慣を確立させることを目的とし、「伸長期」は中学での学習をまとめ、高校への学習へとつなげていきます。そして、「発展期」で自分の進路について研究し、目的に向かって進んでいきます。

9教科すべてをバランスよく学ぶことを前提とし、そのなかで最も重視しているのが「国語教育の充実」です。

さまざまな学習の中心になるのは国語教育だと考え、読む、書く、話す、説明するなどの言語能力やコミュニケーション能力を高める活動を各教科の授業のなかで実施しています。

中1から高1までの4年間は「国語・数学・英語」の授業を毎日行います。これにより中学3年間で385時間の授業時数増になります。

授業時数は週33時間です。また、中3では、国語・算数・英語の一部で高校の内容を先取りします。

さらに、総合的な学習の時間で、さまざまな言語活動を行っています。

中学校での総合的な学習を、本校では「EGG（エッグ）」と呼びます。これはE（explore…探す、学びの探究）、G（grasp…掴む、自己の可能性発見）、G（grow…伸びる、人間性の成長）の頭文字を取ったものです。

EGGは、木曜日の7校時と、月2回の土曜日（4時間）に実施しています。そのうち木曜日の7校時を言語能力、コミュニケーション能力の育成にあてています。

3年間の教科学習の集大成として卒業レポートに取り組みます。

ほかにも、年間で計画的に本を読む「読書マラソン」や、高校の学習内容につながる古典教育の充実、さらに高校の教師による書写の専門的な授業などが教育課程に位置づけられています。

数学での中高一貫校用教材「体系数学」の使用や少人数制授業、理科の実験授業におけるチームティーチングなど、きめ細やかな指導で理数系教育の充実にも力をそそいでいます。

英語教育でも少人数授業を実施しています。夏休みに各学年で3日間の英語集中講座を、2年生で英語集中研修に加え、2泊3日のイングリッシュキャンプを実施します。そして3年生では、それまで培ってきた英語力とコミュニケーション力をいかすために、姉妹校提携をしているカナダ・バンクーバーの「ポイント・グレイ・セカンダリー・スクール」などへの研修旅行を行います。

【Q】家庭学習の習慣を身につける取り組みをされていますね。

【高橋先生】 学力向上のポイントとして「家庭学習の習慣を身につける」ことが大切であると考えています。家庭学習を定着させるために、「私の週プラン」を使って毎日の学習内容を記録させています。

「私の週プラン」とは、おもに

特色あるカリキュラム紹介

① 横浜南高等学校附属中の総合的な学習「EGG」

中学３年間での総合的な学習の時間を、横浜南高附属中では「EGG…E（explore…探す、学びの探究）、G（grasp…掴む、自己の可能性発見）、G（grow…伸びる、人間性の成長）」と呼んでいます。さまざまな活動をとおして、コミュニケーション力を養い、自ら学び、自ら将来を切り開く力を育てるのが目的です。

木曜日の７校時と、月に２度の土曜日４時間を使い、「EGG体験」「EGGゼミ」「EGG講座」の３つのプログラムを実施しています。

「EGG体験」では、豊かなコミュニケーション力を育成する交流体験や研修が用意されています。プロジェクトアドベンチャー、グループエンカウンター研修、コミュニケーション研修といったプログラムでは、同じクラスの生徒同士や、別クラスの生徒同士、クラス全体などの組み合わせで、課題をクリアしていくために協力するなかで、コミュニケーション力を養っていきます。

開校から2年がたち、さまざまな研修が実施されました。生徒たちは、クラス、学年集団、それぞれの場面で活発に意見をだしあい、交流し、課題に取り組んでいました。また、こうしたプログラムを継続するとともに、イングリッシュキャンプ、カナダ研修旅行などの国際交流活動にも取り組んでいます。

「EGGゼミ」では、論理的思考力を育成する多様な言語活動や、調査、研究、発表活動を行います。３年生での卒業レポート作成に向け、１年生は討議、インタビュー、スピーチなど論理的思考力を養う基礎的な講座があり、２年生ではそれがテーマ別のグループに分かれての調査、研究、発表となります。3年生では卒業研究を行います。

「EGG講座」は、幅広い教養と社会性を学び、将来の進路への興味・関心を引きだすための多様な講座です。

大きく分けて教養講座とキャリア教育（本文参照）のふたつがあり、教養講座ではJAXA（宇宙航空研究開発機構）による「宇宙開発講座」、「横浜市大国際理解講座」、「東大水中ロボット体験」など、独自の講座が多数用意されています。

また、月２回の土曜日のうち１回は、学力定着をはかるため国・数・英を中心とした集中補習を行っています。

年間行事

おもな学校行事（予定）

4月	入学式　校外体験学習(プロジェクトアドベンチャー)(1年) 構成的グループエンカウンター研修(1年)
5月	生徒総会 コミュニケーション研修（1年）
6月	体育祭　合唱コンクール
7月	英語集中研修（1・2年）
8月	英語集中研修（3年）
9月	南高祭（舞台・展示の部）
10月	イングリッシュキャンプ（2年） カナダ研修旅行（3年）
11月	コミュニケーション研修（1年）
12月	
1月	百人一首大会
2月	構成的グループエンカウンター研修(1年)
3月	修了式

5教科の家庭学習の時間を毎日記録し、週末に今週を振り返り、次週の家庭学習の目標や課題を書くシートのことです。学級担任が毎週確認し、家庭学習の状況把握に努めています。

　さらに、英語のリスニングマラソン、国語の読書マラソン、数学の問題集など、宿題を多く課しています。

　その結果、家庭学習の習慣が身についてきているようです。

【Q】併設型の中高一貫校ということで、高校からも1クラス（40名）募集がありますね。

【高橋先生】 高校から入学してくる生徒にとっても、附属中から進学してくる生徒にとっても相互によい刺激になると思っています。お互いに切磋琢磨して、活気あふれる学校にしていってほしいと願っています。

【Q】進路指導についてはどのようにお考えておられますか。

【高橋先生】 いろいろな分野の一流のかたを招いて講演や指導をしていただく「EGG講座」のなかで、キャリア教育を行います。横浜市立大や横浜国立大とはEGGをとおして交流をはかっていますし、また、中3には大学見学会を予定しています。このようにして、大学や、大学を卒業したそのさきにあるさまざまな職業について学習していくことで、自分の将来をしっかり考えさせる進路指導ができます。

【Q】行事は高校生といっしょに行うのでしょうか。

【高橋先生】 体育祭・文化祭・合唱コンクールなどの行事は中高合同で行います。中学生にとっては、高校生の取り組みが目標になり、高校生にとっても、自分たちが中学生のよい見本となりたいという意識が見られました。また、生徒会や部活動などの一部も中高合同で活動しています。

【Q】御校にはどのような生徒に入学してもらいたいですか。

【高橋先生】 本校では、高い志を持ち、国際社会の発展に貢献できる生徒の育成を教育方針としています。そのためには、「コミュニケーション力」や「論理的思考力」などの力をしっかりと身につけることが大切だと考えています。学ぶ意欲が高く、困難に立ち向かう積極的な姿勢をもった生徒の入学を希望しています。

横浜市立南高等学校附属中学校

募集区分
一般枠（横浜市内在住、県内生で市外在住者は30％以内）

入学者選抜方法
適性検査Ⅰ（45分）、適性検査Ⅱ（45分）、適性検査Ⅲ（45分）、調査書

問題１　４個の積み木を使って作った【図２】の直方体の中で、【図３】のやりかたで直方体のまわりにひいた２本のクレヨンの線の長さをたした場合、その長さが最も短くなるのは、どの直方体でしょうか。Ａ～Ｆの中から１つ選び、記号で答えなさい。

問題２　【図２】のときのように、１２個の積み木を使って直方体を作りました。このとき、直方体は何種類できるか、答えなさい。

問題３　問題２でできたすべての直方体に、【図３】と同じやりかたで、直方体のまわりにクレヨンの線をひきました。ひいたクレヨンの線の長さをたした場合、その長さが最も短くなるときの長さを求めなさい。

問題４　問題３で選んだ直方体の体積を求めなさい。

数理的に分析する力をみる

数理的な問題を分析し考察する力や、解決に向けて思考、判断し、的確に表現する力をみます。想像力も問われます。

立体をイメージできるか

左ページに示された計算例を使わずに解答できないと時間配分に困るでしょう。**問題２に正解しないとあとの問題ができません。**

2014年度 横浜市立南高等学校附属中学校 適性検査問題Ⅱより

3　みなみさんは【図１】の直方体の積み木を使って、いろいろな立体を作りました。

【図１】
たて　2.5cm
横　5.3cm
高さ　4cm

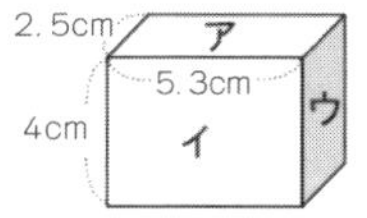

【図１】の積み木を４個使って直方体を作ると、【図２】のようにA～Fの６種類の直方体ができました。

【図２】

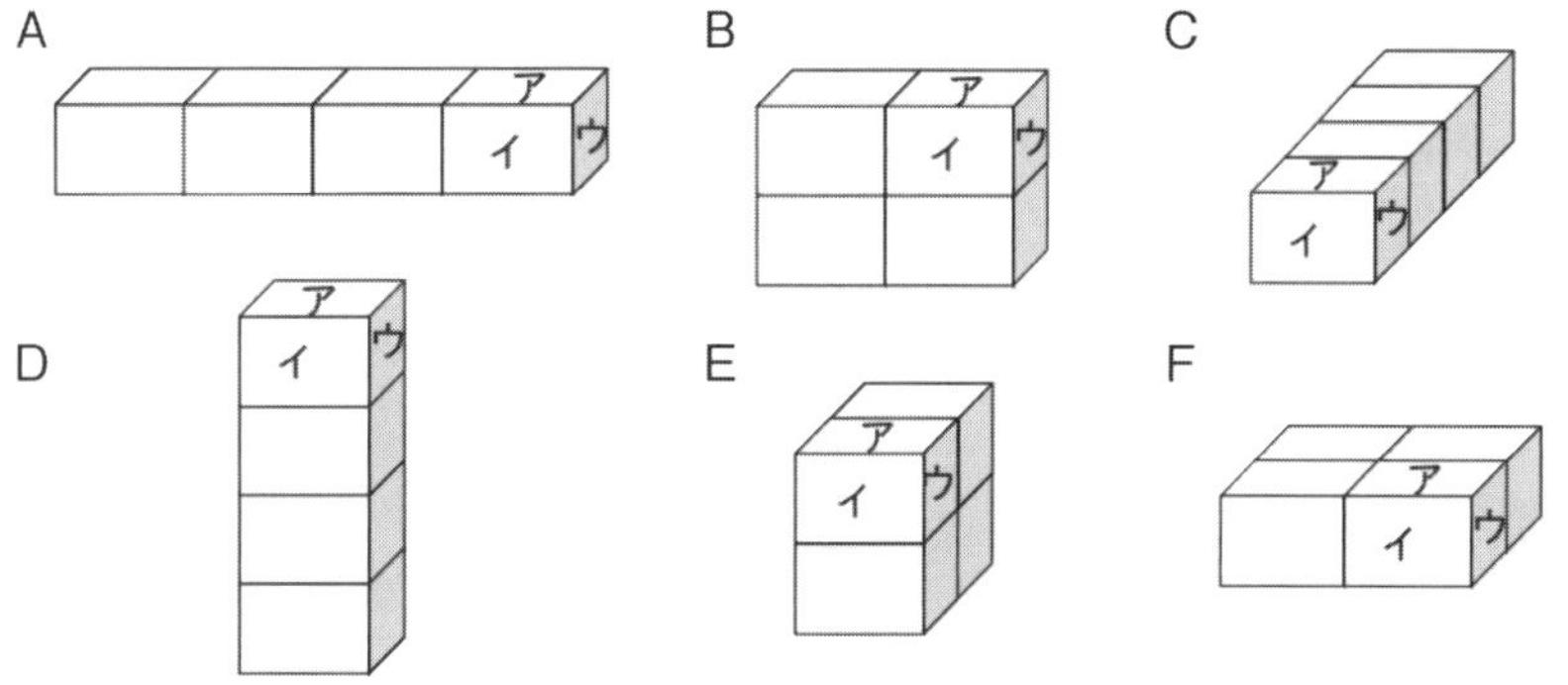

みなみさんはクレヨンで、【図３】の①、②のように、直方体の辺に対して平行な２本の直線をひいて、それぞれ１周してみました。２本の直線は、かならずイの面を通り、直角になるようにひきます。

【図３】では、クレヨンの線の太さや幅《はば》は考えないで、クレヨンの線の長さをたすと、A　６０．４cm、B　４７．２cmとなりました。

【図３】

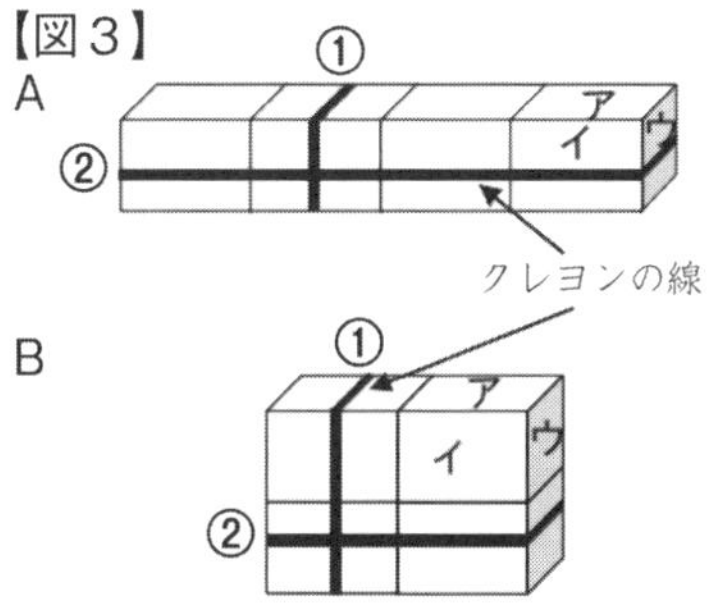

A
① 2.5+4+2.5+4=13cm
② 5.3×4+2.5+5.3×4+2.5=47.4cm
13+47.4=60.4cm

B
① 2.5+4×2+2.5+4×2=21cm
② 5.3×2+2.5+5.3×2+2.5=26.2cm
21+26.2=47.2cm

解説

横浜市立南高等学校附属中学校の入学者選抜では、調査書と適性検査Ⅰ、Ⅱのほかに適性検査Ⅲも行われるのが特徴です。これらの評価比率や配点は公表されておらず、適性検査の結果と志願者が提出した「調査書」による総合的選考を行う、とされています。適性検査Ⅰは文章を読解して自分の意見を表現します。文章やデータの内容を的確にとらえ、分析し表現する力をみています。開校３年目であった2014年度でも、450～500字の作文表現で、そこでは三段落の構成が指示され、「はじめ・なか・おわり」を意識して書くことを求められました。

適性検査Ⅱは、自然科学的な問題や数理的な問題を分析し考察する力や、解決に向けて思考、判断し、的確に表現する力をみるための算数・理科の問題でした。

適性検査Ⅲでは、社会科的な問題で、図や表、データなどで表された情報を読み解き、そこから得られる情報を理解する力をみました。2014年度の出題は、配分時間に比べ問題量が多くスピーディな解答作業が求められました。

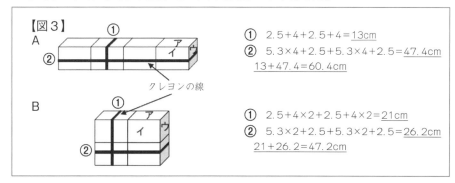

神奈川

川崎市立

川崎《かわさき》高等学校附属中学校

■併設型

■2014年開校

川崎市の未来をリードする人材の育成 「かわさきLEADプロジェクト」

2014年（平成26年）、川崎市に新たな公立中高一貫校が誕生しました。川崎市立川崎高等学校附属中学校は、「体験・探究」「ICT活用」「英語・国際理解」を重視した独自の教育を行い、生徒の夢の実現をサポートします。

和泉田《いずみた》　政徳《まさのり》 校長先生

市立川崎高等学校に併設型中学校が誕生

【Q】川崎市立川崎高等学校に附属中学校が設立された経緯をお教えください。

【和泉田先生】 学校教育法が改正され、1999年度（平成11年度）より、中高一貫教育を選択的に導入することが可能となりました。これを機に川崎市でも中高一貫教育についての検討が行われ、2007年度（平成19年）、市立高等学校改革推進計画のなかで中高一貫教育の導入が決定し、川崎市立川崎高等学校に附属中学校が併設されることになりました。

【Q】母体である市立川崎高等学校はどのような学校でしょうか。

【和泉田先生】 市立川崎高等学校は100年を超える歴史ある学校です。普通科だけではなく、生活科学科、福祉科という専門学科を設置し、学校教育目標に「こころ豊かな人になろう」と掲げています。

中学校から入学した生徒は、高校の普通科に進みます。現在4クラスある普通科のうち、3クラス

学校プロフィール

開　　校…2014年4月

所 在 地…神奈川県川崎市川崎区中島3-3-1

T　E　L…044-246-7861

U　R　L…http://www.kaw-s.ed.jp/jh-school/

アクセス…京浜急行大師線「港町」徒歩10分、JR東海道線・京浜東北線・南武線「川崎」徒歩20分またはバス

生 徒 数…男子45名　女子74名

1 期 生…中学1年生

高校募集…あり

2学期制／週5日制／45分授業

入学情報

・募集人員…120名

・選抜方法…適性検査Ⅰ・Ⅱ・面接

西側校舎イメージ図

ぶん（１２０人）を中学校から、1クラスぶん（40人）を高校から募集します。

　市立川崎高等学校には、複数の科があることや、6年間のなかで人間関係の活性化をはかるという点から併設型を取り入れました。

【Q】入学された1期生の生徒さんのようすはいかがですか。

【和泉田先生】 本校で学びたいという高い意欲を持った生徒が集まったのを感じています。

　入学してすぐの4月には、人間関係を築くために、八ヶ岳にある川崎市の施設で「自然教室」を実施しました。大自然のなかでともに過ごしたことによって、クラスだけでなく学年全体の親睦が深まり、学校として、とてもいいスタートがきれていると思います。

【Q】授業時数やクラス編制についてお教えください。

【和泉田先生】 授業は45分で1日7時間、週に35時間とじゅうぶんな授業時間数を確保しています。

　中1は学習の基礎固めをしっかりとするために、1クラス30人の少人数で4クラス編制とし、中2からは1クラス40人の3クラス編制となります。また、中1では、国語・数学・英語については週5時間行い、数学と英語は1クラスを2分割する少人数授業を毎時間行っています。

　日々の授業では、グループワークを多く実施し、自分の考えをきちんと相手に伝え、相手の話をしっかりと聞く訓練をしています。

生徒を育てる3つのキーワード

【Q】御校で行われている特徴ある教育についてお話しください。

【和泉田先生】 本校では、6年間を3つに分け、中1・中2は学ぶ楽しさを見つける「定着期」、中3・高1は学びを広げる「充実期」、そして高2・高3は学びを深める「発展期」と位置づけています。段階に応じた学びにより充実した6年間を過ごすことができます。

　また、本校の最も大きな魅力は「LEADプロジェクト」と呼ばれる教育です。これは「Learn（学ぶ）」、「Experience（体験する）」、「Action（行動）」、「Dream（夢）」の頭文字を取ったもので、川崎市の未来をリードしていく人材を育てることをめざしています。

　このプロジェクトのキーワード

特色ある カリキュラム紹介

① 体験をつうじて学びを掘り下げる

川崎市の未来をリードする人材を育てる「かわさきLEADプロジェクト」。これは「Learn（学ぶ）」、「Experience（体験する）」、「Action（行動）」を大切にした教育をつうじて生徒一人ひとりの「Dream（夢）」の実現をサポートする独自の教育です。

その柱のひとつが「体験・探究」であり、中1では「農業体験」に取り組みます。

「農業体験」では、大豆を育てます。種まきから始まり、大豆になる前の段階である枝豆の収穫や味噌づくりまで、1年以上をかけた取り組みです。

まず、中1の5月に千葉県の君津市から外部講師を招いて枝豆についての話を聞き、7月には実際に君津市へ赴き、種まきをします。君津市の畑のようすはインターネットをつうじて画像がアップされるので、いつでも見ることができます。

また、校内ではプランターを使って大豆を育てていきます。

君津市の露地栽培と校内でのプランター栽培はどのようにちがうのか、そのちがいはなぜ生まれるのか、生徒は体験をとおして学んでいきます。

秋には収穫のために再び君津市へ行き、その後、さらに3～6カ月ほど大豆を成熟させ、最後に味噌づくりに挑戦します。

このような実際の体験をとおして、生徒は学ぶ力や探究する力を身につけていくのです。

は「体験・探究」、「ICT活用」、「英語・国際理解」の3つであり、これからの社会で活躍するために必要とされる「学ぶ力」、「探究する力」、「コミュニケーション力」、「実行力」、「体力」を身につけていきます。

【Q】「体験・探究」、「ICT活用」、「英語・国際理解」とはどのような内容なのでしょうか。

【和泉田先生】「体験・探究」では、体験をとおして学びを深く掘り下げていきます。中1では農業体験、中2では職場体験、中3では川崎市を外部に発信するという取り組みに挑戦します。大学や企業との連携、研究施設の見学なども今後検討していきます。

「ICT活用」としては、日々の授業でパソコンや電子黒板を活用し、学習の効率化をはかっています。たとえば、授業中生徒が自分の意見を黒板に書くのではなく、パソコンに打ち込みます。すると、それがクラスメイトのパソコン、電子黒板にすぐに反映されるので、時間を有効に使うことができます。

「英語・国際理解」では、7月に20名のALT（外国語指導助手）を招いたイングリッシュキャンプを予定しています。生徒6名とALT1名のグループをつくり、英語漬けの3日間を過ごします。今回は校内で行い、宿泊はしないのですが、中2・中3では宿泊するかたちにしようと考えています。ほかにも、大使館訪問や英語の学習発表会などの実施を検討しています。

新校舎が完成 充実の学習環境

【Q】魅力的な教育が今後は新校舎で行われていくのですね。

【和泉田先生】 新校舎は今年7月に完成し、2学期からは新校舎で中1から高3まで学ぶことになります。現在の仮校舎でも同じ環境を整えていますが、電子黒板機能つきのプロジェクターを各教室に設置し、無線LANを完備します。中2まではそれぞれのクラスで学び、中3からは各教科専用の教室に移動して、授業を受けるかたちとなります。移動することによって気持ちを切り替え、専用の教室で学ぶことにより各教科の授業に集中してのぞむことができます。

ほかにも教員にすぐに質問がで

年間行事

おもな学校行事（予定）

4月	入学式　自然教室
5月	体育祭
6月	
7月	農業フィールドワーク　イングリッシュキャンプ
8月	
9月	
10月	文化祭
11月	川崎市学習診断テスト
12月	
1月	
2月	
3月	フィールドデイ　学習発表会

きる教科教員ステーションや教科ごとに生徒の作品を掲示したり、資料を置く教科メディアスペースなどの環境が整えられます。

また、バスケットコート3面ぶんの広さを持ち、屋上にはテニスコートを有する体育館や部室棟もできあがります。

【Q】中学生と高校生の交流はありますか。

【和泉田先生】 2学期からは同じ校舎で生活するので、高校の掲示物などを中学生も見ることができます。先輩のレベルの高い作品から、よい刺激を受けるでしょう。

ほかにも行事や部活動は中高合同で行うものがあります。今年の5月に行った体育祭では、高校の生徒会が中心となって中学生を受け入れる準備をしてくれていましたし、部活動でも高校生が中学生の面倒をよくみてくれているようです。とてもよい関係が築けています。

【Q】現在活動している部活動や今後行われる予定の行事にはどのようなものがありますか。

【和泉田先生】 運動部はサッカー・テニス・バスケットボール・陸上の4つ、文化部は茶道・書道・吹奏楽・美術・放送の5つ、合わせて9つの部があり、9割以上の生徒が入部しています。今後2期生、3期生が入学してきたら部の数も増やしていく予定です。

行事は10月に文化祭があります。中1は、学習内容の展示と合唱コンクールを行い、高校の展示や発表を見学しようと考えています。修学旅行など、ほかの行事も順次決定していきます。

【Q】最後に御校を志望するお子さんや保護者にメッセージをお願いします。

【和泉田先生】 受け身ではなく、自ら積極的にものごとに取り組む気持ちを持っている、やる気のある生徒を待っています。

本校では生徒に探求心を求めているので、ふだんから疑問をそのままにしないで、自分のなかで解決していくという姿勢を大切にしてください。

学校での授業をしっかりと受けて、こつこつと勉強を積み重ねていくことが大事です。

われわれ教職員は、使命感を持って、日々の授業を行い、生徒の夢の実現をバックアップしていきます。

川崎市立川崎高等学校附属中学校

募集区分 一般枠（川崎市内在住）

入学者選抜方法 適性検査Ⅰ（45分）、適性検査Ⅱ（45分）、調査書、面接

たろうさん：たしかにそうですね。“最高時速 320km　東京－新青森最速 2 時間 59 分”と書いてあるポスターを見たことがあります。時速 320km で 約 3 時間走るということは、東京から新青森までは、960km ぐらいですか。

ひろし先生：いや、そうはならないよね。

（お）

たろうさん：なるほど。そうですね。

ひろし先生：東京から新青森までは 674.9km だそうだよ。

たろうさん：他にも、“東京－秋田最速 3 時間 45 分”と書かれたポスターも見たことがあります。

ひろし先生：秋田までかぁ。東京から秋田までは、662.6km だそうだよ。

たろうさん：秋田までの方が時間はかかるけど、新青森までの方が遠いんですね。

ひろし先生：新青森までの新幹線と、秋田までの新幹線、それぞれどれぐらい速いと言えるのか、一定の速さで走っていたと考えて確かめてみてごらん。

（1）会話文中の（あ）にあてはまる数を答えましょう。

（2）会話文中の（い）にあてはまる数を答えましょう。

（3）会話文中の（う）で、ひろし先生は、「時速」とは何を表しているか説明しています。適切な説明を書きましょう。

（4）会話文中の下線部に「1000m を 36 倍すれば求められる」とありますが、その理由を説明しましょう。

（5）会話文中の（え）にあてはまる数を答えましょう。

（6）会話文中の（お）には、東京から新青森までの道のりが 960km にはならない理由を説明する文章が入ります。適切な説明を書きましょう。

（7）たろうさんは、東京－新青森を走る新幹線と、東京－秋田を走る新幹線がどれぐらい速いのかを比べました。比べ方として正しいものを、下のア～オの中からすべて選びましょう。ただし、たろうさんは新幹線が一定の速さで走ったとして考えたものとします。

ア　$674.9 \div 662.6$ と $225 \div 179$ を比べる。

イ　$(120+59) \div 674.9$ と $(180+45) \div 662.6$ を比べる。

ウ　$674.9 \div \left(2+\frac{59}{60}\right)$ と $662.6 \div \left(3+\frac{45}{60}\right)$ を比べる。

エ　$\left(3+\frac{45}{60}\right) \div 674.9$ と $\left(2+\frac{59}{60}\right) \div 662.6$ を比べる。

オ　$674.9 \div (120+59)$ と $662.6 \div (180+45)$ を比べる。

長い文章から内容を読み解く

近道的な手法を習得していることより、小学校での学習事項を本質的に理解しているかどうかが問われます。

数理的に分析・考察する力をみる

算数の内容を言葉でとらえたり、PISA的な「日常をふまえた数字」の考え方が問われたりします。

2014年度 川崎市立川崎高等学校附属中学校 適性検査問題Ⅱより

問題２ たろうさんとひろし先生が、陸上競技大会の新聞記事をきっかけにして、速さについて話しています。下の会話文を読んで、あとの（1）～（7）の各問いに答えましょう。

ひろし先生：高校３年生の選手が、100m 走で日本歴代２位の記録を出したみたいだね。
たろうさん：高校生でそんな記録を出せるなんてすごいですね。どれぐらい速いんですか。
ひろし先生：10 秒 01 だそうだ。
たろうさん：ところで、日本歴代１位の記録はどれぐらいのタイムなんですか。
ひろし先生：１位は 10 秒 00。その差は［（あ）］分の１秒。
たろうさん：たったの 0.01 秒しか差がないんですね。
ひろし先生：そうだよ。この歴代１位の選手と２位の選手が、もし同じ速さで 1000m の道のりを走ることができたと考えてみたらどうなると思うかな。
100m を 10 秒 00 で走れる人は、1000m を 100 秒で走れる
ということになるね。それに対して、
100m を 10 秒 01 で走る人は、1000m を［（い）］秒で走れる
ということになるね。
たろうさん：すごい。1km 走っても、それだけしか差はつかないんですね。やっぱりほとんど同じ速さのように感じます。ところで、二人は、時速何 km ぐらいで走っているんですか。
ひろし先生：時速は［（う）］で表した速さのことだから、1000m を 100 秒で走る人の速さを時速で表すには、1000m を 36 倍すれば求められるね。だから・・・ 時速 36km。
たろうさん：なるほど。それじゃあ、100m を 10 秒 01 で走る人の速さを同じように時速で表すには、1000m を何倍すればよいかというと・・・・・ あれっ、計算すると整数ではなくなっちゃうな。35.964035...、うーん、がい数で 35.964 倍しよう。そうすると・・・時速 35.964km だ。
ひろし先生：この速さで１時間走った場合、約［（え）］m の差がつくということだね。
たろうさん：ところで、どれぐらい速いかの表し方として、陸上の記録みたいにタイムで表したり、時速や分速や秒速で表すことがあったりするのはどうしてでしょう。
ひろし先生：いいことに気づいたね。どれぐらい速いかを表す方法には、大きく分けて２通りあるんだ。それぞれ場面によって使い分けられているんだよ。新幹線の速さなどは、場面によって両方使われていると思うよ。

解説

川崎市立川崎高等学校附属中学校の入学者選抜では、適性検査ⅠとⅡが行われます。適性検査Ⅰでは、「文章や図や表・データの内容を的確にとらえ情報を読み解き、分析し表現する力をみる。また、作文も含む」を、適性検査Ⅱでは「自然科学的な問題や数理的な問題を分析し考察する力や、解決に向けて思考・判断し、的確に表現する力をみる」ことを出題の基本方針としています。

この春の出題をみると、適性検査Ⅰは国語的要素の問題で作文（最大文字数400字を記述）、この作文表現では三段落の構成を求められました。また、社会科的な問題でも記述式解答が含まれました。

適性検査Ⅱは算数、社会、理科の融合問題で、データや表を読み取る力が試されます。また、ここでも記述式で答える問題が多くでています。算数では上記のように速度の問題がでていますが、答えがでればよいというわけではなく、長い問題文の読解力が求められています。

千葉市立

稲《いな》毛《げ》高等学校附属中学校

■併設型

■2007年開校

千葉

日本人としての自覚を持ち 世界で活躍できる真の国際人を育成

2007年（平成19年）の開校から8年目。昨年初めて1期生を送り出しひとつの節目を迎えました。すべての教育活動をとおして、「真の国際人」の育成をめざします。

山本《やまもと》　昭裕《あきひろ》 校長先生

学校プロフィール

開　　校…2007年4月

所 在 地…千葉県千葉市美浜区高浜3-1-1

T　E　L…043-270-2055

U　R　L…http://www.inage-h.ed.jp/infjuniorhigh/

アクセス…JR京葉線「稲毛海岸」徒歩15分、JR総武線「稲毛」バス

生 徒 数…男子120名、女子120名

1 期 生…2013年3月卒業

高校募集…あり

2学期制／週5日制／50分授業

入学情報

・募集人員…男子40名、女子40名 計80名

・選抜方法…報告書、適性検査（Ⅰ・Ⅱ）、面接、志願理由書

一貫教育で育てる バランスのとれた学力

【Q】御校の沿革と教育方針についてお教えください。

【山本先生】本校の設立母体である千葉市立稲毛高等学校の創立は、1979年（昭和54年）です。本校は2007年（平成19年）4月に千葉県内初となる公立の併設型中高一貫教育校としてスタートしました。

今年2014年（平成26年）に開校から8年を迎えました。昨年、1期生が高校を卒業し、ひとつの節目を迎えました。

「確かな学力」「豊かな心」「調和のとれた体力」を身につけた真の国際人の育成を教育目標に、校訓「真摯《しんし》」「明朗」「高潔」の3つを掲げています。

「確かな学力」を育成するために、文系・理系に偏らないバランスのとれた学力を保証して自己実現をめざしています。

さらに「豊かな心」を育成するために、自然教室や職場体験などのさまざまな体験学習活動を行

い、個人の価値を尊重し異文化を受容できる豊かな心を持つ生徒を育てていきます。

常日頃から、真の国際人とはなにかを生徒にも先生がたにも問いかけています。真の国際人とは英語教育だけでは育たないと考えており、まず、日本をよく学び、日本人としての自覚を持って世界で活躍できる人材を育てていくことが本校の役割だと思っています。

また、生徒にはよく、ゴールを定めなさいとも言っています。大学に入るだけではなく、そのさきの目標に向かうためには、それまでの過程で、なにをしたらいいのかということを自覚して、取り組んでいってもらいたいです。そういう生徒を育成しています。

【Q】中高一貫教育のカリキュラムについてお話しください。

【山本先生】 50分授業の2学期制で、月曜日と水曜日は7時限、ほかの曜日は6時限まで授業が行われます。土曜日は授業を行わずに、部活動などに活用され、週32時間の授業が設定されています。併設型中高一貫校の特色をいかした編成で、一般の公立中学校より週あたり3時間ほど多い授業時間数を確保しています。そして、中学と高校の学習内容を継ぎ目なく実施していきます。

カリキュラムの特徴としては、6年間を発達段階に応じて、「基礎学力定着期」（中1～中2）「充実期」（中3～高2）「応用発展期」（高3）の3期に分け、一貫した教育を行っています。このカリキュラムでは、「基礎学力定着期」の中学生に、まず学習方法を身につけてもらい、そのうえで基礎学力を養成していきます。

そして、「充実期」では、高校入試がないぶん授業時間数をほかの公立中学校より多く確保して学習しています。「応用発展期」の高3では、文系と理系に分かれて、それぞれの目標に向けた学力の向上をめざします。

【Q】具体的にはどのような教育を展開されていますか。

【山本先生】 本校では少人数制授業を実施しています。1学年は2クラスで、1クラスの生徒数は男女半々の40名です。英語と1・2年の数学は1クラスを半分に分け、3年の数学は2クラスを3展開した習熟度別授業で指導しています。

特色ある カリキュラム紹介

① 実践的な英語コミュニケーション能力の育成をめざす英語教育

設置母体校の稲毛高校は、2003年（平成15年）より2期6年間スーパーイングリッシュランゲージハイスクール（SELHi）に指定されていました。

そのことから、高校での先進的な英語教育の研究成果をいかしたカリキュラムや学習法が中学校に導入されています。コンピューターを使用した最新の音声指導や、ネイティブ語学講師による実践的な英語のコミュニケーション授業などです。

また、留学生との日常的なふれあいによって、英語の能力を高めます。さらに、コンピューターを利用した語学学習システムを備えるCALL教室では、生徒一人ひとりの進度に合わせた適切な教材が与えられ、自分のペースで力を伸ばすことができます。

個々で身についた英語力は高校で実施されるオーストラリアの海外語学研修で試すことができます。中3の後期から高校の内容に進むので、中学修了時点で英検準2級、高2で全員が英検2級を取得することを目標にしています。

② 真の国際人を育成する

総合的な学習の時間の「国際人プロジェクト」では、国際理解のための考え方・表現力を身につけ、自国・地域の文化を積極的に発信し、意欲的に交流することができる「真の国際人」をめざします。

たとえば、論理的な思考・表現方法を学ぶ「言語技術講座」。茶道・合気道研究＆体験等求道研究をとおして、情報処理技術を学ぶ「PROJECT道」。成田山での法話講座・成田空港での英語インタビュー活動を実践する「成田PROJECT」。首都研究＆外国人向け東京周遊ツアー企画・実施＆東大訪問学習を実施する「東京ABC PROJECT」など、以降の修学旅行、海外語学研修に向け国際理解に努めています。

千葉

高等学校は、1学年8クラスで、「普通科」7クラスと「国際教養科」1クラスで構成されています。中学からの内進生は全員が「普通科」へ進学し、高校から入学している外進生とは高2まで別クラス編成となります。

さらに、内進生は、高1と高2で英語と数学を2クラス3展開にし、数学は習熟度別授業にしています。本校は、中学校と高校の110人を超える教職員が一体となって、中高6年間の一貫教育の利点をいかし、継続的な指導で一人ひとりの力を最大限に伸ばしています。

独自の学校設定科目と充実の英語教育が特徴

【Q】学校独自の選択科目を取り入れています。その内容についてお教えください。

【山本先生】 中1から中3にかけて、独自の学校設定科目である「総合科学」「英語コミュニケーション」「世界と日本」が設けられています。

「総合科学」では、理科の実験やコンピューターを使った情報技術を学びます。「英語コミュニケーション」は、ネイティブの講師による実践的な英語の授業を展開しています。

また、「国際人プロジェクト」という、校外学習などで積極的に外国人に対して話しかける活動もあります。それにより、自信をもってコミュニケーションがとれる生徒を育てています。

「世界と日本」は歴史・地理・公民の分野について、世界の国々と日本をさまざまな観点から比較して、異文化交流を深めます。

このような学校独自の学習は、本校の特色であり、教育目標である「確かな学力」「豊かな心」の育成につながります。

そのほか、英語の授業ではコンピューターを使用した最新の個別音声学習を実施。全員が高校2年次に英検2級取得を、卒業までにTOEIC650点レベルをめざします。また、中学3年次の京都・奈良での修学旅行後には、訪れた名所などを英語でスピーチして発表します。

高校は2003年（平成15年）から2期6年間、文部科学省によるスーパーイングリッシュランゲージハイスクール（SELHi）

年間行事

おもな学校行事（予定）

4月	入学式　スタートアップセミナー（中1） 交通安全教室　校外学習（中2・中3）
5月	
6月	陸上競技大会　職場体験（中2）
7月	飛翔祭（文化祭）　夏期講習
8月	夏期講習
9月	生徒会役員選挙　前期終業式
10月	修学旅行（中3）自然教室（中2） 校外学習（中1）
11月	異文化理解講座
12月	テーブルマナー講座（中3）
1月	百人一首大会
2月	マラソン大会
3月	茶道・合気道講座（中1）　卒業式

に指定されました。

現在は、各学年にひとりずつネイティブの講師が常駐していて、SELHiの研究成果に基づき、改めて検証を進め、先進的な英語教育を充実させています。その成果を中学にも波及させ、CALL教室も設置しております。

2011年度（平成23年度）からは、高2の内進生は、10月にオーストラリアでの語学研修に行っています。昨年度の語学研修でも、4班に分かれて、14日間ホームステイをしながら、クイーンズランド州にある4高校に行きました。

また、附属中学校が開校する以前から、高等学校の国際教養科ではカナダとアメリカに分かれて海外語学研修を実施しており、普通科の生徒も希望制でアメリカでの語学研修に参加しています。

本校はこのように教育目標にある「真の国際人の育成」へつながるものとして、さまざまな指導が計画、実施されています。

【Q】学校行事や施設についてお教えください。

【山本先生】入学してすぐの1年生には、1泊2日のスタートアップセミナーを用意しています。ここでグループワークなどを行い、生徒同士の親交を深めます。陸上競技大会や飛翔祭（文化祭）、マラソン大会などは中高合同で行われます。

施設・設備面においては、蔵書数4万冊を超える図書館、英語や数学の少人数授業などで使用するジュニア・セミナールーム、国際交流の場としても利用している第2特別教室棟、部活動の合宿に利用している朋友館のほか、すべての普通教室に空調設備を設置するなど、学習環境も充実しています。

【Q】御校へ入学を希望する生徒へメッセージをお願いします。

【山本先生】本校は施設面、職員スタッフはほかの学校と比べて特別な配慮がされています。中学校に入って、がんばっていこうと思っている生徒さんには最適な学校です。「真の国際人の育成」という文言は生徒も先生たちも意識して、それぞれの教科のなかで思考能力、言語能力を高めるさまざまな取り組みを行っています。また、生徒たちもそれを理解していますので、学校の教育方針を理解して、がんばってくれる生徒さんに来てもらいたいです。

千葉市立稲毛高等学校附属中学校

募集区分 一般枠（千葉市在住）

入学者選抜方法 適性検査Ⅰ（45分）、適性検査Ⅱ（45分）、集団面接、報告書、志願理由書

問３　天井の高さの等しい部屋Ａと部屋Ｂがあり、部屋Ａは部屋Ｂの 1.25 倍の広さがあります。また、部屋Ｂの温度は 29℃です。とびらを閉めた状態で部屋Ａの冷房《れいぼう》を何分間かつけます。その後とびらを開けて、部屋Ａと部屋Ｂの空気を混ぜたとき、２つの部屋の温度を 28℃にするには、部屋Ａを何℃にすればよいか答えなさい。また、式も書きなさい。

	部屋Ａ	部屋Ｂ
床の広さ	部屋Ｂの 1.25 倍	―
天井の高さ	等しい	
部屋の温度	―	29℃

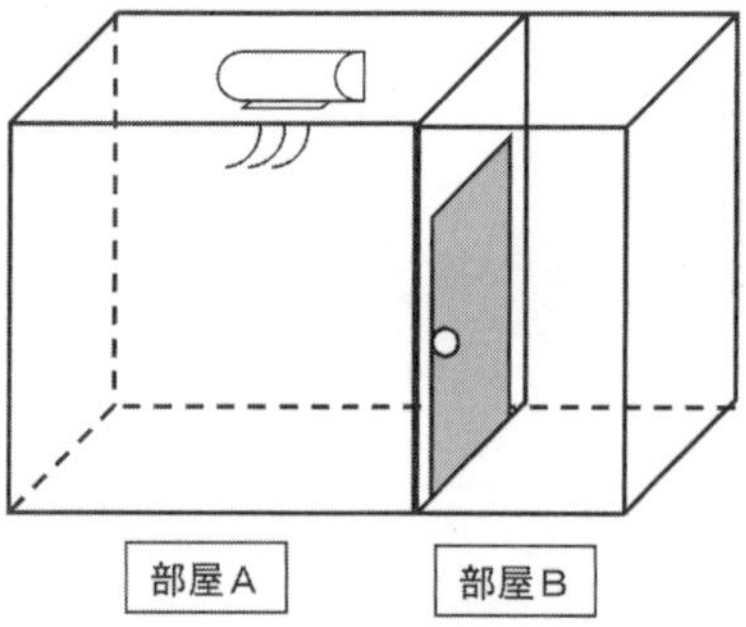

与えられた課題の理解度をみる

それぞれの問いについて、与えられた課題の理解がなければ答えられません。想像力や計算力も試されます。

数理的なものの考え方をみる

体積の理解や熱の伝わり方は小学校で習います。そのうえで立体を関連させて数理的に分析する力が問われています。

2014年度 千葉市立稲毛高等学校附属中学校 適性検査問題Ⅰより

2　下の図のように、部屋Ａと部屋Ｂがとなりあっており、間にはとびらがあります。部屋Ａと部屋Ｂは表１のとおりです。

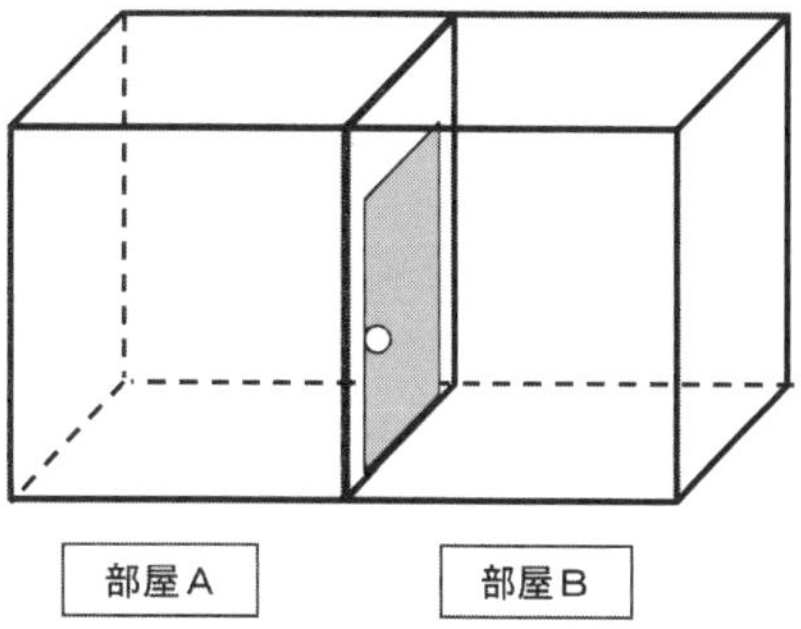

表１

	部屋Ａ	部屋Ｂ
床の広さ	６畳《じょう》	６畳
天井《てんじょう》の高さ	２m	２m
部屋の温度	32℃	28℃

※１畳はたたみ一枚の広さ

とびらをあけると部屋の中の空気は混ざりあい、部屋の温度は、どちらの部屋も部屋Ａ、部屋Ｂの平均である 30℃となります。このことを参考にあとの問いに答えなさい。ただし、空気は均一に混ざりあい、温度は一定になるものとします。また、外から熱が入ったり、部屋の中の熱が外に出たりしないものとします。

問１　部屋Ａと部屋Ｂが次の表２の場合、とびらをあけたときの２つの部屋の温度は何℃になるか、小数第３位を四捨五入して答えなさい。また、式も書きなさい。

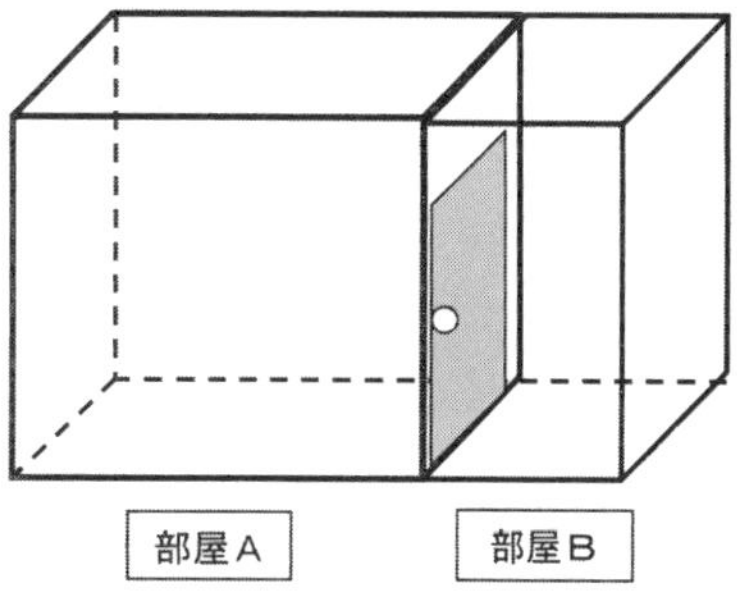

表２

	部屋Ａ	部屋Ｂ
床の広さ	12 畳	６畳
天井の高さ	２m	２m
部屋の温度	32℃	28℃

問２　部屋Ａと部屋Ｂが次の表３の場合、とびらをあけたときの２つの部屋の温度は何℃になるか、小数第３位を四捨五入して答えなさい。また、式も書きなさい。

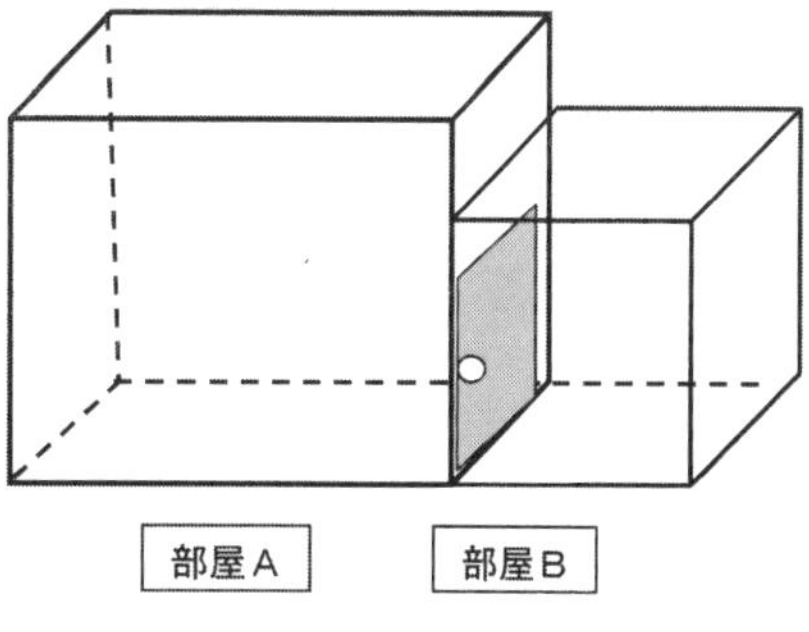

表３

	部屋Ａ	部屋Ｂ
床の広さ	12 畳	６畳
天井の高さ	２m	1.5m
部屋の温度	32℃	28℃

解説

適性検査Ⅰは、４教科のバランスよい融合問題で、思考力や判断力、課題発見や問題解決能力をみます。グラフや表、地図を読み取り、課題に対する理解をみる問題が多くなっています。満点は100点です。

適性検査Ⅱは、私立中学校の国語の出題に似た問題で、ボリュームは多くはありませんが、作文で力をみる形式となっています。テーマに基づいて自分の考えや意見を文章にまとめ、しっかり表現できる力をみます。記述する際、どのような内容を書くべきかを想定し、その課題に沿って作文を構成する力が求められます。満点は50点です。

適性検査と面接は英語でも受けられます。

検査日の午後には面接（15分、グループ）があり、自らの将来、進路に対する目的意識、進学後に学ぼうとする意欲、さらに、聞く力・話す力などもみます。

千葉県立

千《ち》葉《ば》中学校

千葉

■併設型

■2008年開校

日本、そして世界へ羽ばたく 心豊かな次代のリーダーを育成

千葉県内トップの進学校・県立千葉高等学校に併設され県内初の県立中学校として開校した千葉中学校。多くの人材を輩出してきた高校の伝統ある「自主・自律」の精神を受け継ぎ、真のリーダーへの教育が行われています。

鈴木《すずき》 政男《まさお》 校長先生

学校プロフィール

開　　校…2008年4月

所 在 地…千葉県千葉市中央区葛城1-5-2

T　E　L…043-202-7778

U　R　L…http://www.chiba-c.ed.jp/chiba-h/chibachu/

アクセス…JR外房線・内房線「本千葉」徒歩10分、京成千葉線「千葉中央」徒歩15分

生 徒 数…男子120名、女子120名

1 期 生…2014年3月卒業

高校募集…あり

3学期制／週5日制／50分授業

入学情報

- 募集人員…男子40名、女子40名 計80名
- 選抜方法…(1次検査) 適性検査(1-1･1-2)
  (2次検査) 適性検査(2-1･2-2)、集団面接

県立高校再編の一環として誕生

【Q】御校がつくられた経緯をお教えください。

【鈴木先生】中学校は、千葉県の県立高等学校の再編計画の一環でつくられました。

最近の子どもたちの傾向として、「考えることが苦手になっている」「指示を待つ子どもが多くなっている」ということがあげられ、お互いに教えあい、学びあうといった力が劣ってきていると言われています。こうした課題に対し、県として取り組んだ学校づくりの一環として、2008年（平成20年）に千葉県立千葉高等学校を母体に、併設型中高一貫校として中学校が開校しました。今年の春に1期生が卒業しました。

中学校では、千葉高校の培ってきた伝統をいかしつつ、教育課程上の先取りをせず、6年間の一貫教育のなかで質の高い体験をたくさん行うことにより、「豊かな人間力」を育み、千葉高校の目標である「重厚な教養主義」をふまえ

ながら、「心豊かな、人の痛みのわかるリーダーの育成」をめざします。

これまでも本校は、千葉県の高校教育のリーダーとしての自負と誇りを持ちながら教育活動に取り組んできました。今後は中学校からの進学者と他の中学校からの進学者との切磋琢磨が行われることによって、よりいっそう活性化することを期待しています。

【Q】御校の校風はどのようなものですか。

【鈴木先生】本校の全活動の精神的基盤となっているのは千葉高校の校訓でもある「自主・自律」です。実際、厳しい生徒指導はなく「自由な学校」というイメージが強いですが、生徒は千葉高生としての自覚を持って行動しています。

この「自主・自律」の精神に裏打ちされた教育は、次代に生きるみなさんに必要不可欠な力をつけていきます。なにが問題になっているのか、なにが原因なのか、なにをすべきなのか、どうしたらみんなと協力できるのかなど、すべて自分たちの頭で主体的に考えながら3年間を過ごします。教師もそのような指導をしていますから、本校に入学すれば自然と「自主・自律」の精神が身につくことになります。

この精神をもとに、中学校では新しく「篤学・協同・自律」という校訓を掲げました。「篤学」は、熱心に学問に励むこと。「協同」は互いに力を合わせてものごとを行うこと。そして「自律」は自分自身で立てた規範に従って行動することです。

また、高等学校の伝統として、「重厚な教養主義」が教育方針の柱として確立しています。これは日々の授業を大学受験に特化するのではなく、すべての教科で基礎・基本を大切にしながらも、教科書を超えた発展的な授業を展開することで、広く深く学習するというものです。中学校でも、先取りではなく、深く、多角的に課題について考えるよう、ていねいに指導しています。

豊かな人間力を育成する伝統をいかした教育課程

【Q】県内トップ校である千葉高校に進学するわけですが、ハイレベルな授業を行ううえで、中学校段階でどのような工夫が行われて

特色ある

カリキュラム紹介

① 県立千葉高校の伝統をいかした人間力育成のための総合的学習の時間「学びのリテラシー」「ゼミ」「プロジェクト」

千葉中学校には、県内トップレベルの千葉高校の伝統をいかした「学びのリテラシー」、「ゼミ」、「プロジェクト」という人間力育成のための独自のプログラムがあります。

「学びのリテラシー」とは、探究的な学びの基礎となる力を育てる学習です。「ゼミ」や「プロジェクト」で必要となる話しあう力や発表の技術を学んでいきます。具体的には、レポート・論文の書き方や調査時のアポイントメントの取り方、相手への接し方などを学びます。

「ゼミ」はいわゆる大学のゼミナールと同じ形式で、個人研究を行います。「環境」「福祉・医療」「情報」「国際理解」などそれぞれのテーマで1年から3年まで縦割りで所属し、研究を行っていきます。半年ごとに発表が行われ、3年生では論文にまとめます。

「プロジェクト」は社会に参加する力をつけるためのプログラムです。各学年ごとに社会人講演会（1年）、職場体験学習（2年）、長期ボランティア（3年）を行います。これらはすべて実行委員会形式で生徒が企画・運営を任されます。そのため、講演者や企業へのアポイントも生徒が行います。こうした経験が企画力を育み、社会でどんなことができるのか、社会からどのような力が受け入れられるのかということがわかってきます。

そして、これら3つのプログラムが、千葉高校へ進学したのちの「千葉高ノーベル賞」へとつながっていくのです。

この「千葉高ノーベル賞」とは、総合的な学習の時間から生まれたもので、4つの分野（人文科学・社会科学・自然科学・芸術）に分かれて、個別に調査・研究をし、まとめたもののなかから最もすぐれた作品に与えられる賞です。

1年生から約2年間かけて研究したものを3年生で発表します。受賞者は文化祭で再度発表することができ、ハイレベルな研究発表を楽しみに来場するかたもいるほどです。

こうして中学校で研究に関する基礎を学び、高校でのハイレベルな研究にすぐにつなげていくことができるのです。県立のトップ校である千葉高校の教育と密接に結びついた総合的な学習の時間となっています。

いるのでしょうか。

【鈴木先生】スパイラル学習と呼んでいますが、螺旋《らせん》階段を登るように段階的に繰り返し学習しています。学年があがるにつれ、より高度な内容で学び、少しずつ理解を深めていきます。

また、数学と英語では、20名の少人数クラスで授業を行っていますが、習熟度別で分けているわけではありません。中学校では家庭科、技術科の一部でも少人数で授業を行っています。習熟度でクラスを分けるより、いろいろな生徒がいた方がおもしろいのです。生徒それぞれの自然な発想を大切にしたいですし、同じような成績の生徒だけ集めてしまうと発想が豊かになりません。そういうところを大切にしたいと考えています。

【Q】補習などは行われていますか。

【鈴木先生】夏休みの始まりと終わりに「勉強会」を設定しています。基本的に参加は自由ですが、進度が遅れた生徒については義務づけている場合もあります。それ以外には制度的なものではなく、臨機応変に個別対応するというかたちでフォローしています。

高校では、夏休みは、教科によってさまざまなかたちで夏期講習を行っています。

ただ、きちんと講座を決めてスケジュールを固めるのではなく、先生がたが自由に行っています。

協同することで養う豊かな人間性

【Q】「人間力を培う3つの協同」についてお教えてください。

【鈴木先生】「学びの協同」、「社会との協同」、「家族との協同」として、本校では「協同」という言葉を意識した行事を行っています。たとえば、1年生は6月に自然教室を行います。山へ行き、青少年教育施設「少年の家」で3日間自分たちで自炊をしながら、キャンプファイヤーや山登りをします。

いまの子どもたちはそうした体験をしている子が少ないです。テレビも電話もゲームもない生活のなかで、友だちと会話し、協力しながら食事をつくっていきます。そういう体験をすることによって、人間と人間のコミュニケーションがより深くなります。生徒は合宿から戻ってくるとなかなか逞《たくま》しくなっている気がします。

年間行事

おもな学校行事（予定）

4月	入学式　総合学習発表会
5月	
6月	自然教室　文化祭
7月	
8月	職場体験（2年） 長期ボランティア（3年）
9月	
10月	体育祭　国内語学研修（3年） 伝統文化学習（2年）
11月	合唱祭
12月	全校防災避難訓練
1月	
2月	マラソン大会 卒業論文発表会（3年）
3月	総合学習発表会（1・2年） 卒業式

また、文化祭では、クラス全員で協力して、毎年演劇などの発表を行っています。

　これらの行事には、昨今の家庭教育においてなんでも用意されすぎている子どもたちの自立をうながす意味もありますが、自分たちで一生懸命いろいろな工夫をして生活していくために協同することを学びます。友だち同士がなにもないなかで協同してつくりあげていくのです。それは教員もそうですし、家庭にもいっしょにお願いしています。また、社会のかたとも協同する必要があるのです。

【Q】高校ではすばらしい進学実績をお持ちですが、進学指導はどのように行っていますか。

【鈴木先生】キャリア教育はきちんとしていきたいと思っています。世の中のことをよく知ってもらって、少なくとも高校を卒業するときには、「この大学のこの学部に行きたい」「この先生に学びたい」といった自分のこれからの学びに対する明確な目標を持ってもらいたいです。

　とくに大学でなくてもいいのですが、「こういうことをやりたい」と自分自身でわかったうえで進路選択をしてほしいのです。ただ慶應義塾大に行きたいからちがう学部を3つ受験するとか、東京大がむずかしいから東京工大にしてしまおう、ということにはならないように、しっかりとした進路選択をしてもらいたいですね。そして大学に入って、すぐに研究活動に入れるような生徒を育てたいです。

【Q】では最後に、どのような生徒に入学してほしいかをお教えください。

【鈴木先生】本校の開校の理念は、「千葉から、日本でそして世界で活躍する心豊かな次代のリーダーの育成」です。そのためには、将来、社会に貢献しようとする志のある生徒、いろいろなことに興味や関心を持ち勉強したい、とことん考えてみたいという強い学習意欲のある生徒、そして、友だちと協力してものごとに取り組むことができる生徒に入学してほしいです。

　また、将来、東京大に入るだけが目的ではなく、本校の教育方針を理解して第1希望で来ていただける生徒さんを、学校と家庭で連携していねいに伸ばしていきたいと思います。

千葉県立千葉中学校

募集区分　一般枠

入学者選抜方法　【一次検査】適性検査1-1（45分）、適性検査1-2（45分）、【二次検査】適性検査2-1（45分）、適性検査2-2（45分）、集団面接、報告書、志願理由書

きょうこさんたちは，海の環境を守る取り組みについてさらに調べてみると，漁業にも沿岸《えんがん》の海の環境を守るはたらきがあるということを知りました。そして，次の**資料**7と**資料**8を見つけました。

資料7　漁業がもつ沿岸の海の環境を守るはたらき

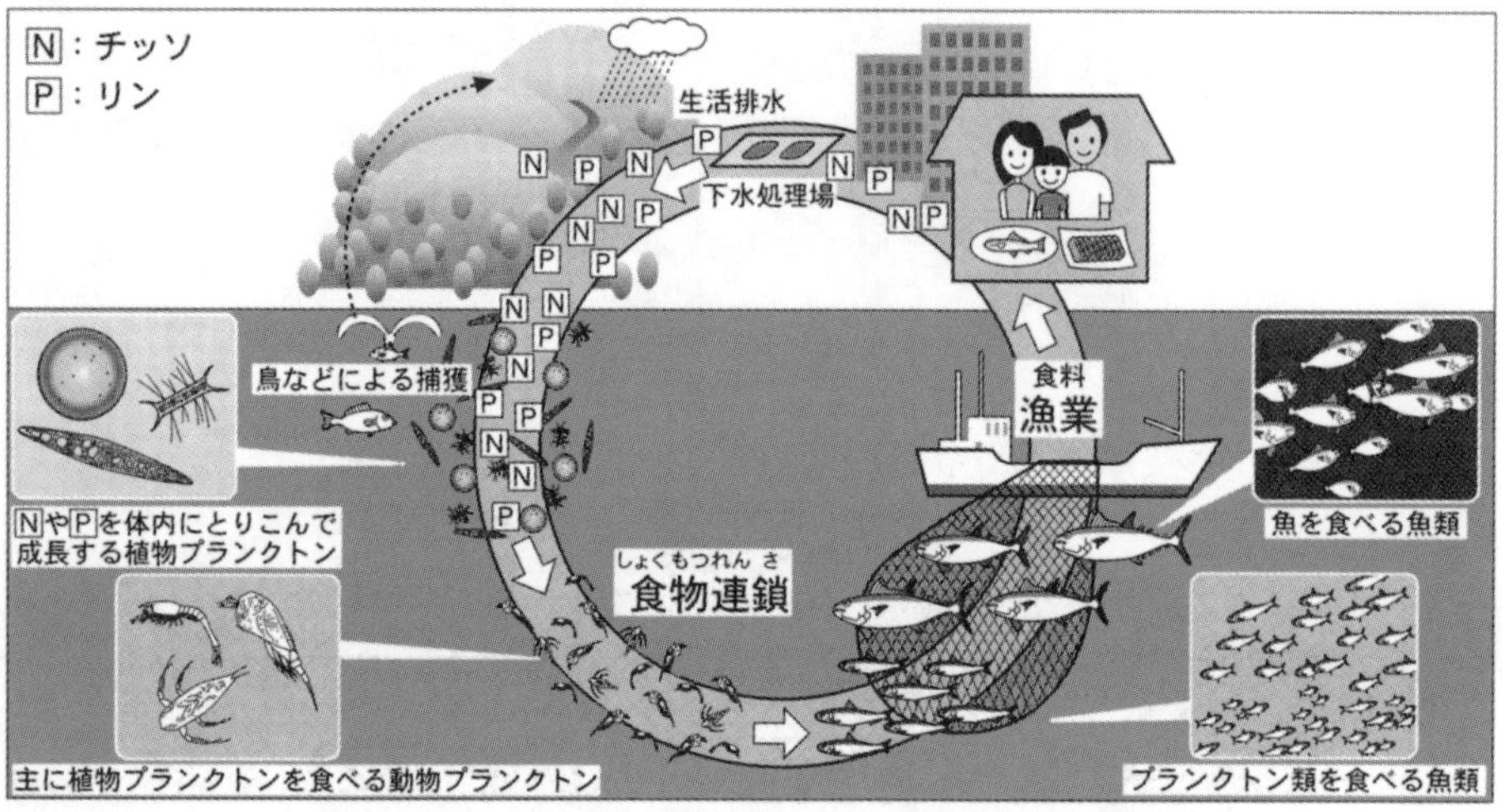

（水産庁ホームページより作成）

資料8　陸から排出《はいしゅつ》されるチッソやリンの沿岸の海への影響

沿岸の海は人間生活の影響を受けやすい海域《かいいき》で，活発な消費活動のため，陸上から排出されるチッソやリンが増加しています。チッソやリンは植物プランクトンなどの成長に必要な栄養分ですが，必要以上に海中に増えると植物プランクトンが急速に増えすぎてしまいます。すると，その増えすぎた植物プランクトンの影響で海水がにごったり，死がいがヘドロとなって海底にちく積したりします。ヘドロは水中の酸素をとりこむため，海中の酸素が減り，ついには無酸素に近い状態になり，沿岸の海の生態系《せいたいけい》※に大きな影響を与えます。

※生態系：食物連鎖などの生物どうしのつながりと，生物とそれをとりまく環境のつながりを合わせてとらえた生物社会のまとまりのこと。

（水産庁「水産業・漁村の多面的機能」より作成）

⑷　漁業には，なぜ沿岸の海の環境を守るはたらきがあると考えられますか。その理由を**資料**7と**資料**8をもとに考えて書きなさい。

資料を読み解く力を試す

与えられた資料の文章を読み解き、課題となる対象の働きを分析、整理する力が求められます。

与えられた課題への理解をみる

ふたつの資料を分析、整理した情報から、本質を見極め他者にわかるように表現する力も試されています。

2014年度 千葉県立千葉中学校 適性検査問題1-1より

きょうこさんたちは，水産資源の保護のためには魚の生息する海の環境《かんきょう》を守ることが重要だと考え，どのような取り組みが行われているかを調べました。すると，多くの地域で「も場《ば》」※1 や「干《ひ》がた」※2 を守るための取り組みが行われていることがわかりました。そのような取り組みが多いのは，も場や干がたには，海の環境を守るうえで重要なはたらきがあるからではないかと考え，それぞれのはたらきを調べ，次の**資料6**のようにまとめようとしています。

※1も　場：日光が届《とど》く深さに，海そう類がまとまってはえている場所のこと。
※2干がた：満ちょうの時には海中にあるが，干ちょうでしおがひいた時にあらわれる泥《どろ》や砂《すな》からできた海岸のこと。

資料6　きょうこさんたちがまとめている資料

も場と干がたの主なはたらき

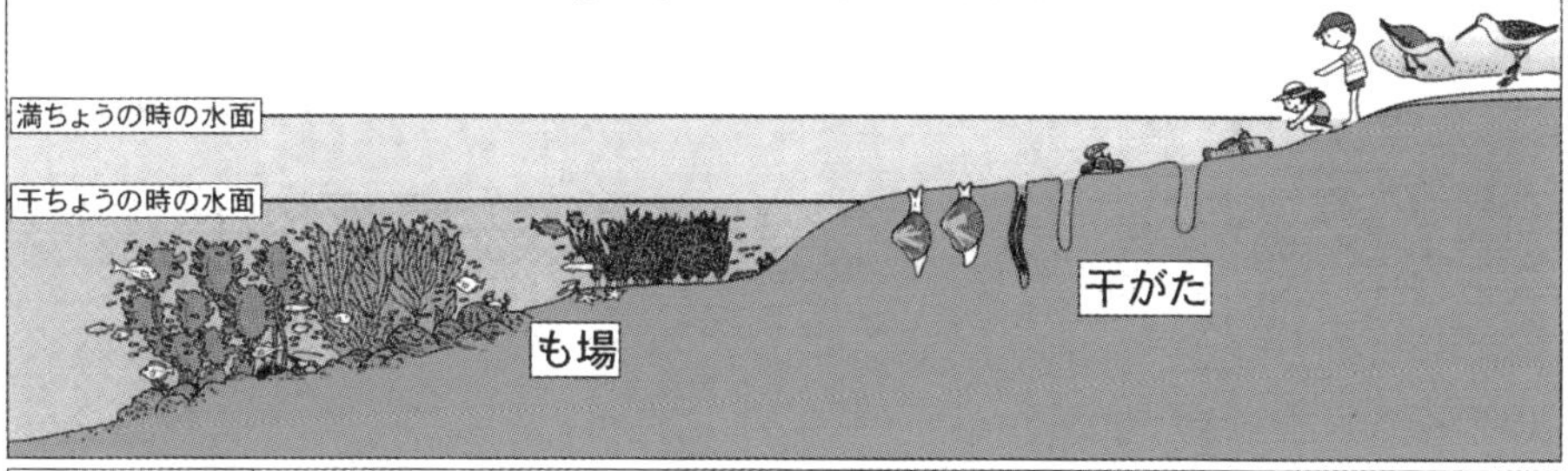

	も　　場	干　が　た
はたらき	内　容	内　容
ウ	海そう類がチッソやリン※をとりこむことで，海中に栄養分が多くなりすぎることを防止する	植物プランクトンなどがチッソやリンをとりこむことで，海中に栄養分が多くなりすぎることを防止する
	海そう類の高さにより，波やしおの流れがおさえられ，とう明度が高くなる	
	海そう類が光合成をして，海中に酸素を送る	アサリなどの二まい貝類が，海をにごらせる物質をとりこむ
エ	生物の産卵の場となる	卵《たまご》からかえったばかりの生物の成長の場となる
	卵からかえったばかりの生物の成長の場となる	
	海そうのすき間や海底などが，生物の生息の場となる	干がたにしか生息しない生物のすみかとなる
	ウミガメなど，数が少なくめずらしい生物のえさ場となる	鳥類のえさ場，休けいの場となる
海岸線を保全する	海そう類の高さにより，波がおさえられて海底が安定し，海岸がけずられることを防ぐ	波がおさえられ，海岸がけずられることを防ぐ
環境学習の場を提供する	も場をふやす活動などへの参加や，海そう類の観察や研究などができる	バードウォッチングや干がたの生物観察などができる

※チッソやリン：植物の栄養になるもの。　（水産庁《すいさんちょう》ホームページより作成）

(3)　ウ ，エ に入ると思われることを，書きなさい。

解説

千葉県立千葉中学校は一次検査と二次検査を行います。一次で倍率が4倍程度まで下がるように選抜し、二次で80名（男女40名ずつ）を選抜します。一次の段階で、倍率が30倍を超えると抽選があります。ただし、なるべく抽選を行わないように「受検希望者を減らす努力をする」ことになっています。2011年度から少し落ちつきをみせ、2014年度の一次では1007人が受検し、二次には327人（うち20人欠席）がのぞみました。

県立千葉中の適性検査は、小学校で学習する内容や私立中学校入試で求められる学力とは異なります。適性検査はいずれもよく練られた問題で、なかなかの厳しさです。

その内容は、与えられた文章や資料などを読み取り、課題を発見し、自然科学的な問題、数理的な問題等を理解し、解決に向けて筋道立てて考え、表現する力をみます。

二次の適性検査2-2では「聞き取り」をして作文をする問題があります。面接は集団面接です。

埼玉県立

伊《い》奈《な》学《がく》園《えん》中学校

埼玉

■併設型

■2003年開校

高橋《たかはし》　和治《かずはる》 校長先生

一人ひとりの個性や才能を伸ばす 特色ある伊奈学園のシステム

普通科ながら、「学系」と呼ばれる特殊なシステムを持つ伊奈学園総合高等学校。この高校を母体に生まれた伊奈学園中学校は、幅広く確かな学力を身につけ、生涯にわたり自ら学びつづける人間を育成します。

学校プロフィール

開　　校…2003年4月

所 在 地…埼玉県北足立郡伊奈町学園4-1-1

T　E　L…048-729-2882

U　R　L…http://www.inagakuen.spec.ed.jp/

アクセス…埼玉新都市交通ニューシャトル「羽貫」徒歩10分、JR高崎線「上尾」・JR宇都宮線「蓮田」バス

生 徒 数…男子88名、女子151名

1 期 生…2009年3月卒業

高校募集…あり

3学期制/週5日制/50分授業

入学情報

・募集人員…男女計80名

・選抜方法…一次選考
二次選考
作文（Ⅰ・Ⅱ）、面接

超大規模校につくられた併設型中高一貫校

【Q】2003年（平成15年）に埼玉県内初の併設型公立中高一貫校として開校されました。設置母体である埼玉県立伊奈学園総合高等学校はどのような学校なのでしょうか。

【高橋先生】伊奈学園総合高等学校は、1984年（昭和59年）に創立され、現在は在籍生徒数が2400人にものぼる超大規模校です。普通科ですが総合選択制をとっており、専門学科に近いようなかたちで7つの学系（人文・理数・語学・スポーツ科学・芸術・生活科学・情報経営）に分かれて学びます。

1学年800名のうち、本校から約80名の生徒が一般的な普通科にあたる人文系と理数系に進学します。なお、内部進学生は高校から入学した生徒とは3年間別クラスを編成します。

総合選択制では、大幅な選択科目を導入しており、大学のように講義を選んで受講することをイメ

ージしていただけるとわかりやすいと思います。

【Q】中学校においても高等学校の校訓「自《じ》彊《きょう》創《そう》生《せい》」を継承していますが、この意味についてお教えください。

【髙橋先生】意味は「自ら努め励み、自らをも新しく創り生み出すこと」です。わかりやすく言うと、自ら努力することによって、新しい自分自身をつくっていくという意味になります。そうして、高い志を持ち、将来社会のさまざまな分野でリーダーとなる生徒を育てていきたいと思います。

本校は高校入試がありません。6年後の大学進学を到達点とするのではなく通過点と考え、社会にでてからの自分の理想の姿を思い描き、つねに将来を見据えて努力をしようと生徒たちには伝えています。

【Q】教育のカリキュラムで特徴的なところをお教えください。

【髙橋先生】一般の中学校の授業は週29時間標準で行われていますが、本校では独自の教育課程により、2時間多い31時間で実施しています。

増加ぶんの2時間(3年間で6時間)は、1年生は英語1時間と数学1時間。2年生は数学2時間。3年生は学校独自の選択科目の2時間です。

英語の授業では、すべての学年で1クラスをふたつに分けた少人数指導を取り入れているほか、週1時間はコンピューター教室で授業を行っています。また、週1時間はALTと日本人教師とのチームティーチングを実施し、「聞くこと」「話すこと」を重視した授業を展開しています。

数学では、1・2年生は1クラスをふたつに分けた少人数指導を、また3年生は2クラス3展開の習熟度別授業を実施しています。高校でも、必修教科の数学では2クラス3展開をそのまま継承しています。また中高一貫校のメリットをいかし、数学では中3の2学期から高校の内容を先取りして学習しています。

【Q】中3で行われる選択教科の「表現」「国際」「科学」とはどのような授業なのでしょうか。

【髙橋先生】3年生で行う「表現」「国際」「科学」は、ふたつの教科を融合させた学習の時間です。3年次にこのなかからひとつを選択

特色ある カリキュラム紹介

① 学校のなかに存在する小さな学校 「ハウス」で生まれるアットホームな雰囲気

中高合わせて2600人以上もの生徒を擁する大規模校の伊奈学園は、生徒の生活の場が６つの「ハウス」に分かれて構成されています。

ハウスは、建物自体が独立し、生徒は学系などの区別なくいずれかのハウスに所属します。同様に、180名を超える先生がたも教科・専門の区別なくいずれかのハウスに所属します。ひとつのハウスにそれぞれ職員室が設けられ、ハウス長（教頭先生）以下30名程度の教員が所属しています。

中学生は６つのハウスのひとつである第１ハウスにおいて生活することになります。

高校生は第２～第６ハウスで、内進生は高校段階で第２ハウスに入ります。ハウスはそれぞれ１～３年生の各学年４クラスずつ、計12クラスで構成されます。卒業まで同じハウスで、同じ担任の指導のもと、自主的な活動を展開しています。

また、学園祭、体育祭、修学旅行などの行事や生徒会活動なども、すべてハウスが基本単位で行われます。ハウスごとにカラーが決まっており、体育祭や文化祭、校章などにもシンボルカラーとして使われています。

６つのハウスは、それぞれが「小さな学校」であり、毎日の「生活の場」としての親しみやすいアットホームな雰囲気が生みだされています。

② 国際性を育てる 語学教育と国際交流

ALT（外国人英語講師）とのチーム・ティーチングによる充実した語学研修と積極的な国際交流が行われています。

NHKの基礎英語の講師が伊奈学園に勤務していたことから、授業では、NHKラジオ講座を取り入れた英語の学習を行っています。

１～３年生のすべての生徒が「基礎英語」を毎日家でヒアリングすることを前提として、英語の授業が進められています。

また、姉妹校であるオーストラリアのケアンズの現地校において、中学３年生の希望者30名が２週間のホームステイをしながら、語学研修と異文化交流会を行います。

して学習します。

「表現」は、国語と英語の融合科目です。たとえば、英語の文章をただ和訳するのではなく、日本語の表現をわかりやすくよりよいものにしていきます。

「国際」は社会と英語の融合科目です。日本の文化を英語で伝えていくことや、海外で起こっている政治・経済の動きを英語で学びます。

「科学」は、理科と数学の融合科目です。理科で行った実験について、数学の知識を使って分析をして結果をだします。文部科学省のサイエンス・パートナーシップ・プロジェクト（SPP）の助成を受け、JAXAなどの外部機関と連携して高度な内容を学びます。

「表現」「国際」「科学」いずれも、それぞれの教科の教員によるチームティーチングで授業を進めます。

実際に社会にでて自ら問題解決に取り組むとき、ひとつの知識だけで対応できることはほとんどありません。これらの授業では、ひとつの教科であつかうことができないような題材で、幅広い知識を身につけます。

【Q】授業以外での学習の取り組みについてお教えください。

【高橋先生】 朝の10分間を利用して、読書とスキルアップタイム（計算・漢字・英単語）を実施し、基礎基本の定着をはかっています。

この活動をいかすために、本校では漢字検定、英語検定、数学検定の受検を推奨しており、ほとんどの生徒が高い目標を持ってこれを受検しています。

通常時に補習はないのですが、1学期の成績状況によって、指名制で「夏季補習」を実施しています。また、夏休みの期間には自習室を用意しています。自習室には指導員がおり、質問できるようにしています。中高一貫校らしく高校生が指導員を務めることもあります。

加えて、3年生を対象に、8月の後半から2月まで高校進学へ向けた「サタデーセミナー」を実施しています。数学と英語が必修で、国語・社会・理科のなかから1教科選び、土曜日に3時間行います。

【Q】体験学習を重視されていますが、どのようなことをされているのでしょうか。

【高橋先生】 まず、1年生は入学

年間行事

おもな学校行事（予定）

4月	入学式　対面式　宿泊研修
5月	授業参観　修学旅行　実力テスト
6月	三者面談　各種検定試験
7月	自然体験研修、夏季補習
8月	オーストラリア交流事業（ホームステイ／3年生30名）
9月	学園祭　体育祭 サタデーセミナー開始
10月	
11月	体験授業　ミニコンサート 各種検定試験
12月	
1月	百人一首大会　各種検定試験
2月	球技大会 いきがい大学伊奈学園との交流会
3月	3年生を送る会　校外学習　卒業式 イングリッシュセミナー（3年）

直後に2泊3日の日程で長野県に行き、体験合宿を行います。本校は埼玉県全域から生徒が集まってきており、最初はだれも友だちがいないという状況ですので、この合宿は仲間づくりという意味も兼ねています。

1年生ではこのほかに社会体験チャレンジとして、飲食店、美容院、保育所、消防署などで職業体験を行います。

2年生では、夏休み期間中に群馬県みなかみ町にでかけ、農家に泊めていただきながら、農業体験や自然体験を積む取り組みを今年から始めました。農と食について考えたり、環境を守ることの大切さを深く認識してほしいと思っています。

3年生では、今年度より修学旅行で広島県と京都府へでかけています。平和と日本の伝統及び文化を学習することを主たる目的としています。広島における平和学習と京都における日本の伝統文化学習をつうじて、人間的成長をうながす取り組みです。

これからも生徒の興味や、そのときどきの社会の趨勢《すうせい》をみながら、体験的な学習を創意・工夫していきたいと考えています。

努力する姿勢を身につけ 6年間をかけて伸ばす

【Q】作文試験ではどのようなところを見られるのでしょうか。

【髙橋先生】 学力試験ではないので、ただ数字ではかれる知識ばかりを見るわけではありません。これまでに習得してきたものをいかに組み合わせて解答につなげるか、それを自分なりに表現することができるか総合力を見ています。子どもが持っている可能性や得意分野などを多面的に見られるような問題をだしています。

【Q】どのような生徒さんに入学してもらいたいですか。

【髙橋先生】 自分でなにかをがんばってみようという意欲があり、これからの伸びしろを感じさせるみなさん、困難なことにぶつかってもそれに臆することなく、つねに前向きに考えられるみなさんに来ていただきたいです。

伊奈学園の特徴は自ら進んで学ぶ生徒をきっちり支えるシステムにあります。本校でがんばることによってどんどん成長していってほしいと願っています。

埼玉県立伊奈学園中学校

募集区分　一般枠

入学者選抜方法　作文Ⅰ（50分）、作文Ⅱ（50分）、面接（10分程度）、調査書

［問５］　ゆうきさんとひかるさんとなつきさんがグラウンドでキャッチボールをしています。

ゆうきさん「ひかるさんの投げる球はすごく速いね。わたしはこのあいだはかったら時速６３ｋｍだったよ。ひかるさんの球の速さはどのくらいなんだろう。」
ひかるさん「そうだ。ここにストップウォッチがあるから、これを使ってはかってみようよ。」
なつきさん「わたしが時間をはかるから、ひかるさんが球を投げてゆうきさんが球をとってね。」

（１）ひかるさんからゆうきさんまでの距離は9ｍ、時間は０．４５秒でした。ひかるさんの球の速さは時速何ｋｍか求めましょう。また、その求め方を１２０字以内で書きましょう。
（２）ゆうきさんがこのあいだと同じ速さの時速６３ｋｍで球を投げたとき、投げてからひかるさんがとるまでに何秒かかりますか。ゆうきさんからひかるさんまでの距離は9ｍとし、小数第3位を四捨五入して求めましょう。また、その求め方を２００字以内で書きましょう。

［問７］　ゆうきさんのクラスでは、１週間のうち月曜日から金曜日までの５日間で、毎日交代する当番を決めました。

ゆうきさん「この当番は3人組になって１日ずつ交代していくことにしよう。」
ひかるさん「来週の月曜日から、出席番号１番の人からはじめればいいよね。」
ゆうきさん「それでいいね。だから、月曜日は出席番号が１番から３番までの人が当番になるよ。」
ひかるさん「翌日《よくじつ》の火曜日は、４番から６番の人ということになるね。」
ゆうきさん「わたしは４０人のクラスの出席番号が２４番だけど、最初に当番になるのはいつになるかな。」

（１）ゆうきさんが最初に当番になるのは何曜日になるか求めましょう。
（２）ゆうきさんが2回目に当番になるのは何曜日になるか求めましょう。また、その求め方を１４０字以内で書きましょう。
（３）ゆうきさんが最初に当番になったときと同じ３人組で再び当番になるのは何曜日でしょう。また、その求め方を書きましょう。（字数の制限はありません。）

状況に応じた見方、考え方をみる

日常のさまざまな場面で現れる課題に対して、理科（グラフ）や算数理解の力を使った具体的な解決能力が試されています。

学校で学んだことの理解度をみる

速さ、時間、距離の関係や規則性の考え方は小学校で学んでいます。その理解の深さをはかり、他者に説明する表現力もみています。

2014年度 埼玉県立伊奈学園中学校 作文Ⅱより

［問４］　ゆうきさんとひかるさんは、ある晴れた日の１日の気温の変化と日なたの地面の温度の変化を調べました。

ゆうきさん「きのうは気温と地面の温度をはかったけれど、大変だったね。」
ひかるさん「そうだね。気温をはかるときには、いくつか気をつけなければならない条件があるからね。」
ゆうきさん「でも、建物《たてもの》からはなれている風通しのよい場所だったし、高さも１ｍ５０ｃｍぐらいの高さではかったからだいじょうぶだよ。」
ひかるさん「それに温度計には、厚紙でおおいもしたしね。」
ゆうきさん「同じ場所の地面の温度をはかるのにも条件に気をつけたね。」
ひかるさん「地面の温度をはかるときも温度計には厚紙でおおいをしたね。」
ゆうきさん「ところで、きのうは一日中晴れていたけれど、どんな変化をしていたかな。」
ひかるさん「グラフにしてみるとわかりやすくなるね。」

（１）温度計に厚紙でおおいをする理由を６０字以内で書きましょう。
（２）１日の気温と日なたの地面の温度を１時間ごとに記録したところ、下の表のような記録がとれました。この日の１日の気温の変化を解答用紙のグラフに表しましょう。グラフは定規を使わずに手でかきましょう。ただし、変化の様子がわかるようにていねいにかきましょう。
また、晴れた日の気温の変化は、日なたの地面の温度の変化とどのようなちがいがあると考えられるでしょうか。表からわかることを６０字以内で書きましょう。

１日の気温の変化

	午前			正午	午後				
時刻（時）	９	１０	１１		１	２	３	４	５
気温（℃）	１８．０	２１．５	２４．０	２５．５	２７．０	２８．０	２７．０	２５．０	２２．５

同じ日の地面の温度の変化

	午前			正午	午後				
時刻（時）	９	１０	１１		１	２	３	４	５
気温（℃）	１９．５	２６．０	２９．０	３１．５	３１．０	２９．０	２６．５	２１．５	１９．０

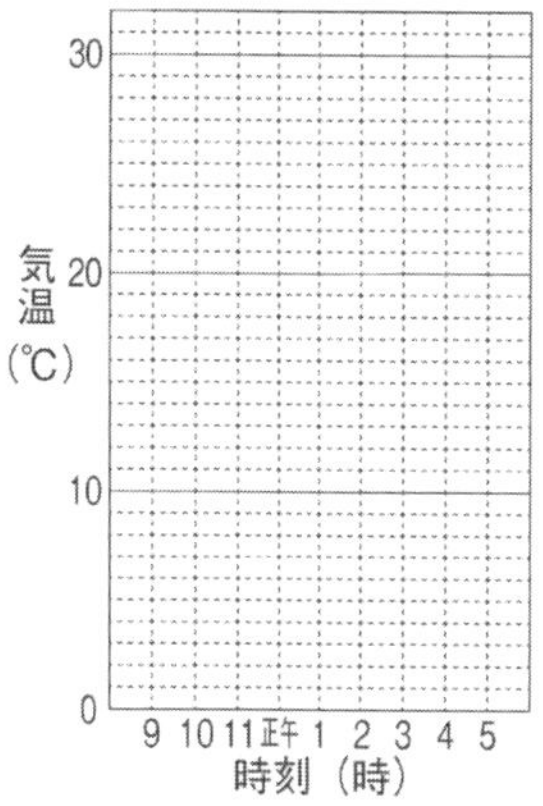

（３）くもりや雨の日の１日の気温の変化のしかたは、晴れの日と比べてどのようになるでしょうか。理由もふくめて４０字以内で書きましょう。

解説

県立伊奈学園中学校の入学者選抜では、作文ⅠとⅡ、面接、調査書によって入学候補者を決めます。面接は10分程度の個人面接です。作文は２種類ありますが、首都圏の他都県でいう適性検査の内容をすべて記述式で答えるものという理解でよいでしょう。そのためか他の都県のものより５分多い検査時間が設けられています。出題にあたって学校では、作文Ⅰは思考力や表現力をみる作文を、作文Ⅱでは課題を発見し解決する力をみる作文を求めています。

2014年度の出題をみると、作文Ⅰは国語と社会の力を試しながら資料の読み取りや、歴史的事実の理解度も確認しています。作文Ⅰの最終問題は自らが実践していることを記述する出題となっています。作文Ⅱでは算数と理科の力をみる問題が柱となっていて、課題を発見し、その課題解決の力もみています。そのすべてを記述で答えなければなりませんので、表現力、文章力もおおいに問われることになります。作文の配点はそれぞれ50点満点となっています。

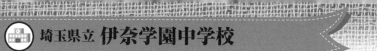

さいたま市立

浦《うら》和《わ》中学校

埼玉

■併設型

■2007年開校

6年一貫教育の強みを存分に発揮するさまざまな教育活動

2期生が卒業した今春も、すばらしい大学合格実績を残したさいたま市立浦和中学校。高校進学後を意識し、併設校の強みを存分にいかした、高校とのさまざまな連携教育が特色です。

鶴巻《つるまき》 一郎《いちろう》 校長先生

学校プロフィール

開　　校…2007年4月

所 在 地…埼玉県さいたま市浦和区元町1-28-17

T E L…048-886-8008

U R L…http://www.m-urawa.ed.jp/

アクセス…JR京浜東北線「北浦和」徒歩12分

生 徒 数…男子120名、女子120名

1 期 生…2013年3月卒業

高校募集…あり

3学期制／週5日制（年12回土曜授業あり）／50分授業

入学情報

・募集人員…男子40名、女子40名

・選抜方法…（第一次選抜）
適性検査Ⅰ・Ⅱ
（第二次選抜）
適性検査Ⅲ〈作文〉、
個人面接・集団面接

2期生が2014年春に卒業

【Q】御校の教育目標についてお話しください。

【鶴巻先生】「高い知性と豊かな感性・表現力を備えた国際社会に貢献できる生徒の育成」を掲げています。

【Q】この2年間に卒業した1・2期生は見事な大学合格実績を残しました。

【鶴巻先生】そうですね。立派な結果だと思います。これは内進生だけではなく、高入生も一丸となってがんばった結果ですが、内進生の目標に向かって粘り強く努力する姿勢に高入生も刺激を受ける好循環がありました。

【Q】2013年（平成25年）の春で、1期生が入学してからの6年間というひとつのサイクルが終わりました。

【鶴巻先生】これまでは、われわれ教員側も、6年後はこうなってほしい、こうなるのではないかというビジョンはありましたが、それはあくまでイメージでしかあり

ませんでした。それが、1期生を送りだし、ひとつのかたちが見えましたので、すべての面で具体的に評価、反省をしながら、さらに教育活動を充実させていこうとしているところです。

ますます充実する「つなぎ教育」

【Q】6年一貫教育の流れについてお教えください。

【鶴巻先生】 前期課程の中1・中2は「基礎」、中期過程の中3・高1は「充実」、後期課程の高2・高3は「発展」とそれぞれ位置づけし、3期に分けた中高一貫教育を行っています。

【Q】なかでも中期過程の「つなぎ教育」が特徴的です。

【鶴巻先生】 せっかくの中高一貫校ですから、中学校から高校への移行をスムーズにするために行っています。年々実施科目を増やしながら、いろいろなかたちで充実させてきています。1期生のときは、しっかりとかたちが定まっておらず、正直まだまだうまくできていない部分も多かったようです。そういった反省をしっかりとふまえてきました。

中学は少人数授業やチームティーチング（TT）、双方向の授業も多いですが、高校になれば講義形式が増えます。

また、中学では受け身の生徒が多く、学習進度が遅れていたり、提出物がきちんとだせていない生徒にはこちらからすぐ声をかけますが、高校では生徒が自分から積極的に学んでいかないといけません。こういった部分も高校の先生に入ってきてもらうことで準備ができます。

以前はかぎられた先生がただけでしたが、昨年ぐらいからかなり充実してきて、主要5教科に関しては、それぞれ週4時間のうち、かならず1時間は高校の先生に授業をしてもらいます。

しかも、TTのメインです。理科では生物と物理の先生に成績をだすところまで見てもらっています。社会科では歴史分野を中心に、副教科でも家庭科、美術なども高校の先生です。

本校はどんどん先取りをしていくかたちではないので、高校の先生には各教科でより深く学んだり、補充的な部分をお願いしています。余談も含めてふだんよりもさらに

特色ある カリキュラム紹介

① 独自の教育活動「Morning Skill Up Unit」(MSU)の展開

生徒ひとりに１台のノート型パソコンを活用し、週３日、１時限目に60分の時間を設けて国語・数学・英語の各教科を20分ずつ学習するものです。

国語（Japanese Plusの学習）は、すべての学習の基礎となる「国語力」の育成がはかられます。短作文、暗唱、書写、漢字の書き取りなどに取り組み、基礎・基本を徹底する授業です。

数学（Mathematics Drillの学習）は、日常生活に結びついた「数学的リテラシー」の向上をめざします。四則計算や式の計算といった基礎的な学習、数量や図形に対する感覚を豊かにする学習です。

英語（English Communicationの学習）は、英語での「コミュニケーション能力」の育成が目標です。日常会話やスピーチなどの生きた英語を聞く活動、洋書を使った多読活動、英語教師との英語によるインタビュー活動や音読活動を行うなど、バリエーションに富んだ多彩なプログラムが用意されています。

② ICT(Information and Communication Technology)教育の充実

生徒それぞれのパソコンは無線LANで結ばれており、いつでもどこでも情報を共有しながら活用できます。調べたものをパソコンでまとめたり、インターネットを使って情報を自分のパソコンに取りこむことができます。

図書室は「メディアセンター」と呼ばれていて、生徒は「メディアセンター」でインターネットを使いながら、必要な情報を探しだしています。

家庭では、学校からの「お知らせ」を見ることができ、その日の授業内容をいかした家庭学習が行えます。

また、昨年からはこのパソコンがより高度なものになりました。まず、ディスプレイ部分が回転するようになったことでひとつの画面を見ながらのグループ学習が簡単に。さらにさいたま市の嘱託を受けた教育プログラム開発のために、さまざまな学習ソフトを利用して、主要教科だけではなく、副教科も含めていろいろな場面でパソコンをいかした授業が展開されています。その成果が市にフィードバックされ、さいたま市立中学校全体の教育の質向上にも貢献しています。

専門的な授業になっています。

【Q】生徒の知的好奇心もかなり喚起されそうですね。

【鶴巻先生】 やはり高校の先生がやれば授業のスタイルも変わるので、刺激になり、生徒の学習意欲にもつながっています。手探りでやってきたことがうまくできるようになってきました。たとえば、夏休みに中高とも夏期講習があります。中学は夏休みの始めに復習的な内容で行っているのですが、昨年からは、発展的な内容のものとして、希望すれば、高1の夏期講習の講座に参加できるようにしました。

中高一貫で教育を行うことのメリットが学校全体で認識できてきて、先生がたもいっしょにするなかで「あれもできる」「これもやってみたらいいんじゃないか」という話ができ、つぎの段階に進めてきていることが感じられます。

少人数制授業と特徴的な学習プログラム

【Q】少人数制授業も中学の大きな特色ですね。

【鶴巻先生】 本校では、数学、英語で中1から1クラスをふたつに分ける少人数制授業を行っています。ほかの教科でもできればいいのですが、教員の定数もありますからなかなかむずかしく、そのかわり、40人の授業でも高校の先生といっしょにTTを実施していますし、英語であれば週1回のALTがいる授業では、これに少人数制授業用にさいたま市から増員されている1名を加えた3名の先生がいるというパターンもあります。

【Q】自分の言葉で表現する活動が充実していますね。

【鶴巻先生】 国語や社会では、討論やスピーチ、ディベート、パネルディスカッションなどの学習を計画的に取り入れています。また、こういった積み重ねの集大成が中3で実施する海外フィールドワークでの日本文化の紹介などにつながります。さらに英語では、校内で英語のスピーチコンテストを行っていて、上位の生徒が市や県の大会に参加しています。毎年、市、県のレベルで1位をはじめ優秀な成績を残しています。

このスピーチコンテストは、英語の知識や表現力を養うことにつながるのですが、なんといっても、本校では高校でその力をさらに伸

年間行事

おもな学校行事（予定）

4月	入学式　実力テスト 新入生歓迎会
5月	部活動本入部　管弦楽鑑賞教室（2年）
6月	英語Recitation Contest 芸術鑑賞教室　文化祭
7月	球技大会　自然の教室（1年） 夏季講習会
8月	課題テスト サマーイングリッシュセミナー
9月	体育祭　写生大会　人権講演会
10月	実力テスト　プラネタリウム（2年）
11月	博物館実習　科学館実習
12月	修学旅行（2年）
1月	
2月	ロードレース大会 海外フィールドワーク（3年）
3月	未来くるワーク体験（1年） 卒業式　球技大会（1・2年）

ばす場が多く用意されているところが大きいと思います。もともと高校自体が英語教育や国際交流に力を入れている学校ですから、中学で得た英語力や興味を高校でさらに育てていくことができます。交換留学も毎年実施されていて、内進生で高校入学後、留学している生徒もいます。

　大学進学の面で結果がでるのももちろんすばらしいことですが、こういった面でもがんばっている子がいるのも本校の中高一貫教育の成果だと思います。

学校生活全体で 中高一貫教育を実践

【Q】学校行事や部活動も中高いっしょに行われていますね。

【鶴巻先生】 たとえば、体育祭は中高6学年を縦割りにします。別々の時期もありましたが、現在は高校が8クラスと、中学の各学年2クラス80名ずつを、8つに分けます。お互いを応援し、席を隣にすることは、中学生、高校生ともに貴重な経験になっているようです。

　部活動も中高いっしょに行う部も多いですし、現在は運動系の部活動を中心に、中3が公式戦がなくなったあとに、早めに高校の活動に参加できるようになっています。

　勉強の面だけではなく、学校生活全体でいっしょに活動する場面を増やしています。

【Q】施設・環境も立派ですね。

【鶴巻先生】 校舎は中学校開校時に新築していて、窓が大きく、明るめの色調できれいです。図書室が高校にあり、さらに中学用にメディアセンターというものもあり、両方とも使えます。高校側にある理科系の実験室も利用できますし、学習環境は整っています。

【Q】最後に受検生に向けたメッセージをお願いします。

【鶴巻先生】 最初の6年間が終わり、自分でしっかりとした目標を持ち、粘り強くがんばった生徒が伸びて成果をだすことができるということがよくわかりました。ですから、高い志を持って、努力しつづけられる生徒さんに入学してもらいたいですね。

　そして、高校に進学したあとは、高入生を引っ張りながら切磋琢磨し、たくましくがんばっている先輩たちにつづいてくれるような生徒さんを待っています。

さいたま市立浦和中学校

埼玉

募集区分
一般枠（さいたま市在住）

入学者選抜方法
【第1次選抜】適性検査Ⅰ（45分）、適性検査Ⅱ（45分）、調査書【第2次選抜】適性検査Ⅲ（45分）、面接

問1 **「太郎くんと先生の会話1」**にある空らん ア にあてはまる数を、数字で答えなさい。

問2 次の図の中には、**図2**の正八面体の展開図として正しくないものがあります。次のア〜カの中からすべて選び、記号で答えなさい。

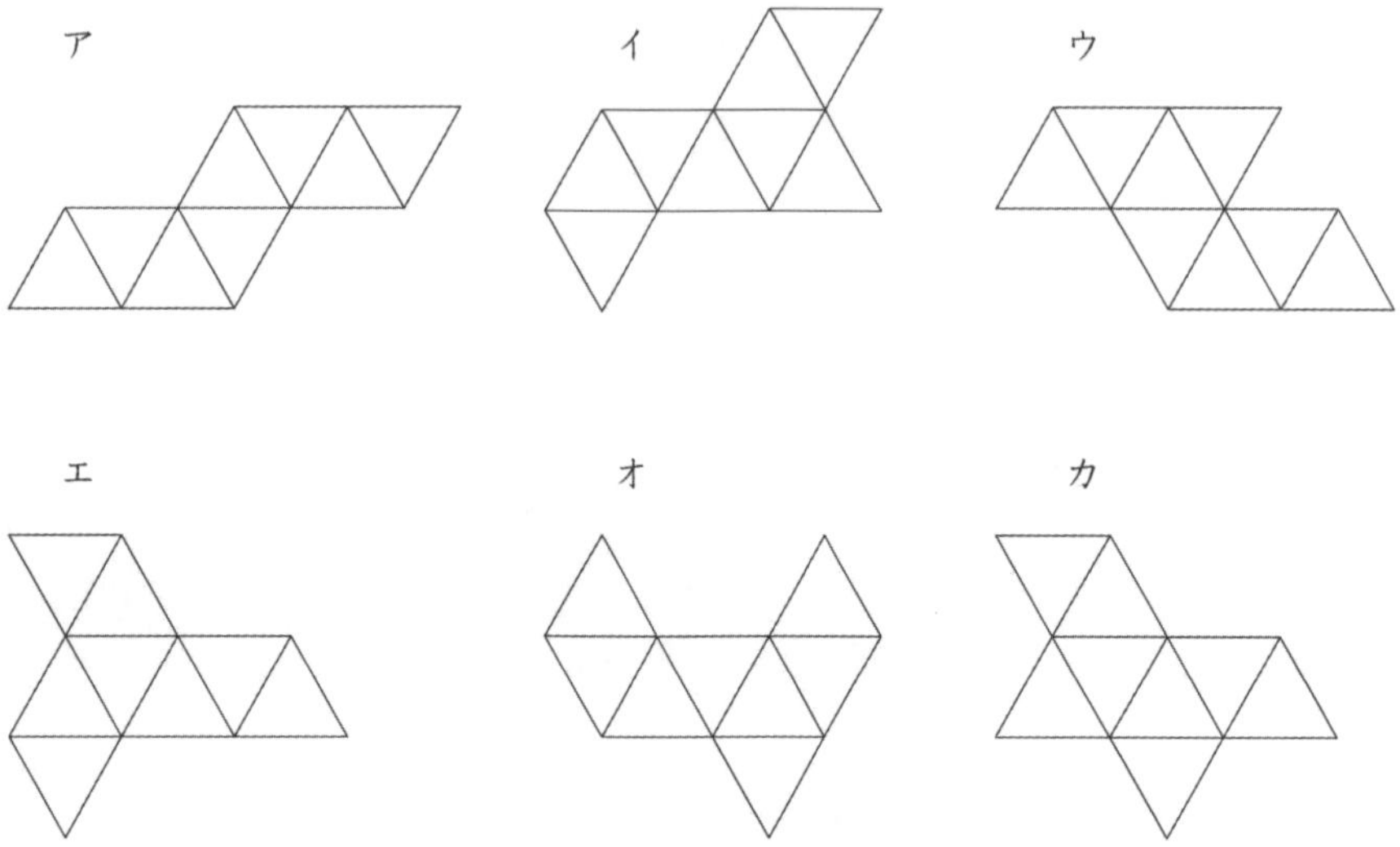

数理的なものの考え方を試す

会話文から必要な要素を正確に読み取る問題です。立体図形を観察し、想像しながら考察し、処理する力をみます。

平面から立体を想像する力をみる

与えられた条件を整理して立体をイメージし、根気強く課題をクリアする力が求められます。

2014年度 さいたま市立浦和中学校 適性検査問題Ⅱより

3

太郎くんは図工の時間に、先生から立体を見せてもらい興味をもちました。

次の「**太郎くんと先生の会話1**」をもとにして、問1と問2に答えなさい。

太郎くんと先生の会話1

太郎くんは、**図1**の立体は見たことがありましたが、**図2**の立体は初めて見たので、疑問に思ったことを先生に聞いてみることにしました。

図1

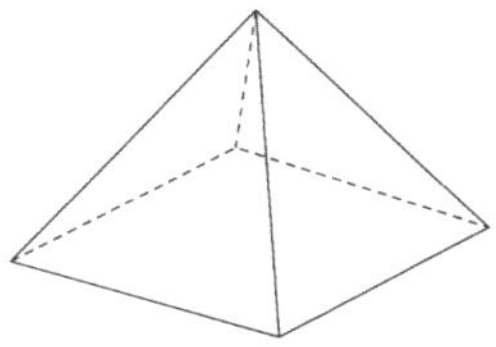

図2

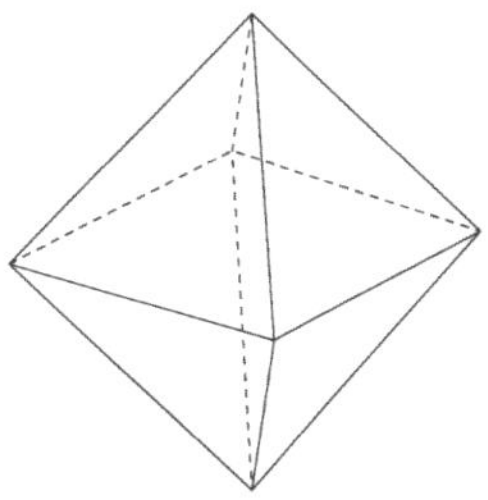

太郎くん：**図1**は「四角すい」という立体ですね。
先　　生：その通りです。ただし、**図1**の四角すいは、すべての辺の長さが等しい特別な四角すいです。
太郎くん：底面が正方形で、４つの側面が正三角形からできているということですね。
先　　生：そうです。
太郎くん：**図2**の立体は初めて見ます。**図1**の四角すいを２つ合わせてできているように見えるのですが。何という名前の立体ですか。
先　　生：**図2**の立体の名前は「正八面体《せいはちめんたい》」といいます。８つの正三角形の面からできた立体です。確かに**図1**の四角すい２つの底面と底面をつけると、**図2**のようになりますね。
太郎くん：でも先生、くっつけた底面はどうなるのですか。
先　　生：四角すいを２つ合わせた後では、つけた面はもう外から見えなくなるので考えないのです。だから、**図2**は８つの正三角形の面だけからできた立体なのです。正八面体には８つの面と１２本の辺と６つの頂点があります。
太郎くん：わかりました。
先　　生：それでは、正八面体を実際に作ってみましょう。
太郎くん：１枚の紙から作ることができるかな。
先　　生：まず、展開図を考えてみましょう。
正八面体を［　ア　］本の辺にそって切り開くと、１つの平面図形ができますよ。

解説

さいたま市立浦和中学校の入学者選抜には第１次と第２次があります。2014年度まででは、第１次で男女各100人程度にしぼり、第２次で募集人員男女各40人の入学候補者を選んでいます。

第１次では、適性検査Ⅰ（45分）と適性検査Ⅱ（45分）、調査書で検査を行います。第２次は別の日に適性検査Ⅲ（45分）と個人面接（10分程度）、集団面接（8人程度）を行います。

適性検査はⅠ、Ⅱ、Ⅲとも課題の問題点を整理し、論理的に筋道を立てて考え解決する過程を、多様な方法で表現する力をみます。とくに第２次の適性検査Ⅲでは作文の字数が多く、文章や図表などを読み取り、課題にしたがって200字以内の作文１題と300字以内の文章にまとめる作文が２題でました。作文をとおして適切な表現力をみます。

2014年度の集団面接は、８名の児童で構成するグループに課題を与え、解決に向けて一人ひとりがどのようにリーダー性、協調性、国際社会への貢献を含めたコミュニケーション能力等を発揮できているかをみました。

あとがき

首都圏には、この10数年、つぎつぎと公立の中高一貫校が誕生しました。現在、首都圏（東京、神奈川、千葉、埼玉）では、今年春に開校した川崎市立川崎高等学校附属を含め、19校の中高一貫校があります。さらに千葉県立東葛飾高等学校を母体とする学校など、今後も新たな中高一貫校が誕生する動きがあります。

３年前、春の大学合格実績で、都立白鷗高等学校附属が初の中高一貫生ですばらしい実績をしめし、以降の大学合格実績でも都立白鷗、都立小石川、都立桜修館、都立両国など、公立中高一貫校は期待どおりの実績をあげています。

いま、中学受験を迎えようとしている受験生と保護者のかたは、私立にしろ、公立にしろ、国立にしろ、これだけ学校の選択肢が増えた、その真っただ中にいるのですから、幸せなことだと言えるでしょう。

ただ、進路や条件が増えるということは、それはそれで悩ましいことでもあります。

お手元にお届けした『2015年度入試用　首都圏　公立中高一貫校ガイド』は、そんなみなさんのために、各学校のホンネ、学校の素顔を校長先生のインタビューをつうじて探りだすことに主眼をおきました。

また、公立中高一貫校と併願することで、お子さまとの相性がマッチするであろう私立の中高一貫校もご紹介しています。

学校選択の基本はお子さまに最も合った学校を見つけることです。その学校がご家庭のポリシーとも合っていれば、こんなによいことはありません。

この本をステップボードとして、お子さまとマッチした学校を探しだせることを祈っております。

『合格アプローチ』編集部

営業部よりご案内

『合格アプローチ』は、首都圏有名書店にてお買い求めになることができます。

万が一、書店店頭に見あたらない場合には、書店にてご注文のうえ、お取り寄せいただくか、弊社営業部までご注文ください。

ホームページでも注文できます。

送料は弊社負担にてお送りいたします。代金は、同封いたします振込用紙で郵便局よりご納入ください。

ご投稿・ご注文・お問合せは

株式会社グローバル教育出版

【所在地】〒101-0047
東京都千代田区内神田2-4-2 グローバルビル

【電話番号】03-3253-5944《合格しよう》(代)

【FAX番号】03-3253-5945

URL：http://www.g-ap.com
e-mail:gokaku@g-ap.com
郵便振替　00140-8-36677

中学受験　合格アプローチ　2015年度入試用

首都圏　公立中高一貫校ガイド

2014年8月5日　初版第一刷発行　**定価 1000 円**（＋税）

●発行所／株式会社グローバル教育出版
〒101-0047 東京都千代田区内神田2-4-2 グローバルビル
電話 03-3253-5944（代）　FAX 03-3253-5945
http://www.g-ap.com　郵便振替00140-8-36677